기후, 미래 그리고
민주주의를 위한 기회

Klima, Zukunft und die
Chancen der Demokratie

우리가 알던

DAS ENDE DER WELT, WIE WIR SIE KANNTEN

세계의 종말

클라우스 레게비·하랄트 벨처 지음

윤종석·정인회 옮김

한울
아카데미

이 도서의 국립중앙도서관 출판예정도서목록(CIP)은 서지정보유통지원시스템 홈페이지(http://seoji.nl.go.kr)와
국가자료공동목록시스템(http://www.nl.go.kr/kolisnet)에서 이용하실 수 있습니다.
(CIP제어번호: CIP2015018951)

Claus Leggewie / Harald Welzer

Das Ende der Welt, wie wir sie kannten

Klima, Zukunft und die Chancen der Demokratie

S. Fischer Verlag GmbH

감사의 말

이 책은 에센대학 문화과학연구소의 매우 생생하고 고무적인 연구와 사고의 틀 속에서, 또한 루르 지역에 속한 보쿰대학, 도르트문트대학 및 뒤스부르크-에센대학 세 곳의 동료들과 다양한 협력과 토론을 거쳐 간행되었다. 우리는 무엇보다도 다나 기제케(Dana Giesecke), 바네사 슈탈(Vanessa Stahl), 아르노 바르트(Arno Barth), 프란치스쿠스 폰 뵈제라거(Franziskus Boeselager), 모리츠 하르트만(Moritz Hartmann)과 베른트 좀머(Bernd Sommer)에게 조언과 연구 조사, 교정과 좋은 생각들 그리고 끊임없는 지원을 아끼지 않은 점에 감사한다. 또한 독일발전정책연구소의 디르크 메스너(Dirk Messner), 그리고 우리에게 많은 배움의 기회를 준 발전·평화연구소의 토비아스 데빌(Tobias Debiel)과 크리스티안 괴벨(Christian Göbel)에게도 진심 어린 감사를 전한다. 그 밖에도 잘못된 길을 벗어나기만 한다면 어떻게 하나의 문화를 바꿀 수 있는지 인상 깊게 보여준, 함께 참여한 모든 시민들에게도 감사하고 싶다.

이 책을 우리의 아이들 프랑카(Franka)와 니콜라스(Nicholas)에게 바친다.

2009년 6월
클라우스 레게비, 하랄트 벨처

한국어판 서문

　이 책은 2009년 코펜하겐 유엔 기후정상회의가 개최되기 직전에 독일에서 출간되었다. 당시 한국은 독일을 비롯한 몇몇 유럽연합 국가들과 함께 온실가스 배출량을 2020년까지 30퍼센트 감축한다는 야심찬 목표를 공표했다. 하지만 '자발적 의지의 연합체(coalition of the willing)'를 결성해 지구 기후보호에 합당한 성과를 거두고 국제법적으로 구속력 있는 협정을 체결해 지구온난화를 2℃ 상승에서 멈추게 하려는 희망은 좌절되고 말았다. 코펜하겐 기후정상회의는 협정 대신에 구속력 없는 약속만 내놓았고, 유럽연합과 한국을 비롯한 대부분의 국가들은 이 약속을 이행하지 않았다. 한국의 온실가스 배출량은 2010년까지 OECD 국가들의 평균치를 크게 넘어섰다. 이는 에너지 소비량이 많은 한국 수출업체들의 저항과 2008년의 '저탄소 녹색 성장' 전략이 제대로 실행되지 않은 사실과 관련이 있다. 독일과 유럽연합의 실망스런 기후 정책도 한국의 상황과 크게 다르지 않다. 2013년에 예고한 에너지 전

7

환은 아직도 요원한 실정이다.

2015년 연말에는 파리에서 기후정상회의가 개최될 예정이다. 또다시 전 세계는 기후보호에 앞장서는 국가들을 주목하게 될 것이고, 지속가능한 생활 방식과 경제 방식으로의 전환은 온실가스 배출이 많은 현재의 생산 방식과 생활 방식보다 중장기적으로 훨씬 나은 발전 기회를 제공한다는 사실을 알게 될 것이다.

지금까지 모든 나라들은 인류의 미래가 걸린 중요한 문제에서 수동적인 자세를 보여왔다. 그 이유는 단기적인 사고방식으로 미래를 내다보기 때문이다. 항상 기업의 분기별 실적과 정치의 선거 주기가 결정을 좌우하고, 미래 세대의 생존 조건이나 복지의 보장과 같은 훨씬 더 근본적인 문제는 뒷전으로 내몰리고 있는 것이다. 이 문제는 항상 모든 문화의 핵심이었다. 우리는 사회와 문화의 역사에서 오직 현재의 안녕에만 매달리는 현재적인 시각에 관심을 두지 않는다. 이러한 시각은 문화의 지속을 보장할 수 없다. 우리는 이 책에서 '미래완료 시제'의 시각을 취한다. 우리가 아는 바로는 한국어에 미래 시제는 있어도 독일어의 미래완료 시제는 없는 것 같다. 이를 테면 이런 것이다. "나는 집을 지을 것이다"가 미래 시제라면 미래완료 시제는 "나는 집을 지었을 것이다"로 표현된다. 이를 기후보호에 적용하면, "한국은 온실가스 배출량을 2020년까지 20퍼센트 감축하고 2070년에는 0 상태로 만들 것이다"에서 "한국은 2020년에 배출량을 20퍼센트 감축해 2070년에는 0 상태로 만들었을 것이다"가 되는 것이다. 시각의 전환은, 현재를 살아가는 사람들이 크게 변화된 세계에서 살게 될 자신들의 자녀와 손자손녀들의 시각에서 세계를 내다보는 것을 의미한다. 이러한 약속이 지켜진다면, 교통과 식생활, 에너지 생산, 공간 이용의 방식은 크게 달라질 것이다. 대기의 오염도도 낮아질 것이고 세계는 훨씬 더 긴밀해지고 남한과 북한, 우크라이나와 러시아의 군사적 긴장관계도 사라질 것이다.

하지만 이러한 약속이 지켜지지 않는다면, 세계는 완전히 다른 모습을 띨 수도 있다. 한국과 같이 해안에 접한 국가들은 해수면 상승과 폭풍으로 위협받고 노인들은 여름의 무더위와 기상 이변으로 고통받을 것이다. 식량이 부족해지고 산업 생산과 원자력발전소의 전기 생산이 위협받는다.

물론 이러한 재난을 다루는 것이 이 책의 주된 관심사는 아니다. '우리가 알던 세계의 종말'이라는 제목은 세계 몰락 시나리오를 예고하는 것이 아니다. 이 책은 현재의 추세, 즉 생활양식의 토대가 붕괴하고 있는 상황을 냉정하게 고찰한다.

세계는 변화해야 한다. 우리는 독자들에게 기후변화가 큰 위험뿐만 아니라 더 나은 삶을 영위할 기회도 된다는 점을 확신시키고자 한다. 우리는 독자들이 낡은 세계와 작별하고 더 나은 세계를 만드는 데 동참하기를 원한다. 한국은 전쟁으로 파괴된 농업국가에서 불과 몇 십 년 만에 산업국가로 발전했고 G20의 회원국이 될 정도로 비약적으로 성장했다. 삼성, 현대, LG의 이름은 전 세계가 알고 있다. 한국은 성공적인 현대화를 이룬 사례로 통한다. 한국의 정치도 독재 체제를 떨쳐내고 민주 체제를 구축했다. 한국은 정말이지 세계에서 유례를 찾아볼 수 없는 매혹적인 성공사를 이루어냈다.

한국은 석유 및 그 외 원료의 종속성에서 벗어나 재생 에너지의 잠재력을 이용하며, 엄청난 위험을 안고 있는 원자력 에너지에서 탈피할 충분한 인적·물적 자원을 가지고 있다. 일본과 중국과의 긴장관계는 오스트레일리아까지 연결되는 슈퍼그리드를 통해 개선될 수 있다. 이제 세계는 더 이상 끔찍한 과거가 아닌 미래를 내다본다. 군사적 충돌이 아닌 한층 더 높은 안전, 삶의 만족, 지속가능한 발전, 높은 생활의 질— 이 모든 것을 한국은 2070년이 되면 누릴 수 있다!

그렇다고 우리는 이 책에서 독일의 사례를 들어 다른 국민들에게 발전의 모델을 강요할 마음은 추호도 없다. 우리는 독일의 특수한 상황을 바탕으로 이 책을 썼다. 모든 사회는 자신의 고유한 가능성과 잠재력 그리고 관심사에 따라 발전 모델을 만들어가야 한다. 물론 우리가 제안하는 바는 모두에게 유효하다. 기후변화는 중대한 위협이다. 이 위협은 국가나 문화에 따라 달라지는 것이 아니다. 이 때문에 우리의 미래 안전은 전 지구적 과제이고 그 극복은 각 국가와 지역에 따라 독자적으로 수행되어야 한다.

2015년 2월
에센과 베를린에서
클라우스 레게비, 하랄트 벨처

차 례

머리말
종말 또는 문화변동으로서의 기후변화

그건 우리가 알던 세계의 종말이야.
록 그룹 R. E. M.

세계는 몰락하는가? 그렇지는 않다. 근래 이야기되는 것처럼 세계가 붕괴되고 있는 것은 아니다. 무너지고 있는 것은 자본주의 시장, 문명화된 규범, 자율적인 개인, 글로벌 협력과 민주적 절차 등 우리가 알던 세계에 이름을 부여하고 버팀목이 된 구조와 제도이다. 우리는 현대를 살아가면서 선형적이고 진보적으로 사고하는 데 익숙해 있다. 다시 말해 우리는 진취적이고 개방적이다. 물론 성장과 진보의 도정에서 일시적인 정지와 퇴보도 있었지만, 결론적으로 말하자면 항상 상승기류가 이어졌다. 순환과 하강에 대한 생각은 불신당했고, 유한성은 생각조차 할 수 없는 개념이 되었다.

이것이 바로 우리가 알던 세상이다. 시장은 주기적으로 위기를 맞긴 했지만 무한성을 향해 팽창했고, 국가들은 사회질서와 세계평화를 보증했으며, 유연한 인간은 자연의 위협을 기술과 조직화라는 역량을 통해 극복 가능한 리스크로 변화시켰다. 진보라는 주도 이념이 효력을 상실한 것처럼 보인 경우는 아주 드물었다. 심지어 홀로코스트와 다르푸르의 인종학살과 같은 문명의 붕괴 사태도 최상의 길을 걷고 있다는 우리의 기본적인 확신을 흔들 수는 없었다. 글로벌 이동성과 커뮤니케이션이 세계를 작고 접근하기 쉽도록 만들었고, 민주주의도 1989년에 승리의 행진을 완성했다. 이로써 세계는 우리에게 점점 더 친숙해졌다.

하지만 세계가 더 이상 우리가 알던 대로가 아니라는 것은, 합법칙성을 띠면서도 항상 이변을 낳은 자연의 본성 때문이 아니라 인간이 야기한 기후변화 때문이다. 앞으로 십 년 안에 경제 방식이 근본적으로 달라지고 방향 전환이 이루어지지 않는다면, 세계기후는 가늠할 수 없는 역학을 지닌 티핑포인트(tipping point)*에 도달해 파국을 맞을 수 있다. 2020년까지의 짧은 시한이 ─ 이때까지는 그저 두세 번에 불과한 입법부의 임기, 짧은 경기순환기, 두 번의 하계올림픽이 이어진다 ─ 미래 세대의 생활상을 결정하게 된다.

그동안 유한성을 생각한다는 것은 현대적인 사고방식에 낯설고 터무니없는 일이었다. 하지만 이제 이러한 유한성의 시각이 선형적인 진보관에 끼어들기 시작했다. 리스크는 다시 위험으로 변모하고 있다. 자원만 유한한 것이 아니다. 자원과 더불어 시장경제, 시민사회 그리고 민주주의와 같은 서구 사회의 위대한 업적들도 쇠퇴할 수 있다.[1] 따라

---

* '갑자기 뒤집히는 점'이란 뜻으로 처음에는 천천히 변하다가 어느 순간 균형을 깨고 모든 것이 갑자기 변화되는 극적인 순간을 말한다. - 옮긴이(이하 각주는 모두 옮긴이 주)

서 기후변화는 문화변동이자 미래의 생활상에 대한 미리 보기다. 이는 '서기 2525년 경'*과 같이 먼 미래가 아니라 파악 가능한 동시대의 일에 해당한다. 2010년에 태어난 사람은 2100년까지는 살 수 있다. 하지만 빠르고 단호한 대응 조치가 없다면, 지구의 평균 기온은 4~7℃ 정도 상승해 우리의 후손은 비좁고 숨 막히는 잠수함 안에서나 흘러다닐 법한 매캐한 공기를 마시고 사는 상황에 처할 수 있다.

　우리는 ─ 이 경우에는 대서양 연안에 살고 있는 서구인을 말한다 ─ 세계의 중심을 이루어 살며 미래를 원하는 대로 만들어갈 수 있다고 믿었지만, 오래 전부터 이러한 중심에서 밀려나고 있다. 그리고 다른 세력이 중심으로 이동하는 중이다. 중국, 인도, 브라질, 러시아 같은 나라들의 경제적이고 외교적인 영향력 확대는 이들이 마주친 당면 문제에도 불구하고 지속될 것이고, 다른 나라들도 이들의 상승 움직임을 뒤따를 것이다. 세계의 지형도는 변화하고 있으며, 이와 더불어 서구의 역할도 달라지고 있다. 그리고 우선은 아이슬란드, 라트비아 또는 헝가리 같은 유럽의 주변 국가들이 어려움을 겪고 있지만, 이들 국가의 문제는 유럽의 중심 국가들에게도 언제든 파급될 수 있다.

　250년 동안이나 지속된 서구의 권력, 경제 그리고 기술의 우위가 끝났음에도 우리의 자화상과 아비투스(Habitus)**는 여전히 과거의 여건

---

* 미국의 남성 듀오 재거 앤 에반스(Zager & Evans)의 히트곡 「In the year 2525」를 빗대어 말하고 있다. 이 노래는 과학문명이 인간을 황폐화하는 미래 사회의 모습에 경고 메시지를 보낸다.
** 프랑스 사회학자 피에르 부르디외(Pierre Bourdieu)가 내세운 개념으로 사회 구

에 맞춰져 있다. 이제는 더 이상 존재하지 않는 여건인데도 말이다. 이 처럼 우리의 인지와 자화상이 '글로벌화된 세계'의 변화 속도에 뒤처져 있는 것은 이를 테면 에너지 위기, 환경위기, 기후위기에서도 나타난 다. 화석 에너지가 유한하고 자원을 둘러싼 경쟁이 치열해짐에 따라 갈 등과 전쟁이 초래되고 석유가 없는 세상이 오리라는 것은 의심의 여지 가 없다. 상황이 이러한데도 우리는 여전히 석유가 있는 세상을 위해 개발된 정치 전략과 생활양식을 고수하고 있다. 종의 사멸이 유례없는 속도로 진행되고, 해양의 어류들이 남획되며 열대우림이 벌채되고 있 는데도, 우리는 마치 이 과정을 원상태로 되돌릴 수 있기라도 한 양 생 각하고 행동한다. 파괴해도 원상회복이 가능하다는 환상이 번지고, 기 후변화의 증거가 명백한데도 정치가들은 ─ 현재의 위기관리에서 드러 나듯 ─ 근시안적인 임시방편 대책에만 매달리고 있다. 단기적인 경제 지표와 선거 일정에 눈이 먼 나머지 전망 없는 산업 분야의 일자리를 지키려 한다면, 이는 구태 정치를 답습하는 셈이다.

과거 역사를 살펴보면, 서구 문화보다 더 오랫동안 성공을 거둔 문 명들이 있었다. 이 문명들도 결국 몰락의 길을 걸었다. 왜냐하면 이들 은 주변 환경이 변화했는데도 과거에 자신들의 성공과 번영을 이끌었 던 전략을 고수했기 때문이다. 재레드 다이아몬드(Jared Diamond)는 "이스터 섬에서 마지막 남은 한 그루 나무를 베어냄으로써 700년 동안

조와 그 안에서의 계급적 지위에 따라 개인의 문화적 취향과 소비 성향 등이 자연 스럽게 형성되는 것을 말한다.

이나 지속되어온 성공적인 문화를 몰락시킨 사람은 과연 무슨 생각을 했을까? 아마 마지막 남은 나무를 베어내더라도, 이전에도 계속 베어냈기 때문에 아주 정상적인 일로 여기지 않았을까?"[2]라고 질문했다. 우리 모두는 이런 이스터 섬 사람들과 같은 처지다. 단순한 생존 법칙에 따라 1년 동안 지구가 제공할 수 있는 양만큼만 자원을 소비한다는 가정에서 출발한다면, 우리는 이 1년 치 생태용량을 365일로 배분해야 하며 마지막 날인 12월 31일 이전에 자원을 모두 소진시켜서는 안 된다. 이런 식으로 계산하기 시작한 첫날은 1986년 12월 31일이었다. 이날은 **지구 생태용량 초과의 날**(Earth Overshoot Day)로 불린다. 이로부터 10년이 지난 1996년에는 1년 치의 생태예산, 즉 생태용량보다 15퍼센트나 더 소비해 지구 생태용량 초과의 날은 11월로 앞당겨졌다. 2008년에는 9월 23일로, 2013년에는 8월 20일로 단축되었다.[3]

현재의 소비가 지속될 경우 2050년에는 생태용량이 이미 6개월 안에 완전히 소모된다. 우리는 결코 낭만적인 자연관을 고집하는 것은 아니다. 하지만 단순 계산을 통해서도, 자본주의적인 성장 위주 경제의 경솔한 미래 소비를 특징짓는 이른바 현실론의 문제점이 적나라하게 드러난다. 이러한 현실론에 아무런 생각 없는 은행가들만 가담하고 있는 것은 아니다. 2008년 9월 금융위기가 '터진' 이후 발생한 가장 규모가 큰 대중운동은 폐차보조금*을 챙기려고 신형차 전시장으로 몰려든

---

* 원래 정책 명칭은 '환경 프리미엄(Umweltprämie)'이다. 2008년 이후 각국에서 도입한 중고차 폐차 및 신차 구입 시 보조금 지급 정책을 말한다. 당초 취지는 연비와 오염을 더 유발하는 중고차를 폐차하고 신차를 구입하면 국가가 개인에게 인

행렬이었다.

독일에서는 과거에 중요한 역할을 했지만, 앞으로는 더 이상 그런 역할을 해서는 안 되는 산업 부문이 여전히 각광을 받으며 각종 특혜를 누린다. 자동차산업을 (폐차보조금과 같은 정신 나간 조치를 취해가며) 보호하는 자는 더 나은 미래를 만드는 데 필요한 돈을 낡은 부문에 지출하는 우를 범한다. 이러한 구제 계획은 인구가 90억 명이 넘는 미래 세계를 대비하지 않은 채, 8차선 도로와 곳곳에 주차장이 있는 오늘날 유럽의 상황만을 반영하고 있다.

우리는 경로의존성*과 비교의 관행에서 벗어나야 한다. 당면한 세계경제 위기는 1930년대 대공황의 범위와 규모를 이미 능가하고 있다! 하지만 바로 이 점이 사태의 심각성을 오도한다. 세계는 역사적인 경제 위기를 겪고 있을 뿐만 아니라 300만 년 이래 가장 극적인 지구온난화에 직면해 있다. 이러한 주장이 강력한 경고의 소리로 들릴지도 모르지만, 임박한 거대한 전환은 그 깊이와 폭을 고려할 때 농업사회로의 이행기나 산업사회로의 이행기 같은 역사적인 축의 시대(Achsenzeit)와

센티브를 주는 것이었다. 독일의 경우, 9년 이상 된 중고차를 처분하고 신차를 구입하면 정부 예산으로 2,500유로를 지원한다. 노후차 폐차를 통한 환경오염 방지라는 측면에서 추진되었으며, 실제 신차 판매량이 40퍼센트 증가하는 등 자동차산업에 대한 지원 정책이라는 부작용을 낳아 환경단체들이 반대하고 있다. 독일에서는 약 35억 달러의 보조금이 집행되었으나, 일부 차량(약 5만 대)이 폐차되지 않고 동유럽이나 아프리카로 밀수출되기도 하는 부작용도 있다.

● 일정한 경로 또는 습관에 의존하기 시작하면 나중에 그 경로가 비효율적이라는 사실을 알고도 여전히 그 경로를 벗어나지 못하는 현상을 말한다.

유사하다.

우리의 현실은 이미 크게 변화했다. 그런데 미래 역량을 갖추기 위해서는 앞으로도 더 변화해야 한다. 이를 무시하기는 점점 더 어려워질 것이다. 바로 이 때문에 기후변화는 문화 쇼크와 다를 바 없다. 기술공학자들이 **탈탄소화**(decarbonization)라고 말하고 경제학자들이 **저탄소 경제**(Low Carbon Economy)라고 설명하는 것은 에너지 경제의 일부 구성 요소를 바꾸는 일에만 한정되어서는 안 된다. 우리의 안락한 생활양식은 80퍼센트가 화석 에너지에 의존하고 있다. 거대한 전환이 지향하는 것은 사회·정치·문화 면에서 근본적으로 변화된 탈탄소사회(post-carbone Gesellschaft)이다.

위기를 파악하고 극복하려는 사회는 더 이상 공학기술과 기업가 정신 그리고 직업정치에 의존해서는 안 되며, 스스로 정치적인 사회가 되어야 한다. 이러한 시민사회에서는 구성원들이 스스로를 공동체의 책임 있는 일원으로 이해한다. 시민사회는 구성원들의 능동적인 참여 없이는 유지될 수 없다. 이것이 바로 이 책의 핵심 주제이다. 비록 이러한 요구가 시대에 어울리지 않는 것처럼 보일지라도 우리가 맞서 싸워야 하는 메타위기(Metakrise)*는 더 활성화된 민주주의, 개인적인 책임 의식 그리고 집단적 참여를 요구한다.

기후, 미래 그리고 민주주의의 기회: 이 책은 최신 자료를 바탕으로

• 저자들이 이 책에서 사용한 메타위기(Metakrise) 또는 메가위기(Megekrise)라는 표현은 현재의 위기가 정치, 사회, 환경 등의 분야에서 중첩적으로 나타나는 현상을 가리키는 같은 용어로 이해할 수 있다.

한 시대 진단을 현실적인 정책 구상과 연결시킨다. 우리 저자들은 전통적인 의미의 기후 연구자는 아니다.[4] 하지만 우리는 기후변화를 미래의 문화가 띠게 될 모습을 가늠할 수 있는 시금석으로, 좋은 삶의 지침으로 여긴다. 문화는 다음과 같은 세 가지 질문에 대한 대답이다. 즉, 세계가 내적으로 어떤 특징을 띠고 있는지, 세계가 어떤 모습을 띠어야 하는지, 그리고 세계는 어떤 모습을 띠게 될 것인지.[5] 제1장에서 우리는 당면한 메타위기의 원인과 규모에 대해 서술할 것이다. 단순히 메타위기가 닥쳤다고 말하는 데 그쳐서는 궤도를 수정할 수 없고 오히려 부정과 체념으로 이어지고 만다. 제2장에서는 지식과 행위 사이의 간극을 다룬다. 다시 말해 우리는 왜 사람들이 아는 것을 실천하지 않고 시장과 기술 그리고 국가와 같은 '해당 기관'에 기대는지를 밝힌다. 제3장에서 우리는 시대에 뒤진 수단에 의존하고 낡은 관례를 고수하고 있는 현행 위기관리 대책을 비판한다. 제4장에서 우리는 글로벌 위기를 극복하려는 과정에서 나타나는 독재 체제와 민주 체제 사이의 경쟁에 대해 설명한다. 그리고 마지막 장에서 우리는 민주주의를 활성화할 기회를 모색한다.

우리는 세계 몰락 시나리오를 펼치려는 것이 아니다. 우리는 독자들이 낡은 세계와 작별하고 더 나은 세계를 만드는 데 동참하기를 원한다. 경제위기와 기후변화는 몰락의 위험 속에서도 개인적인 실천, 민주적 참여 그리고 글로벌 협력을 위한 여지를 제공하기 때문이다. 우리 모두는 원하든 원하지 않든 이러한 위대한 실험을 피해갈 수 없다.

제1장
위기 파악 또는 문화 모델의 한계

> 나는 당신에게 200년 안에 무슨 일이
> 일어날지에 대해서는 말할 수 있지만, 앞으로 2~5년 안에
> 세상이 어떻게 돌아갈지에 대해서는 말할 수 없습니다.
> 스타니스와프 렘Stanisław Lem

시간이 매우 빠른 속도로 흘러간다고 생각하는 사람들이 있는가 하면, 반대로 느리게 흘러간다고 묘사하는 사람들도 많다. 우리는 과연 어떤 시대에 살고 있는가? 위기에 대한 담론들은 모순적인 인상을 자아낸다. 국가의 정책은 마치 슬로 모션처럼 느리게 작동하기도 하고, 반대로 스릴 있게 작동하기도 한다. 뉴스 방송은 저마다 충격적인 사건을 보도한다. 이런 상황은 우리가 알던 세상에서 역사적인 시간이 서로 크게 엇갈려 인지되는 현상과 일치한다. 즉, 한쪽에서는 급속히 악화되는 경제 수치, 여론조사 결과 그리고 선거 일정이 발표되고, 다른 한쪽에서는 종교적 피안과 영원한 구원의 기대가 표출된다. 투기꾼들은 이윤에 대한 기대로, 경건한 사람들은 천국에 대한 열망으로 가득 차 있다.

이 두 가지 시간관은 모두 똑같이 비정치적이며 한 정치적인 세대가 계산할 수 있는 세속적인 시간대를 오인하고 있다. 기후변화, 즉 점점 더

가속화하는 지구온난화를 감안해 구분할 수 있는 시간대는 대략 2020년, 2050년, 2100년이다. 앞으로 20~30년이 지나면 기후의 변곡점이 도래하게 된다. 따라서 늦어도 10년 안에는 상당 규모의 온실가스가 감축되어야 한다. 이렇게 되어야 지구가 앞으로 100년이 지나도 거주 가능한 곳으로 남을 것이다. 오늘 우리가 행동하지 않으면 그 대가는 우리의 아이들과 손자들이 고스란히 치르게 된다. 이러한 이유 때문에 세속적인 시간대, 즉 100년이라는 인간적인 척도가 나타난다. 이러한 척도는 세 세대 또는 네 세대를 아우르는데, 행위와 그 결과를 평가할 때는 실질적으로 이런 시간대를 고려해야 한다. 왜냐하면 우리의 현재는 이 세대에 속한 사람들과 공유되기 때문이다. '100년'이라는 시간대는 아주 멀게 느껴지지만, 그 정도의 시간대는 사람들이 만약 후세에 물려줄 것을 고려한다면 통상 자기 자신과 타인을 배려하며 생각할 수 있는 시간 범위이다.

　13~14세기 이래로 시계가 발명되어 미래를 향한 선형적 방향 설정의 기준점이 되면서 이러한 시간의식이 발전해왔고 근대 초기 이래로 일반화되었다.[6] 정치 및 종교의 종파가 현재를 부정하거나 시장숭배자들이 현재에 열광하는 데에는 정치적인 시간 척도가 결여되어 있다. 근본주의자들은 영원이라는 카테고리로 사고하고, 헛된 지상의 운명에서 벗어나 구원을 지향한다. 이를 위해 이들은 현재를 인질로 삼기도 한다. 신자유주의자들의 시간 범위는 분기 단위의 경영 평가를 좀처럼 넘어서지 않으며, 주식 투기꾼들은 눈앞에 놓인 보잘것없는 것을 위해 미래를 팔아치운다. 이 두 부류의 공통점은 리스크에 대한 안목이 없는 것, 즉 중기(中期)적인 이해가 없다는 것이다. 경제학자 케인스(J. M.

Keynes)는 "오랜 시간이 지나면 결국 우리 모두는 죽는다"라는 식으로 장기 전망을 비웃었고, 종말론자들도 비록 근거는 케인스와 다르지만 이와 유사한 냉소주의를 표방하고 있다.

원자재들이 유한하다는 사실이 무시될 뿐만 아니라 성장 모델의 한계도 무시되고 있다. 따라서 주기적으로 반복되는 위기를 관례적인 것으로 가볍게 여기고 있으며 효과적 대안을 마련하기 위한 '기회의 창'이 닫히고 만다. 재정위기와 경제위기를 핑계 삼아 기후 문제 해결에 유용한 모든 기획과 정책들을 연기하는 태도야말로 맹목성을 그대로 보여준다. 이용 가능한 **선택지들이** 무한정 우리를 기다려주지 않는다는 사실을 생각하지 못하는 것은, 진보와 상승이 우리의 문화적 아비투스에서 얼마나 큰 비중을 차지하는지를 드러낸다. 미래는 현재와 마찬가지로 더 나아질 뿐이다. 진보는 계속된다. 미래는 열린 시간이고 끊임없는 개선을 위한 공간이다. 우리에게 예측된 미래가 궁핍해진다거나, 심지어 현재보다 뒤처질 수 있다는 생각은 생소하고 혼란스럽게 여겨진다. 우리가 지금 행동하지 않으면 20년 혹은 50년 뒤에는 행동할 여지가 더 이상 존재하지 않는다는 전망도 마찬가지로 혼란스럽다. 그러한 생각은 단기적 이익이나 장기적 구원에만 집착하는 인간들의 시간감정에 부합하지 않기 때문이다.

"특별한 건 없다"—리스크에 대한 현실감각 상실에 대하여

2008년 9월 리먼 브러더스 은행이 파산한 9·15 사태는 2001년 9월 서구 금융자본주의의 상징 뉴욕 세계무역센터 쌍둥이 빌딩에 대한 공격인 9·11 테러보다 전 세계적으로 더 심각한 쇼크를 몰고 왔다. 금융 시스템의 붕괴라는 이 충격의 물결은 1929년 경제대공황보다 더 중대하고 더 오래 지속될 수 있는 전 지구적 위기를 불러일으켰다. 리먼 브러더스는 조직화된 무책임 체계를 대표하는데, 막대한 수익과 횡재를 노리기 위해 수백만에 이르는 사람들의 일자리와 생활 터전을 희생시키고 아이들과 노인들을 새로운 빈곤 상황으로 추락시키며 국가와 공공 서비스의 행정력을 지속적으로 손상시켰다.

실물경제에 미친 이러한 결과와 함께 현실감각 상실이 뒤따른다. 증발된 수십억 달러는 위기관리에 투입된 엄청난 돈과 마찬가지로 눈에 보이지 않는다. 마치 고층 빌딩 바로 앞에 서 있는 사람은 그 빌딩의 높이가 어느 정도인지 전혀 가늠할 수 없는 것과 같은 현상이 벌어진 것이다. 당시 라트비아의 재무장관 아티스 슬락테리스(Atis Slakteris)는 자신의 나라가 처한 금융 붕괴에 대해 **"특별한 건 없다. 위기일 뿐이다"**(Nothing special, just crisis)[7]라고 간명하게 말한 바 있다.

라트비아처럼 교사나 간호사마저 해고해야 하는 나라는 세계 곳곳에 있다. 이전에는 극소수 독일인에게만 그 이름이 알려졌던 히포리얼에스테이트(HypoRealEstate)라는 이름의 금융지주회사는 금융위기로 인해 국가로 관리권이 넘어가기까지 수조 유로 이상의 돈을 꿀꺽 삼켰는데, 이 금액은 연방정부 예산의 3분의 1 이상이다. 예를 들어 우리는 보육시설 증축과 관련해 그동안 소문으로만 듣던 수십억 유로의 금액에 주목하게 되었고, 이 금액은 연방정부 예산으로 충당하기가 어렵다는 사실은 알게 되었다. 하지만 900억, 3,000억 혹은 8,000억 유로와 같이 상상을 초월하는 금액들 사이에 어떤 차이가 있는지에 대해서는 현실적인 감을 잡기가 불가능하다. 심지어 전문가라 할지라도 이 정도의 금액이 무엇을 위해 쓰이는지, 그리고 투입된 금액을 언제 회수할 수 있을지를 제대로 파악하는 사람은 거의 없다. 이제 일상이 되다시피 한 금액 부풀리기로 인해, 다시 말해 위기를 불러일으킨 허구적인 화폐경제로 인해 진기한 현상이 나타나고 있다.[8]

천문학적인 금액이 낳은 현실감 상실 효과 중 하나는 기후변화라는 이슈를 또다시 억누르려는 시도이다. 기후변화는 최근 몇 년 동안 여론뿐만 아니라 주요 국가들의 영향력 있는 정치인과 경제인 사이에서 주목을 받았다. 하지만 자동차산업이나 철강산업 같은 경제 부문에서 매출액이 3분의 1 이상 후퇴함에 따라 기후변화 이슈도 더 이상 중요하게 취급되지 않는 것처럼 보인다. 낡은 산업 부문의 일자리를 지키기 위해 기후보호를 뒷전으로 내몰고 있는 것이다. 미래 세대의 생존 가능성을 희생 삼아 일자리를 계속 유지하려는 것은 넌센스이다. 게다가 오늘날 이미 재생 에너지나 스마트 에너지 기술, 지능적 에너지 이용, 혁신적 건축, 공공교통망 확충과 같은 미래 지향적 경제 부문에 대한 투자는 인위적으로 어렵게 연명하는 부문들보다 더 높은 이익을 안겨주고 있다.

예를 들어 독일 환경부 장관이 생태사회적인 구조 변화를 요청하며 내세운 '3차 산업혁명'은 독일이나 미국을 비롯한 산업국가나 개발도상국에서 아직 착수되지 않고 있다.[9] 오히려 효과가 불확실한 경기부양 프로그램에 수십억 유로가 투입되고 있다. 이 정도 금액이 구조조정 과정에 투입되면 유용하게 쓰일 수 있는데 말이다. 이렇게 해서 기회의 창이 닫히고, 위기 상황을 생산적인 방향으로 전환할 수 있는 기회도 근시안에 갇혀 무시된다. 이는 구조 문제에서 생긴 위기에 적절하게 대응하지 못하는 치명적인 무능력을 증명해준다. 은행은 언젠가는 다시 정상화될 수 있지만, 온난화에서 비롯한 해수면 상승은 다시 정상화하기가 어렵다.

우리는 '녹색 경기부양 프로그램'의 가능성을 좀 더 상세하게 논의하고자 한다. 이 과정에서 경제위기는 통계적이고 체계적인 관점에서 정리될 수 있다. 우선 통계적인 관점에 따라 위기 구출 패키지와 경기부양 프로그램에 드는 비용을 미래 문제를 극복하기 위해 지출하는 비용과 비교할 것이다. 체계적인 관점은 이보다 더 중요하다. 투자 이윤을 극대화하다 보면 오직 현재만이 관심사가 되고 단기적인 행위 합리성의 부정적인 결과는 무시되기 마련이다. 따라서 금융위기를 다룰 때는 환경위기와 기후위기도 함께 고려하는 것이 필요하다. 은행이나 채권자는 대출을 결정할 때 누가 중기적으로 대출금을 갚을 능력이 있는지에 대해서는 관심을 두지 않았다. 산업국가들의 채무정책도 금융시장이 붕괴되기 전에는 이와 마찬가지였다. 이러한 채무정책도 미래 세대에 비용을 전가하는 것과 다를 바 없었으며 이로 인해 미래 세대는 자신의 생활세계를 꾸려갈 가능성이 크게 제한된다.

금융위기로 인해 분명하게 드러난 사실은 자본주의 체제에서 "개인과 집단이 자신의 미래를 미리 소비하고"[10] 있다는 점이다. OECD 국가들의 국가부채가 수십 년 전부터 지속적으로 증가하고, 자연환경에서 우리가 끌어오는 빚이 천연자원을 돌이킬 수 없도록 파괴함으로써 미래를 소비하는 결과로 나아가므로, 자본주의 경제의 근본 모델은 공간에서 시간으로 이동한다. 왜냐하면 글로벌 세계에서는 이런 경제 시스템에 원료의 형태로 추진연료를 — 예를 들어 석유, 가스, 목재, 곡류 등을 — 공급하는 외부가 존재하지 않기 때문이다. 알브레히트 코쇼르케(Albrecht Koschorke)가 말한 바 있듯이 글로벌 세계에는 미래 세대의 세계라는 단 하나의 외부가 있을 뿐이다.* 그런데 이제 이 세계마저 약탈당하고 있는 것이다. 이로써 서구 문화의 핵심적인 신화가 도전을 받고 있다. 즉, 끊임없이 성장하는 세계로써 유한성이라는 장애 요소를 극복했다는 기고만장한 신화 말이다. 지구계(Erdsystem)의 위험한 위기는 우리의 사치스러운 생활도 더 이상 기존의 방식대로 유지될 수 없다는 점을 명확하게 보여준다. 이러한 인식은, 개인이 자신의 죽음을 생각할 때와 마찬가지로 생소할 뿐만 아니라 두려움마저 불러일으키므로, 위기를 애써 무시하거나 그 극복을 '이후로' 미루려는 움직임이 존

---

* 저자가 인용하는 코쇼르케의 논문(「미래와의 게임」)은 마지막에 미국의 사례를 들고 있다. 먼저 미국은 유럽에서 추방된 이민자들이 동부 해안에 세운 새로운 이스라엘(1단계), 스스로를 개척자로 부르면서 서부로 진출한 단계(2단계), 20세기 전 대륙을 석권하자 우주공간으로 진출한 단계(3단계)를 지난다. 코쇼르케는 이제 "미래가 신개척지(frontier)이다. 고전적 식민주의와 …… 공간적 측면에서 유한해진 세계경제의 종말 이후에 미국의 팽창욕은 **시간적 차원**으로 이동한다. 미래 세대들의 세계에 대한 약탈적 낭비 추구를 요구하는 지경에 이른다"라고 기술한다.

재한다.

따라서 자연자원의 유한성은 ― 토지의 제약, 수자원의 고갈 그리고 대기오염은 ― 다중적 위기가 중첩되는 조짐을 드러낸다. 기후변화, 고전적 환경 문제, 에너지 위기, 물 위기, 식량 위기, 세계 인구 증가 등이 서로 중첩되어 메타위기로 발전해 지구계의 생존 조건을 위협하고 있는 것이다. 각각의 위기는 어느 것도 새로운 것은 없다. 이 모든 위기들에 대해 세계 여론은 이미 수십 년 전부터 잘 알고 있다. '성장의 한계'에 관한 **로마 클럽**의 보고서는(뒤이어 발간된 여러 인상적인 보고서들도) 핵심 문제를 명확하게 정리했다. 그 후 UN이 주도한 일련의 회의들은 심각한 위기 현상들에 대해 선언문과 결의문 그리고 행동 강령들을 도출했다. 인간에 의해 생겨난 기후변화 현상은 1980년대에 첫 번째 연구서가 발표된 이래로 관심을 끌고 있다. 1970년대 이래로 개별 저자들과 사회운동 단체들 그리고 환경연구소들이 정치생태학과 지속가능한 사회에 대한 문제의식을 제시해왔다. 이러한 활동이 부분적인 개혁과 지속가능성을 강조하는 사회 분위기를 만들긴 했지만, 아직도 정치적인 변화를 이끌어내지는 못하고 있다.

이렇게 나태한 상황이 초래된 이유는 ― 우리가 나중에 언급하게 될 일련의 심리학적 요인들과 더불어 ― 규정된 목적을 위해 '처리할 수 있을 정도'의 손해는 일단 저질러보고 그 극복은 나중 시점으로 연기하려는 위험천만한 사고방식 때문이다. 이런 사고방식은 핵 에너지의 경우 해결 불가능한 폐기물 처리장 문제에서 나타나거나, 기술적으로 낡은 석탄 화력발전소들이 과도기적인 시설로 계속 운영될 때, 대구의 어획

할당량을 과도하게 책정할 때, 또는 국가재정의 건전성 확보 시한이 2020년으로 정해질 때도 나타난다. 만약 교토 협약 이행 과정에서 협약에 서명한 당사국들이 온실가스 감축을 위해 발효된 의무 조항들의 이행을 연기한다면, 이들은 앞으로 10년 후가 되면 더 뻔뻔하게 나올 것이다. 이런 사례들은 수없이 많다. 이 모든 사례들의 특징은, 문제의식은 있지만 문제의 기술만능주의 조치에 만족한 채 다가올 결과들은 추후 시점으로 연기하는 태도이다. 문제 해결을 계속 미루는 이런 정치 스타일은 지연(dilatorisch) 정치라고 불린다.

이러한 소극적인 행위는 '경제가 성장하는' 조건들을 만들라는 시대적 요청을 따른다. 경제성장을 우선해야 복지와 번영 그리고 경우에 따라 세계의 개선을 이뤄낼 행위 가능성이 생긴다는 것이다. '만인을 위한 복지'는 서구 국가들에서 실제로 점점 구현되고 있으며, 복지국가는 삶을 꾸려 나가는 데서 생기는 리스크를 점점 더 줄이고 있다. 이 둘은 다른 곳에서도 삶을 기획할 때 참고할 모범이 되었다. 하지만 방 세 개짜리 주택에서 장거리 해외여행에 이르기까지 물질적이든 비물질적이든 삶의 질은 개선되었지만, 부수적인 피해가 발생한다. 예를 들어 위험한 노동조건과 환경조건의 악화에 따른 건강 비용 지출의 증대가 그것인데, 이런 비용은 항상 '이후에' 발생한다. 하지만 지구계의 위기는, 예측되고 얼핏 잘 방지되었다고 여겨지는 부수적인 문제들이 더 이상 미래에 생기는 것이 아니라, '지금' 당장 우리 발등에 떨어지고 있다는 것을 보여준다.

정점으로 치닫는 성서적 재앙들

세계사회가 자신이 지닌 가능성을 얼마나 놀라운 방식으로 소진하고 있는지는 기후위기에서 잘 드러난다. 기후위기는 특수하면서도 중대한 위기 현상이며 인구 증가나 글로벌한 식량 위기, 환경의 오염과 파괴 그리고 자원의 낭비와 같은 비교적 오래된 위기들과 밀접한 관계가 있다. 기후위기는 이러한 스트레스 요인들을 강화하며, 이 요인들과는 '과잉 생성'이라는 말로 요약할 수 있는 구조적인 공통점을 지니고 있다. 개별 위기들이 연결되어 모든 부분 시스템들의 복합적인 작용을 가로막는 메타위기를 초래하며 결국 시스템 붕괴의 위험으로 이어진다. 이 위험은 단호한 대응 조치로만 막을 수 있다. 하지만 이러한 대응 조치는 금융위기로 인해 처음으로 유예된 것은 아니다. 이전부터 정책 결정권이 있는 엘리트들은 기후변화를 '시스템 차원에서 중요한 변수'로 취급하지 않았다.

기후변화는 지구의 역사를 거치며 파국적 결과를 초래해왔다. 자연이 마냥 우호적이지 않듯이, 기후도 안정적인 것은 아니다. 기후는 날씨와는 다른 문제이다. 날씨의 변덕은 일상적인 대화의 주제가 되어 관심도가 높다. 하지만 우리는 대부분 예를 들어 여름이 (느낌상) 서늘하다거나 겨울이 오래 지속되고 나면 기후에 장기적인 변화가 생겼다고 믿지 않는다. 기후에 대한 정보를 알지 못하면 기후변화를 감지하기가 어렵다. 오늘날 기후변화라고 할 때는 인간이 낳은 지구온난화의 결과와 1970년대 이후 지구 기온이 급격하게 상승한 결과를 염두에 두게 된다. 그 원인은 화석연료의 연소, 숲의 대규모 남벌, 산업화의 시작 이후 농업에서 변화된 양상이다.

온실효과는 지구의 복사열인 적외선을 흡수하여 지구로 다시 방출하는 특성을 갖는 기체로 인해 지구 표면의 온도가 상승하는 현상을 말한다. 이러한 온실효과를 만드는 기체는 산업시설, 교통수단, 벌채, 부패, 이탄(泥炭) 채취 등을 위해 화석 에너지원을 이용할 때 생기는 이산화탄소(CO_2), 특히 가스정(井)에서 생겨나는 메탄(CH_4), 축산과 (플루오르) 탄화수소에서 생겨나는 아산화질소(N_2O) 등이다. 대기 중에 있는 이산화탄소와 메탄의 농도는 지난 65만 년에 걸친 수치 중에서 현재가 가장 높다. 지구온난화가 역사적으로 최고의 상태에 도달한 것은 의심의 여지가 없다. 지구온난화는 지구 표면의 평균 온도가 상승하는 현상이다. 바다에서는 빙하와 만년설이 점점 녹아 내려 해수면 상승으로 이어진다. 연평균 온도는 1850년부터 측정되고 있는데, 관측 이래로 매우 더웠던 해가 열두 번 있었다. 그중 열한 번이 1995년에서 2007년 사이의 시기에 몰려 있다는 것은 전혀 우연이 아니다.[11]

날씨에 예민한 중장년층 사람들이 이미 관찰할 수 있듯이, 북반구에서는 강우량이 늘어나고, 남반구에서는 가뭄이 심해지고 있으며, 전 세계적으로 무더운 날씨가 잦아지고 북대서양 지역에서는 강력한 허리케인이 자주 출현한다. 빙하와 만년설의 감소 그리고 극지방 얼음층이 현저하게 감소하고 있는 것은 위성사진을 통해서든 육안으로든 관찰할 수 있다. 따라서 해수면은 아마도 더 빨리 상승할 것이다. 1961년 이래로 해마다 1.8밀리미터씩, 1993년 이래로 해마다 약 3밀리미터씩 상승하고 있다. 2009년 3월 코펜하겐 기후회의에서, 기후변화에 관한 정부 간 패널(IPCC)이 전망한 해수면 상승 속도는 더 높게 수정되어야 했는데, 2200년까지 세계의 해수면은 3.5미터나 상승할 수도 있다고 한다. 여러 섬들이 물에 잠기고 중부유럽의 해안도시들도 물에 잠길 가능성이 높다. 이와 유사하게 이산화탄소의 배출량도 수정되고 있어 불안감을 더한다. 이산화탄소의 배출량은 대양의 급속한 산성화와 영구 동토층의 해빙에 관한 전망보다도 훨씬 더 심각한 양상을 보이고 있다.

《빌트 암 존탁(Bild am Sonntag)》지*는 "우리 지구는 이대로 괜찮은가?"라고 비관적인 메시지를 전한 바 있다(2009년 3월 1일 자). 이런 경고성 보도에 좋아할 사람은 없다. 사람들은 기후 연구자들이 주장하는 이론을, 생태주의적인 음모론으로까지 확대하지는 않지만, 근거 없는 낭설이나 이해관계에 좌우된 과장이라고 몰아붙였다. 공개 토론장에서는, 기후 연구자들이 온도나 해수면 상승에 관한 **이미 측정된** 명확한 증거나 빙하 해빙 규모를 근거로 논지를 전개하고 자신들의 측정 방법을 끊임없이 정밀하게 검증하며 데이터를 확장시킨다는 사실은 흔히 간과된다. 모델을 설정하고 예측하며 가정을 세움으로써, 지구 표면의 대기와 해수면의 평균 기온이 상승한 결과에 대한 과학적 인식과 경고는 토대를 얻는다. 이미 20여 년 전부터 이러한 과학적 인식과 경고가 있었고, 그 증거는 점점 더 정밀해져 과학자 단체와 정책 자문단체에서 거의 완벽한 합의에 이를 정도가 되었다. 이 두 단체의 연구와 정책을

---

* 매주 일요일에 백만 부 이상 발행되는 독일의 최대 주간지.

종합한 IPCC의 정기 보고서는 인간이 야기한 기후변화와 그 결과가 아직 만족스런 정도는 아니지만 공개적으로 논의되는 데 기여했다.

세계적으로 정평이 난 지구계 연구소인 포츠담 소재 기후변화연구소(PIK)는 다음과 같은 리스크를 특히 중요하게 여긴다.

유일계의 위험: 산호초, 동물과 식물의 종들, 희소하면서도 종 다양성이 풍부한 생활공간들, 섬 국가들, 적도 고산지대의 빙하들 혹은 토착 원주민 집단들이 상당한 피해를 입거나 돌이킬 수 없을 정도로 파괴될 수 있다.

극단적인 기상 이변: 불볕더위, 홍수, 가뭄 또는 허리케인과 같은 극단적인 기상 이변의 빈도와 강도가 증가해 피해도 커진다.

기후변화의 불평등한 영향: 여러 지역, 국가 그리고 주민집단들이 서로 다른 강도로 기후변화의 영향을 받는다. 기후변화에 아무런 영향도 끼치지 않았던 극빈국들이 무방비 상태에서 평균 이상으로 피해를 입는 일이 자주 발생한다.

지구계가 근본적으로 변화될 리스크: 온실가스 배출은 지구의 기후 시스템에 감당할 수 없을 정도로 부담을 줄 수 있다. 따라서 지구계의 중요한 상호작용이 '와해되어' 완전히 다른 양상으로 전개될 수 있다.

이러한 리스크의 예로 들 수 있는 것은 그린란드 빙하층의 해빙, 아마존 열대우림의 부분적인 초원화, 북대서양 해류의 약화 등이다. 근래의 연구에서 명확하게 드러난 사실은 기후변화의 악영향들이 예상보다 훨씬 빠르게 나타나 티핑포인트도 더 빨리 다가올 수 있다는 것이다.[12] "기후 시스템이 지구온난화로 인해 온실가스를 배출하기 시작할 경우, 온실효과가 증폭되는 현상도 배제할 수 없다."[13]

비록 이 모든 사실은 과학의 용어로 표현되고 있지만, 성서에서 서술된 재앙들을 나열하고 있는 것처럼 보인다. 해수면 상승은 해안지방과 섬들을 위협한다. 불볕더위와 가뭄, 폭우와 홍수, 혹한과 허리케인 같은 극단적인 기상 이변이 일어난다. 대양의 수온 상승과 산성화는 어업을 파탄시키고 해류를 바꿔놓기도 한다. 따뜻한 곳에서 번식하는 해충과 병균이 기승을 부려 전염병과 유행병이 번질 위험이 커진다. 이와 병행해 계절의 순환, 식생대, 생활공간 등도 변화를 겪는다. 이는 북반구에서 일부 긍정적인 효과를 낳을 수도 있지만, 영구 동토층의 해빙 그리고 해저 메탄가스의 분출과 같이 압도적으로 부정적인 영향을 초래할 수 있다. 지구온난화가 중단되지 않는다면 해충이 많아지고, 물 부족 현상이 심각해지며, 사망률은 추운 지역에서는 낮아지는 반면, 더운 지역에서는 높아질 것이다. 곡물 수확량의 피해는 증가하게 되는데, 전체적으로 식량의 양과 질이 떨어질 것이다. 홍수와 강풍이 심각한 피해를 초래할 것이다. 이런 현상의 조짐으로 볼 수 있는 것이 2005년 8월 말 미국 남동부를 강타한 허리케인 카트리나, 유럽 대도시의 일사병, 중국의 물 부족 사태, 아르헨티나 대초원의 가뭄, 오스트레일리아의 산불[14] 등이다.

이미 가시화된 가장 위협적인 누적 효과는 아마존 열대우림의 건조화인데, 이 지역은 대양과 더불어 지구의 가장 중요한 탄소 저장고이다. 아마존은 지구의 '녹색 허파'인데, 탄소를 화석 에너지원의 연소로 생기는 양보다 두 배 이상 흡수하기 때문이다. 이러한 '감축 기능'이 이제 위험에 처해 있다. 아마존에서는 식물의 성장이 둔화되고 죽어가는 식물들이 대기로 탄소를 배출하는데, 현재 이 배출량은 유럽과 일본의 배출량보다도 많을 정도이다[15]. 해수면이 상승할 경우에도 기후변화의 효과들이 더 커지는데, 해수는 온도 상승으로 부피가 확장되고 극지 빙산과 빙하가 녹아 물의 양이 늘기 때문이다. 이런 사태는 지난 몇 년간 관찰에서 드러나듯이 예측 불가능한 규모로 일어나고 있다.

복잡한 상호작용과 증폭 작용으로 인해 앞으로 사태가 어떻게 전개될지를 체계적으로 예측하기는 어렵다. 배출량이 동일하게 유지될 경우에도 IPCC는 지구 평균 온도가 10년마다 $0.2℃$씩 상승하리라고 예상한다. 그런데 배출량이 현재와 같이 지속적으로 늘어난다면, 온도 상승은 더 높을 것이다. 배출량이 달라지거나 증가할 경우를 고려해 다양한 시나리오를 짜본 결과, 금세기 말까지 온도 상승은 최소 $1.1℃$에서 최대 $6.4℃$에 이를 것으로 예상되고 있다. 이는 사소한 차이가 아니라 생활 형태의 근본적인 변화를 불러올 수 있다. 왜냐하면 온도 상승은 지역적으로 극도의 편차를 보여 지금까지는 거주 가능했던 지역에서 더 이상 생활이 불가능해질 수 있기 때문이다. 해수면의 상승은 현재의 예측에 따르면(이 예측은 아마도 더 큰 폭으로 수정될 것이다) 18센티미터에서 59센티미터 사이가 될 것인데, 이 수치는 조수간만의 차이나 사리 혹은 해일 등이 일어날 때는 크게 달라질 수 있다.

다음 그래프는 세부적으로 논란이 되었지만, 지금까지는 물론이고 앞으로 발생할 기후변화를 나타내는 거의 모든 그래프들도 이와 같은

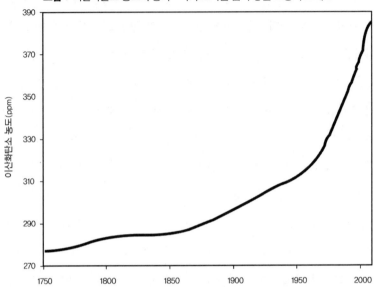

그림 1 이산화탄소 농도의 증가―하키 스틱을 눕혀 놓은 모양의 그래프

자료: Alex Robertson u.a., Hypothesized Climate Forcing Time Series for the Last 500 Years, *Journal of Geophysical Research 106*, D14/2001. 1998~2008년의 데이터는 R. F. Keeling 등이 수행한 캘리포니아대학 대양지리학 연구소의 이산화탄소 연구 그룹의 자료이다. http://cdiac.ornl.gov/ftp/trends/co2/maunaloa.co2 참조.

형태를 띨 것이다. 상대적으로 장기간 안정성이 유지되다가 30~40년 전부터 온실가스 배출량과 기온 및 해수면이 가파르게 상승하고 있다. 어떻게 이런 갑작스럽고 급속한 상승이 일어났을까? 온실가스 배출량 은 산업화가 시작된 이래로 지속적으로 늘어나긴 했지만, 1970년대부 터 그 증가율이 대략 70퍼센트에 달했다. 장기간의 추세가 이런 형태를 보이는 이유는 특히 화석연료의 사용, 토지이용의 변화, 벌목과 바이오 매스*의 파괴 때문이다. 지구온난화는 지난 50년 동안 자연적인 방식 으로 약화될 수도 있었지만, 실제적으로 그 반대의 현상이 생긴 이유는 분명히 인간에게 있다. 배출량 통계에서 가장 급격한 상승을 보인 것은 제2차 세계대전 이후의 시기이다. 서구권과 동구권으로 나눠진 세계질서로 인해 각 진영은 경쟁적으로 역동적인 경제 부흥을 추구했다. 두 진영은 이데올로기적으로 서로 적대했으나 자연 지배나 무제한의 진보라는 관점에서는 일치했다. 서구식 소비 모델이 확산됨에 따라 세계의 모든 지역에서 서구의 산업화를 뒤쫓으려는 움직임이 이어졌다. 배출량이 가장 많은 분야는 에너지 공급, 산업시설, 농업과 임업이고, 이보다 배출량이 적은 분야는 교통, 주택, 영업용 건물, 쓰레기 처리시설이다. 생활 분야를 놓고 본다면, 특히 우리의 일상적인 소비가 기후변화에 큰 영향을 미치고 있다. 요컨대 교통과 수송, 주거와 난방, 음식물 섭취가 배출량의 가장 큰 부분을 차지하고 있는 셈이다. 듣기 거북하겠지만 더 구체적으로 말하자면, 우리는 너무 과도하게 자동차를 타고, 너무 과도하게 난방을 하며, 너무 과도하게 칼로리를 섭취한다.

명백한 증거에도 불구하고

우리는 과학의 데이터, 모델 그리고 예측을 신뢰할 수 있는가? 모든 과학적 발견에서와 마찬가지로 기후변화에서도 회의론자들이 존재한

• 에너지원으로 이용되는 식물, 미생물 등의 생물량을 말하며, 이를 에너지원으로 이용하면 에너지를 저장할 수 있고, 재생이 가능하며, 지구 어느 곳에서나 얻을 수 있고, 적은 자본으로도 개발이 가능하며, 환경 보전적으로 안전하다.

다. 회의론자들은 기후변화의 원인이 인간에게 있다는 증거가 없으며 기후변화의 영향도 과장되고 있다고 주장한다.[16] 그런데 과학은 타당한 것으로, 즉 **최신의 것**(state of the art)으로 받아들여지기 위해서는 방법적으로 검증 가능한 증거와 그 해석이 전 세계의 동료 과학자들에 의해 입증되어야 한다. 전문가들의 보고서는 어떤 사태가 확실히 일어난다는 식이 아니라, 일어날 확률이 몇 퍼센트라는 식으로 주장한다. **과학자 공동체**(scientific community)의 회원이 발표한 논문을 다른 회원들이 검증하는 방식은 구조적으로 보수성을 띨 수밖에 없다. 이 때문에 막스 플랑크(Max Planck)는 새로운 시각이 관철되는 것은 경험적 설득력에 의해서가 아니라 해당 분야의 늙은 대표자가 사망해야 가능하다고 비꼬아 말한 바 있다.

하지만 과학계의 이러한 타성 때문에 이론이 너무 느리게 관철되어 우리가 글로벌한 생활조건의 변화에, 주로 인간이 야기하는 위험하며 급속도로 진행되는 변화에 직면하게 된 것은 결코 아니었다. 기후변화를 연구하는 해양학자, 빙하학자, 기상학자, 물리학자가 거의 100퍼센트 의견 일치를 보아도, 일부 여론은 공개적인 논쟁을 즐기는 호사가들이나 돈을 받고 일하는 반대편 전문가들의 의견을 추종한다. 석유화학 회사 엑손모빌(Exxon Mobil)은 인간이 야기한 기후변화를 부정하는 연구 용역과 논문에 700만 달러 이상을 지출했다고 한다.[17] 그리고 미국에서는 흡연에 찬성하는 캠페인을 학문적으로 촉진하려는 대규모 싱크탱크들이 존재해왔다. 부시 행정부는 당시 온실가스의 최대 유발자들인 미국인들 사이에서 기후변화에 대한 회의적 시각을 확산시켰다. 언론 보도를 분석한 결과에 따르면,[18] 미국인들은 비록 기후변화에 대해 잘 알고 문제를 의식하고 있지만, 회의론자들의 반대 로비에 밀려 백악관과 의회에 압력을 가하는 일은 미미한 수준에 머물고 있다. 여론은 기후변화가 충분히 입증되었다고는 믿지 않으며 정책 결정자들은 전문가들로부터 현 상황에 대한 정확한 정보를 받기 전에는 조치를 취할 수 없다고 주장한다. 전문가들 사이의 논쟁과 미디어의 경고는 개인적·집단적 행동으로 이어지기보다는 오히려 무관심한 태도를 확산시킬 수 있다. 최근에 '기후변화 회의론'의 최선봉에 서 있는 하틀랜드 연구소(The Heartland Institute)는 기후변화를 부인하는 지지자들을 결집하고 있으며, 과학 저널리스트들 사이에서도 어느 정도 명성을 누리고 있다.[19]

회의적인 태도는 유용할 수 있지만, 프로파간다는 그렇지 않다. 기후 연구자들이 압도적으로 공통된 의견을 보이고 있고, 특히 그들이 예측하는 수치가 매년 추월되는 심각한 상황을 고려하면 인간이 야기한 기후변화를 기정사실로 받아들여도 된다. 우리 저자들은, 연구비가 많이 들어온다고 해서 기후변화를 반긴다든지 자신의 연구 결과가 틀리기를 바라지 않는 기후 연구자들을 본 적이 없다. 설령 기후변화가 '자연적인' 수준의 편차에 불과하고 천연자원의 세계적인 과잉 이용은 기후변화에 아무런 영향을 미치지 않는다고 할지라도, 사적인 대화나 패널 논쟁에서 자신의 입장을 고집하는 설득하기 어려운 회의론자들에게 기후변화의 영향은 중대한 문제라고 응답해야 한다. 기후변화가 전혀 발견되지 않았던 때에도 사회의 탈탄소화는 그 자체로 유익했을 터이기 때문이다.

문화 문제로서의 기후변화

기후변화는 그 원인과 영향의 측면에서는 자연과학의 대상이고, 그 결과에 비추어 보면 사회과학과 문화과학의 대상이다. 그런데 사회과학과 문화과학은 지금까지 이상하리만치 기후변화에 큰 관심을 기울이지 않았다. 기후학자들은 왜 인도양에서 여름 몇 달 동안 강력한 태풍이 출현하는지, 1970년 파키스탄과 2008년 미얀마에서와 같은 엄청난 피해를 낳는 해일이 어떻게 생기는지를 설명할 수 있다. 그러나 우리가 관심을 가지는 것은 그런 사건들로 인한 사회적 확실성의 상실이다. 즉, 그런 사건들은 "확실하거나 신뢰할 만한 사실이 의심스럽거나 불안정해질 상태에 놓였다는 의미에서 위기를 나타낸다."[20] 다시 말해, 불확실성이 문화적으로 어떻게 지각되어 '의미'를 갖게 되며, 그것이 사회적 행동방식으로 옮겨져 문화적 준거 틀을 형성하는지가 우리의 관심사이다.

변화나 재난이라는 개념 선택 자체가 이미 상징성을 띤다. 즉, 기후변화나 사회적인 변화를 말하는 사람은 점진적인 것, 순차적인 것 그리고 장기적인 것을 연상하고 있다. 기후 재난을 말하는 사람은 돌발 사태, 중단, 드라마틱한 사건을 염두에 둔다. 그리고 이러한 개념 선택에는 문화사적인 배경이 있다. '재난(Katastrophe)'이라는 개념은 근대에 이르러 처음으로 등장했다. 그 전까지는 재난에 준하는 사건이 발생하면 점성술을 이용하거나 종교적으로 해석했다. 즉, 초자연적인 힘에 의한 인간 실존의 추락으로 해석된 것이다. 적어도 부분적이고 일시적이긴 하지만 자연을 지배할 수 있게 된 이래로, 사회문화적인 보호 조치들이 붕괴될 때마다 재난이 일어났다. 따라서 드라마틱한 자연적인 사건들과 과정들이 집단적인 경험과 기억에 간직되어 미래를 대비하는 예방책이 마련되었다. 자연을 예측 불가능한 위협의 대상으로 인식함으로써 자연과 의도적으로 ─ 자연의 리스크를 기술을 통해 지속적으로 제어해 '안전이 보장되는' ─ 관계를 맺는 태도가 생겨났다. 이렇게 해서 근대를 특징짓는 자연과 사회의 이분법이 정착된 것이다. 이러한 이분법은 사고가 발생하면 언제든 행동의 지침이 되었고 자연의 리스크를 관리하는 것은 엔지니어, 재난보호기관, 보험사 등에 위임되었다. 하지만 새로운 리스크가 등장하면 더 많은 기술 혁신을 통해 통제되어야 했는데, 이 과정은 리스크를 의식하는 사람들이 자연과 벌이는 게임과도 같다. 따라서 갈수록 이런 게임을 반복하는 것이 과연 합리적인가라는 의문이 제기되고 있다.[21]

기후변화는 이전의 재난 사건에 편입시키기가 곤란하긴 하지만, 이들과 공통점이 많은 것은 사실이다. 기후변화는 세상을 뒤흔든 1755년의 리스본 대지진과 같이 시대의 분수령을 이루는 사건은 아니다. 그러나 기후변화는 전 세계에서 화제가 된 허리케인 카트리나와 같이 재난을 초래하며 1986년 체르노빌 '핵 재앙'이나 지진처럼 시대의 분수령을 이루는 사건이 될 수도 있다. 기후변화는 로스앤젤레스나 지구의 다른 지진대에 잠복해 있는 '빅뱅'과는 다르긴 하지만, 이와 유사하게 머지않아 특정·불특정한 사태가 일어날 수 있다는 우려를 낳아 지속적인 의식의 혼란을 초래한다. 따라서 북아메리카에서 일어난 벌들의 불가사

43

의한 집단 폐사나 멕시코에서 발생한 돼지 구제역을 기후변화의 탓으로 돌리는 사람들도 많다. 이 두 사건이 기후변화와는 아무런 상관이 없는데도 말이다. 이와 마찬가지로 기후변화는 경제 불황이나 은행 위기 또는 정권교체와 같은 현상들과는 관계가 없지만, 사회정치적이고 사회경제적인 측면에서 그러한 현상들에 비교될 수 있는 결과를 초래할 수 있다. 그리고 폭력 행위와 전쟁도 그 파괴력 면에서는 기후변화와 유사성을 보이는 경우가 많을 뿐만 아니라 기후변화가 그러한 폭력 행위나 전쟁의 한 원인이 되기도 한다.

요컨대 기후변화는 정보의 질 면에서 특수성을 나타내는 현상이다. 이는 '갑작스러운' 돌발 사태가 일어날 때 이 사태와는 무관한 변화가 초래되는 사실과 관련이 있는 것 같다. 전자는 충격스러운 경험을 하게 하고, 후자는 여론을 불안하게 만든다. 이러한 양가감정의 증거는 2007년 IPCC의 보고서를 토대로 기후변화가 광범위하게 이슈에 오른 일이다. 이 보고서는 거의 전 세계적으로 큰 반응을 불러일으켰고 언론의 헤드라인을 장식했다. 사실상 기후 연구자들이 적어도 20년 전부터 바로 그 보고서에서 실제 논의되었던 사태에 대해 이미 경고해왔는데도 말이다. 언론이 특별히 주목한 것은 '푸른 행성' 지구의 상태였다. 예를 들어 ≪빌트(Bild)≫지는 "지구가 녹아내린다!"는 제목의 기사를 실었다. 여기서 생태학적인 리스크와 관련된 커뮤니케이션의 전 영역에 적용되는 특수성이 나타난다. 즉, 자연과학의 연구 결과를 일반적인 생활 경험과 생활세계에 친숙한 이야기로 바꿀 때 생기는 어려움 말이다. 여러 생태학적 과정이 지닌 세 번째 특수성은 발생하는 문제가 초국가적인 성격을 띤다는 점과 그 문제를 해결하는 정치적이고 기술적인 전망에서 나타난다. 아마도 기후변화의 가장 중대한 특수성은 원인과 결과의 연결고리가 약하다는 점일 것이다. 문제가 발생하는 원인은 반세기 또는 이보다 더 오래 전으로 소급되고, 우리가 오늘날 행할 수 있는 모든 조치들은 성공 가능성이 지극히 불확실할 뿐만 아니라 성공한다고 해도 장기간이 소요된다. 이렇게 장기화되면 행위와 그 행위의 결과 사이의 시간적인 관계가 완전히 새로운 문제로 대두된다.

기후변화는 이미 전 지구의 생활조건에 심각한 영향을 미치고 있다. 경작지와 생활공간이 사라지고, 기후 난민들의 이동이 늘어난다. 기후 난민들이 생기리라고는 10년 전만 해도 전혀 생각조차 못했지만 섬들이 물에 잠기고 해안지역이 침수될 위험이 커짐에 따라 기후 난민들의 숫자가 점점 더 많아질 것이다. 또한 기후변화에서는 승자와 패자가 확연히 구분된다. 그 때문에 남반구와 북반구 사이뿐만 아니라 세대 간에 존재하는 정의의 격차가 심화된다. 삶과 행위의 질이 이전보다 크게 떨어지는 것은 천연자원이 유한하고 기후보호가 시급해 해당 사회의 제도적 정비가 상당한 시간적 압박을 받고 있기 때문이다. 결국 해결의 실마리는 자연에 있는 것이 아니라 시장, 국가, 민주주의 그리고 시민사회에 있다.

기후변화는 글로벌한 문제이지만, 성공적으로 행동하려는 사람은 기후정책에서 문화적으로 완전히 서로 다른 지각 유형들을 감안해야 한다. 해수면은 함부르크 앞바다의 작은 섬들, 두바이, 자카르타 등 모든 해안에서 정도의 차이는 있지만 비슷하게 상승할 것이다. 하지만 이런 현상에 대한 지각과 적응의 메커니즘은 해수, 파도 그리고 침수 등이 어떻게 해석되고 또 역사적으로 관리되었느냐에 따라 문화적으로 서로 다르게 나타난다.[22] 그런데 물에 뜨는 수상 건축물이나 거대한 제방 공사를 수행할 수 있을 만큼 기술공학적으로 더 발달한 북반구가 남반구 주민들보다 더 잘 대비할 것이라고 보는 것은 지나치게 성급한 결론이다(이에 대해서는 239~240면의 마닐라에 관한 서술 참조).

기후변화는 지역 차원의 대책과 무대책의 상호작용이 전 지구적인 영향력을 행사하는 '세계지역화(Glokalisierung)'의 전형적인 현상이다. 하지만 세계 기후정책은 기후계의 문화적인 차이를 감안할 때만이 제대로 기능할 수 있다. 따라서 기후변화는 세계화된 세계에서 발생할 수 있는 여러 문제 유형들의 원형(Prototyp)인 셈이다. 어떤 결정이라도 해당 지역에만 영향이 제한되는 경우는 없다. 역으로, 발생한 문제에 대해 글로벌한 시각으로 대처할 수 있는 초국가적인 기관이나 세계정부는 존재하지 않는다. 이런 모델은 예를 들어 식량 문제 해결이나 지속 가능한 산업 인프라의 구축과 마찬가지로 미래 갈등 해결과 군축 및 군비 증강과 관련해 모범이 될 수 있다.

기후변화는 지역에 따라 미치는 영향이 완전히 다르다. 기후변화의 사회적 영향은 해당 지역에 어떤 극복 역량이 존재하느냐에 따라 좌우된다.[23] 생활수준이 높고 식량 상태가 양호하며 재난 보호가 탁월하고 피해를 물질적으로 보상해줄 수 있는 북유럽에서는 재난의 사회적 영향이 제한적이다. 하지만 가난, 굶주림, 부실한 인프라와 폭력적인 갈

등에 시달리고 있는 중앙아프리카와 같은 지역은 부정적인 환경변화에 훨씬 더 가혹하게 노출된다. 결국 이중, 삼중으로 불이익을 당하게 되는 셈이다. 가장 심하게 기후변화에 노출되는 나라들은 피해를 극복할 가능성이 가장 적은 반면, 기후변화의 영향을 가장 적게 받거나 심지어 변화된 기후조건으로 혜택을 보는 나라들은 기후와 관련된 문제를 해결할 수 있는 역량을 더 많이 지니고 있다. 생존 기회를 두고 글로벌한 불균형과 불평등은 기후변화로 인해 심화된다.

유럽의 경우 기후변화의 영향은 비교적 미미한 수준이다. 하지만 녹아내리는 빙하, 극단적인 기상 이변, 산사태, 홍수 등은 농업과 관광산업에 유리하게 작용하지 않는다. 게다가 남쪽 지역과 북쪽 지역의 격차도 존재한다. 북유럽에서는 새로운 과일, 곡식, 와인 등의 재배를 꿈꿀 수 있지만, 지중해 지역은 과거보다 더 가뭄과 물 부족에 시달릴 것이다. 일반적으로 유럽 국가들은 기후변화의 영향을 제한하거나 심지어 긍정적인 방향으로 전환시킬 수 있는 탁월한 역량을 지니고 있다. 또한 해안지역의 보호 같은 조치들도 여러 곳에서 이미 시행되었다. 따라서 유럽에 미치는 기후변화의 사회적 영향은 간접적인 종류의 것이며, 인접한 국가에서 밀려드는 불법 이민으로 인해 국경 경비를 강화하고 재난과 변화된 안보 상황에 대처하는 데 필요한 비용이 문제가 된다.

북아메리카의 경우도 유럽과 비슷하다. 여러 지역에서 농업의 상황은 개선되고 있다. 물론 여러 지역에서 동계 스포츠를 하기에 불리한 조건, 해안 침수 피해나 물 부족 현상은 여전하다. 불볕더위도 마찬가지로 큰 문제가 될 수 있고, 특히 해안지역에서는 허리케인과 해안 침

47

수로 피해를 입을 수 있다. 북아메리카에서도 유럽에서와 마찬가지로 대응 조치들이 이미 준비된 상태다.[24] 극복 역량도 지역에 따라 차이는 있지만 서유럽과 동일하다. 전체적으로 기후온난화의 사회적이고 경제적인 영향이 불균형을 이루고 있어 심각한 갈등을 불러일으킬 소지가 있다.[25]

전 세계적으로 에너지 수요 증가를 50% 감축하는 데 필요한 연간 투자 비용	2008년 11월 미국 발권은행의 은행 지원을 위한 1차 패키지 비용
1천3백억 유로 투자수익률: 17%	6천억 유로 투자수익률: 0%

피크 오일

지난 200년 동안 산업화의 역사에는 화석 에너지가 ― 처음에는 목재와 석탄, 그다음에는 석유와 천연가스 ― 풍부해 값싸게 이용할 수 있다는 근본 확신이 밑바탕에 깔려 있었다. 1973년 제1차 오일쇼크는 이러한 확신에 큰 충격을 주었다. 당시 독일 총리 헬무트 슈미트(Helmut Schmidt)가 '자동차 없는 일요일'을 선포할 정도로 전 세계에 엄청난 타격을 준 석유파동이 일어났지만, 화석 에너지의 소비정책은 큰 변화가 없었다. 스코틀랜드 앞바다와 알래스카를 비롯한 세계 각지에서 유전 개발이 추진되어 추가적인 수요는 충족될 수 있었다. 뒤늦게 산업 발전에 나선 후발 주자들은 재생 가능한 에너지를 개발하거나 이용하지 않고 오직 석유에만 의존했다. 원유 가격이 상승하면 핵발전소 건설로 대안을 찾았다. 석유와 천연가스의 가격은 제아무리 올라도, 소비자나 에너지 경제 담당자 그리고 정치가가 풍력, 태양, 바이오매스, 지열 등과 같은 대체에너지를 고려해야만 할 만큼 비싼 적은 결코 없었다. 그리고 에너지 효율을 높여 화석 에너지를 절약해도 연료와 전기를 더 많이 소비함으로써 결과적으로는 에너지 절약 효과가 나타나지 않는다.

오늘날까지도 전 세계 1차 에너지 소비의 80퍼센트가 석탄, 석유 그리고 천연가스로 충당되고 있는데, 1차 에너지 소비는 최근 전망치에 따르면 평균적으로 해마다 1.6퍼센트 증가한다. 1차 에너지 소비의 3분의 1을 차지하는 석유 소비만 하더라도 2005년 매일 8,400만 배럴에서 2030년까지 매일 1억 1,600만 배럴로 증가할 것으로 예상된다.[26] 볼프강 작스(Wolfgang Sachs)는 석유의 중요성을 다음과 같이 설명한다. "석유가 없다면 산업경제 시스템이 붕괴될지도 모른다. 산업과 일자리는 대부분 원유의 이용과 가공에 토대를 두고 있다. 해상, 육상, 항공을 이용하는 교통과 수송은 주로 정제된 석유 제품에 의존한다. 플라스틱, 의약품, 비료, 건축 자재, 염료, 섬유 등도 마찬가지다. 20세기 중반부터 석유 의존도는 점점 커져왔다. 석유는 정치적으로, 경제적으로, 심지어 문화적으로도 대체 불가능한 자원으로 자리 잡았다. 석유만큼 전 세계의 생활양식에 큰 영향을 미치는 자원은 없다."[27] 값싼 에너지, 성장 패러다임 그리고 탄소사회, 이 세 가지 요소는 중국과 인도 그리고 세계의 나머지 국가들에게 성장 동력이 되었다. 휘발유 가격을 리터당 5마르크로 책정하자고 한다든지 비행기 연료를 제한 공급하자는 제안은 현실을 무시한 망상으로 통했다. 석유 없는 사회란 대부분의 사람들에게는 상상조차 할 수 없는 일이었다.[28]

　2008년까지는 그랬다. 미국과 중국은 이제 화석 에너지가 일으킨 기후변화를 더 이상 외면할 수 없게 되었다. 블라디미르 푸틴(Vladimir Putin)의 가스프롬(Gazprom)*이 우크라이나를 통해 유럽으로 공급되는 천연가스관을 잠그자 피크오일(Peak Oil)의 우려가 제기되었다. 석유 생산이 최고점에 이르러 재고가 줄어들기 시작한다는 신호가 울린 것이다. 배럴당 가격이 140달러로 치솟아 세입자들과 통근자, 기업과 공공기관의 부담이 가중되었다. 지금까지는 너무 비싸거나 불필요한 것으로 간주되어 적극적으로 개발되지 않았던 전기자동차, 제로에너지 주택** 그리고 조력발전소 등이 각광을 받았다.

　흥미롭게도 석유회사들은 얼마나 많은 양의 원유가 아직 지하에 매장되어 있는지, 그리고 환경에 미치는 악영향은 접어두고라도 이를 테면 오일샌드(油沙)***로부터 얼마나 많은 석유를 채굴할 수 있는지에 대해 신뢰할 만한 자료를 제공한 적이 없다. 석탄을 비롯한 화석 에너지는 아직도 풍부하게 존재한다. 하지만 이번에는 상황이 심각하다. 석유

- ● 전 세계 천연가스 매장량의 20퍼센트를 보유한 러시아의 국영 천연가스 회사.
- ●● 에너지 절약 기술을 통해 필요한 에너지를 줄이고 신재생 에너지를 사용해 난방, 냉방, 온수 등에 화석 에너지를 전혀 사용하지 않는 주택을 말한다.
- ●●● 석유가 점토와 모래에 묻어 있는 유전을 말한다. 지하 수십 미터에 매장되어 있어서 채굴이 쉽긴 하지만, 매장 원유와 달리 흙에서 석유 성분을 분리해내는 과정이 필요하다. 주로 캐나다와 미주 지역에 분포해 있다.

가 유한한 것은 확실하다. 석유의 수요는 늘어나지만 채굴이 어려워짐에 따라 산업계의 생명줄을 확보하기 위한 경쟁이 치열해진다. 석유의 채굴과 수송을 둘러싼 전쟁이 일어날 개연성도 점점 커지고 있다. 2008년에 발생한 러시아와 그루지아의 전쟁에서는 송유관이 맨 먼저 폭격당했다. 게다가 석유재벌들은 글로벌 금융위기로 수요가 크게 줄어들자 계획했던 석유 시추 프로젝트를 대부분 중단했다. 이 때문에 파리 소재 국제에너지기구(IEA)는 앞으로 석유시장이 큰 어려움에 봉착할 것이라고 예고해야만 했다. 국제에너지기구에 따르면, 석유 가격이 배럴당 200달러에 이르는 신기록을 세워 세계경제의 회복은 또다시 수포로 돌아갈 수도 있다.[29]

우리는 이러한 예측을 반드시 진지하게 받아들일 필요는 없다. 전 세계 또는 지역별 에너지 자원과 그 수요에 대한 예측은 추정치마다 크게 차이가 난다. 독립 연구기관인 에너지워치그룹(Energy Watch Group)은 2006년 하루 최대 생산량이 81,000배럴에 도달했다고 밝혔지만, OECD의 연계 기관인 국제에너지기구는 생산량이 앞으로도 계속 증가할 수 있을 것이라고 기대한다. 석유재벌들은 가파르게 상승하는 유가로 수익이 늘어나 생산기술에 더 많이 투자하고 석유 매장지도 더 많이 발견할 수 있으리라는 것이다. 전망이 이렇게 엇갈리는 것은, 각자가 정치를 포함한 아주 다양한 변수의 영향을 받는 미래의 에너지 상황보다는 현재의 생산자와 소비자의 기대치를 반영하고 있기 때문이다. 이란과 러시아는 전 세계 천연가스 매장량의 약 2분의 1 이상을 보유하고 있고, 석유와 천연가스의 수출이 재정 수입의 대부분을 차지하는 23개 국가 중에서 민주주의 국가는 단 한 나라도 없다. 따라서 "화석 에너지에 기반한 전통적인 경제발전이 세계 안보의 큰 리스크가 되었다"[30]고 말 하는 볼프강 작스의 의견은 타당성이 있다. 여기서 세계사회의 변화된 권력 구도가 드러난다. 중국의 대 아프리카 무역 규모는 2010년 약 1천 억 달러에 이르고, 수단의 15개 석유회사 중에서 13개가 중국계 회사 다.[31] 여류 경제학자 담비사 모요(Dambisa Moyo)는 중국이 서구 국가 들의 개발도상국 원조와는 정반대 전략을 구사하고 있다고 파악한다. "중국식 모델은 아프리카에서 불과 5년에서 10년 사이에, 서구 국가들 이 60년 동안 이룩한 것보다 더 많은 일자리와 인프라를 만들었다."[32]

이러한 상황을 감안하면, 화석 에너지 자원을 계속해서 확대 이용하 려는 기존의 에너지 기득권층의 태도는 너무도 근시안적이고 무책임하 다는 점이 드러난다. 석유에만 의존하는 국민경제는 극단적으로 말하 면, 다음 번 마약 주사만 손에 넣으면 그만이고 미래에 대해서는 아랑 곳하지 않는 마약 중독자와 다를 바 없다. 주요 석유생산국들은 미래에 대해 영리하게 대처한다. 즉, 걸프국가들은 지식사회로 나아가는 구조 개혁에 투자하고, 제로 배출 도시를 계획하며, 전기자동차 개발에 — 특히 독일에 — 투자한다. 물론 불균형 상태의 에너지 소비 구조에서 80퍼센트에 이르는 화석 에너지 점유율이 가까운 장래에 어떻게 조정 될지는 미지수로 남는다. 현재 바이오매스, 수력, 풍력, 태양열, 조력, 지열 같은 재생 가능 에너지의 점유율은 (수력발전을 포함해도) 17퍼 센트에 그치며, 유럽연합에 따르면 2020년까지 20퍼센트로 증가할 것 이라고 한다. 이는 기후 문제의 획기적인 전환점이 되기에는 역부족이다. 게다가 풍력, 태양열, 지열로 생산된 에너지의 양은 전 세계적인 척도에서는 퍼센트 단위로 표현될 수 없을 정도로 적은 실정이다.

기후변화 및 에너지의 미래와 관련해 적어도 세 가지 시나리오가 논의되고 있다. 첫 번째 시나리오는 원래 절망적인 반응이라고 일컬을 만한 방안으로 독일 이외의 지역에서 실현 가능성이 큰 핵에너지의 재가동이다. 핵에너지는 절대적으로 안전할 뿐만 아니라 이산화탄소 배출량이 거의 없는 청정에너지로 선전되고 있다. 두 번째 시나리오는 기후친화적인 태양열과 풍력발전소 건설을 통해 글로벌 차원에서 화석 에너지 자원을 대체하려는 낙관적인 방안이다[기존 전력망에 정보기술(IT)을 접목하는 지능형 전력망인 '슈퍼스마트그리드(Supersmartgrid)']. 이보다 더 현실적이고 선호도 높은 세 번째 시나리오는 에너지 효율성 증대와 절약을 위해 사적이고 공적인 프로그램을 확대하는 방안이다. 네 번째 시나리오는 비공식적이긴 하지만 영향력이 큰 방안으로 석탄을 "이대로 계속 이용하자!"는 슬로건으로 요약할 수 있고, 이산화탄소를 분리해 저장하는 방안이 보완책으로 고려되고 있다.

건강한 숲

기후위기와 에너지 위기가 '새로운' 현상이라면, 토양, 공기, 해양, 강물의 오염과 같은 환경 문제들은 '고전적인' 현상이다. 고전적인 환경 문제들은 '눈에 보이지 않는' 온난화와 마찬가지로 산업문명의 초기

부터 나타났으며 지금은 전 세계적인 규모로 확대되고 있다. 기후위기
와 관련된 이러한 문제들을 해결하는 대책으로 다음과 같은 세 가지를
제시할 수 있다. 지역적 개선 역량, 전 지구적 행동 역량, 그리고 지역
적이고 전 지구적인 해양 거버넌스(Ocean Governance). 이러한 해양
거버넌스는 해양의 산성화와 오염과 같이 상호작용을 통해 증폭되는
문제들을 해결하기 위해 필요하다.[33]

  환경의 상태가 지난 20~30년 동안 개선되어 왔다고 생각하는 경향
이 있는데, 이는 단순히 습관화된 인식 때문이기도 하지만, 환경정책이
특히 중부유럽에서 거둔 성공 때문이기도 하다. 실제로 중부유럽에서
는 공기가 더 깨끗해졌고, 강들도 더 맑아졌으며, 일상생활의 규범도
친환경적으로 크게 달라졌다. 담배꽁초를 아무 생각 없이 길거리에 버
리면 반사회적인 사람으로, 쓰레기를 불법으로 투기하면 범죄자로 간
주된다. 사회의 통제와 국가 차원의 형사처벌 같은 적극적인 친환경 분
위기가 조성되었다고 해서 이를 전 지구적 차원으로 확대 해석할 수는
없다. 오염물질과 쓰레기의 양은 전 세계적으로 계속 증가하고 있다.
유럽인은 2007년 평균 522킬로그램의 쓰레기를 배출하고 있는데, 유럽
환경청은 이 양이 10년 후에는 거의 30퍼센트 정도 증가하여 1인당
680킬로그램이 될 것으로 추산한다. 특히 포장에 신경을 많이 쓰는 미
국인은 오늘날 평균적으로 이미 1인당 연간 760킬로그램의 쓰레기를
배출하고 있다.[34]

  이러한 상황에서 벗어나는 방법은 물론 쓰레기 줄이기와 재활용인
데, 독일에서는 재활용과 관련해 의견만 분분할 뿐 조직적인 처리가 이

루어지지 않고 있다. 그런데 쓰레기는 특히 매력적이고 심지어 기후 친화적인 에너지원으로 주목을 끌었다. 이와 관련해 환경정책 효과 면에서 어떤 판단을 내릴지라도, 지자체와 시민단체가 주도해온 정책의 가능성이 드러난다. 이 점에 대해서는 제5장에서 다시 논의될 것이다.

독일에서도 특정한 문제 상황이 계속 여론의 주목을 끌고 있다. 우리가 기후온난화 문제에 주의를 환기시키면, 과거 숲의 죽음이 쟁점이 되었을 때처럼 우리가 히스테리를 조장한다고 반박하는 사람들이 있다. 숲이 죽고 있다는 문제 제기는 결국 아무런 근거가 없는 것으로 드러났다고 주장하면서 말이다. 실제로 그랬던가? 독일 정부의 2007년 숲 피해 보고서에 따르면, 독일 수목의 70퍼센트가 가시적인 피해를 입었고, 피해 정도가 심한 나무는 25퍼센트를 차지하며, 참나무의 경우에는 49퍼센트이다. 최신 연구에 따르면, 나무들의 고사율이 미국 서부지역의 전혀 사람 손이 닿지 않는 숲에서도 1995년 이래로 두 배 이상 증가하는 반면, 새롭게 심은 묘목의 비율은 큰 변화가 없다. 이러한 걱정스러운 양상이 전개된 이유는 해당 지역의 평균 기온이 지난 30년 동안 1℃ 정도 상승한 데 있다. 이러한 기온 상승은 기후변화로 생겨난 결과가 분명하며 결국 물 부족과 병충해를 증가시킨다.[35] 숲의 파괴가 전 지구적으로 매년 1,300만 헥타르의 규모로 증가하고 있다는 사실을 추가로 고려한다면,[36] 숲이 아직 정상이고 숲의 죽음을 환상이라고 몰아세울 생각은 감히 할 수 없을 것이다.

숲이 사라짐으로써 전 세계적으로 이산화탄소를 흡수할 역량이 극도로 축소되고 에너지를 절약하려는 모든 노력이 무위로 끝나기 때문에, 숲의 죽음이라는 해묵은 논쟁은 전 지구적 맥락에서 조명되어야 하지, 결코 상대방의 주장을 논박하기 위한 수단으로 이용되어서는 안 된다. 이와는 반대로 숲의 죽음이라는 문제가 이미 오래 전부터 잘 알려져 있었지만 그동안 이를 극복하기 위한 조치가 행해지지 않았다는 점을 인식하는 계기로 삼아야 한다.

우리는 기후변화가 세계의 해양에 큰 영향을 미칠 것이라고 이미 밝힌 바 있다. 세계의 해양에서는 과잉 발전된 세계사회의 세 가지 대표적인 근본악인, 기후에 따른 대양의 산성화, 대양의 오염 그리고 어류의 남획이 발생한다. 유엔에 따르면, 해양 $1km^3$당 평균 18,000개의 플라스틱 조각이 떠다니고 있다. 이 때문에 어림잡아 1백만 마리의 바닷새와 10만 마리의 해양 포유류가 해마다 죽는다. '죽음의 지대' ― 해변에 가까운 해양지역으로 산소 부족으로 생명체가 살지 못하는 곳 ― 의 숫자가 지난 몇 년 사이에 149개에서 200개로 증가했다.[37] 이를 테면 미시시피 강 하구, 흑해, 발트 해, 노르웨이의 피오르에 이런 지역이 존재한다. 이는 주로 질소와 인산염이 유입되어 생기는 현상이다. 게다가 아프리카, 아시아 그리고 라틴아메리카에서는 아직도 하수의 80퍼센트가 정화되지 않은 채 바다로 흘러간다. 흔히 간과되는 일이지만, 항해하는 배들도 이산화탄소 배출량이 많아 기후에 심각한 악영향을 미치고 있다. 화물선들은 현재 항공기보다 이산화탄소 배출량이 두 배에 이른다.[38]

이렇게 본다면, 바다는 이미 부분적으로 죽음의 지대로 변해가고 있고, 인류의 부주의 때문에 빚어진 어류의 남획으로 ― 전 세계 어류 자원의 4분의 1이 위협받고 있는 실정이다 — 인류의 현재와 미래의 생활 기반도 큰 타격을 입고 있다. 지난 50년 동안 어획량은 10배가 늘어났 지만, 어종의 다양성은 지역에 따라 10~50퍼센트나 감소되었다. 어선 들의 남획 비율은 30~40퍼센트로 추정되며, 법적으로 정해진 어획 쿼 터는 그 자체도 너무 높게 책정되어 있지만, 제대로 지켜지는지를 통제 하기란 매우 어려운 실정이다. 유럽연합의 관할 지역에서는 최근 어류 의 70퍼센트 정도가 남획되고 있다고 조사된 바 있다.

어류 남획과 대양의 오염에서 중요한 것은 여러 가지 이유로 생기는 다중적 문제 상황이다. 첫째, 점증하는 오염, 특히 대양의 산성화로 바 다의 이산화탄소 흡수율이 점점 더 떨어져 기후온난화가 심해진다. 둘 째, 현재 세계 인구의 반 이상이 기본 식량을 바다에 의존하고 있고 이 추세는 계속 강화되고 있다. 인구 증가로 인해 이 비율은 계속 늘어날 것이고, 그럴수록 어류 자원은 감소한다. 이 두 가지 문제는 이미 오래 전부터 잘 알려져 있고, 이제 티핑포인트에 근접해 있다. 따라서 세계 인구의 대부분은 심각한 식량 문제에 봉착할 것이다.

이제 또 다른 메가위기인 식수 위기와 식량 위기를 다룰 차례가 되 었다. 세계보건기구(WHO)에 따르면 현재 약 11억 명이 깨끗한 식수를 충분히 얻지 못하고 있고, 매년 약 200만 명 이상이 이로 인한 설사병 이나 감염 질환으로 사망하는데, 이 중 90퍼센트가 5세 이하의 어린이 다.[39] 앞으로도 점점 더 많은 사람들이 기후변화로 인해 깨끗한 식수를 얻는 데 어려움을 겪을 것으로 전망된다.

식량 문제도 이와 유사하다. 2007년에는 8억 5,600만 명이 기아에

허덕였다. 기아는 21세기에 들어서면서 극복할 수 있는 문제로 간주되었지만, 기아에 허덕이는 사람의 숫자는 지난 몇 년 사이에 오히려 증가했고, '밑바닥에서 계속 뒤처지고 있는 극빈국 10억 인구'[폴 콜리어(Paul Collier)]의 기아 문제는 기후변화와 금융위기가 복합적으로 작용하여 증폭되고 있다. 가까운 미래에 극심한 기아에 시달릴 지역은 아프리카 남부와 남아시아인데, 특히 아프리카의 옥수수 수확량은 다음 20년 동안 3분의 1로 급감하고, 남아시아에서는 유채, 땅콩, 수수의 수확량이 똑같은 규모로 감소할 것이다.[40] 이 때문에 식량 가격은 금융위기로 농업 원료의 가격이 하락했음에도 불구하고 계속해서 상승하고 있다. 가난한 국가들의 화폐가치가 떨어져 중남미, 아시아, 필리핀의 물가는 2008년에서 2009년 사이에 20퍼센트 이상 상승했다.[41] 세계식량기구(FAO)에 따르면, 기아에 시달리는 사람의 숫자는 2009년 말 10억 명 이상으로 증가했다.

기아 추방을 위한 전 세계 구호단체의 원조액(2009년)	독일의 새로운 부채액(2009년 5월)
95억 유로	476억 유로

기아 위기와 식량 전쟁이 발생하는 우선적인 원인은 이제 더 이상 가뭄과 홍수 그리고 흉년이 아니라, 폭발하는 식량 가격이다. 최근 3년 동안 쌀과 같은 기초 식량의 가격이 80퍼센트나 더 비싸졌다. 따라서 기아로 인한 폭동 사태는 더 이상 농촌이 아니라 도시에서 발생하고 있다. 2008년에는 중남미, 아프리카, 인도, 인도네시아에서 이런 폭동 사

태가 일어났다. 아이티에서는 정부가 무너졌고, 카메룬에서는 소요 사
태로 사망자가 생겼다. 식량 위기에는 바이오 연료를 재배하기 위한 농
토의 용도 변경, 개발도상국들에서 중상류층의 식생활 방식이 서구화
되면서 늘어난 육류와 유제품의 급속한 수요가 큰 역할을 하고 있다.[42]
개발도상국 원조는 주민들의 영양실조를 (은행이 위기에 처했을 때 긴
급 지원을 하듯이) 비상수단을 통해 해결할 수도 없고, 구조조정을 통
해 해결할 수도 없다.

HypoRealEstate의 구제 비용(2008~2009년)	22개 지원국의 전체 개발 원조액(2007년)
최소 1,350억 달러	1,040억 달러

독일연방정부 지구환경변화 학술자문위원회(WBGU)는 향후 몇 년
동안 기후변화로 인해 물과 식량 위기가 심각해져 폭력 사태가 발생할
수 있다고 예상한다.[43] 국제적십자는 약 2,500만 명의 기후 난민이 전
세계에서 발생할 것이고 앞으로 수십 년 동안 그 숫자는 증가할 것이라
고 추산한다. 인도네시아는 최근 솔로몬 군도의 주민들을 받아들이겠
다고 선언했다. 하지만 누가 고향이 바다 속으로 가라앉을 수백만 명의
방글라데시인들을 받아들이겠는가? 토양 침식으로 농사를 전혀 지을
수 없는 사하라 사막 남쪽 아프리카의 기후 난민들은 어디에 거주할 것
인가? 삶의 터전을 상실해 이주할 수밖에 없던 사람들은 언제나 존재했
다. 새로운 정착지가 마련되어 이런 이주가 평화적으로 이루어지는 경
우도 있긴 했지만, 대개는 비극적인 폭력 사태가 수반되었다. 오늘날에

는 산을 넘어 고난의 행군을 하더라도 약속의 땅은 나타나지 않으며, 대양 저편에도 개척자들을 기다리는 대륙은 없다.

이러한 맥락에서 세계 인구가 현재와 같은 60억 명이 아니라 2050년에 90억 명 이상이 된다면, 그리고 그중에서 절반 이상이 도시에 거주한다면(2007년에 이미 50퍼센트를 넘어섰다), 기아와 식수 부족 그리고 감염성 질병이 늘어날 수 있다는 사실을 고려해야 한다.[44] 21세기 초에 선진국의 인구는 겨우 20퍼센트에 불과했다. 선진국의 인구는 늘어나지 않거나 오히려 줄어들고 있다. 따라서 세계 전체 인구 중 '행복한 소수(happy few)'의 비율은 2050년까지 15퍼센트로 감소할 것이다.[45]

인구는 기하급수적으로 증가하는 데 비해 식량은 단지 산술급수적으로 증가한다고 주장했던 인구비관론자 토머스 맬서스(Thomas R. Malthus)가 옳았던 것인가? 아니다. '너무 많은 사람들'이 존재하는 것이 아니라, 지구가 감당할 수 있는 적재량은 오히려 부와 기회 분배의 불균형 때문에 위협받고 있고, 그 불균형이 기후변화로 더 심화되고 있다. 그렇다고 해서 맬서스의 비판자들이 옳았다는 것도 아니다. 그들은 시장경제와 국가 주도형 사회주의가 전 지구적 기아 문제를 해결할 것으로 기대했는데, 그것도 오산이었다. 모든 개별적인 위기는 저마다 큰 사회적 균열을 일으키고, 그 균열들이 얽혀서 사회가 더 이상 통제할 수 없는 지경에 이르는 것이다.

우리가 이런 문제에 수동적으로 대처하는 이유는 결코 불가사의한 것이 아니며, 세계는 '세계화되어 있지만' 부분적인 이해관계로 얽혀 있다. 원자재 가격의 상승은 사람들에게 지극히 다른 강도로 영향을 미친다. 어떤 사람에게는 휘발유 가격이 올라서 직장으로 출근하는 데 드는 비용만 더 올라가는 반면, 다른 사람들, 예를 들어 자카르타와 같은 거대 도시의 슬럼 거주자들에게는 생활필수품을 더 이상 구입할 수 없는 상태가 닥친다. 그리고 북반구에서 대체연료인 바이오 에너지를 소비하는 사람들은 남반구 주민들에게 재앙적인 결과를 초래할 수도 있다. 따라서 문제의 성격은 지역마다 달라지며, 공동의 해결책이나 보상 그리고 조정의 여지는 협소하다. 연대의식과 범지구적 사랑을 외칠 수는 있다. 하지만 양측의 입장은 달라도 너무 다르다. 북반구에서는 기껏해야 생활과 건강의 높은 수준에 대한 일정한 절제가 관건이지만, 남반구에서는 생존 그 자체가 걸려 있다. 자신은 좀 더 나은 삶을 추구할 뿐인데도 다른 사람의 삶을 지옥으로 내몰 수 있는 것이다. 지난 20년 동안 금융 및 경제적인 세계화가 가속화되었지만, 하나의 세계라는 맥락에 대한 세계인들의 공감대는 미미한 수준이다.

메가위기들에 대한 무관심은 단순히 인지적인 차원의 문제는 아니다. 이런 문제라면 계몽을 통해 극복할 수 있다. 이는 우리 자신 속에 깊게 뿌리박혀 있는 아비투스의 문제다. 우리의 문제는 우리의 사유라기보다는 오히려 우리의 존재 그 자체이다. 수백 년에 걸쳐 체득된 아비투스는 "가정적인 세계(assumptive Welt)"[알프레트 쉬츠(Alfred Schütz)][46]를 만들어, 우리가 소유한 것이 마치 우리 자신의 권한인 양 우리를 속이고 있는 것이다. 우리는 외부의 것들에만 해당하는 것이 아니라, 바로 우리 자신의 실존과 자각을 이루는 기본 조건에 해당하는 문제들도 반사적으로 거부하고 있다.

어떻게 임계점을 돌파할 것인가?

크리스토퍼 맥캔들리스(Christopher McCandless)는 서쪽으로 향하는 길이 여의치 않자 계속 북쪽으로 향했다. 북쪽은 한때 우주까지 영역을 넓히려 했던 무한한 가능성을 지닌 미국의 열린 경계선이었다. 맥캔들리스의 삶을 다룬 영화 〈인투 더 와일드(Into the wild)〉(감독: 숀 펜, 각본: 존 크라카우어)가 제작된 후, 많은 젊은이들이 그의 행적을 따라 나서고 있다. 맥캔들리스는 기존의 아메리칸 드림과는 다른 꿈, 즉 자연과의 합일이라는 꿈을 꾸었다. 이 24살의 히치하이커는 여행 배낭에 헨리 소로(Henry Thoreau)의 『월든(Walden)』을 넣고 다니며 (그가 도중에 만났던 히피족들보다도 더 철저하게) 자연의 비정함을 체험했다. 자연 속에서 단순한 삶을 살고자 했던 그는 결국 굶주려 죽고 말았다. 미국의 루소주의자 데릭 젠슨(Derrick Jensen)도 이러한 급진적인 일탈을 외친 바 있다. "문명은 돌이킬 수 없다. 이 문화는 결코 자발적으로 합리적이고 지속가능한 생활 방식으로 전환하지는 않을 것이다.……" 그에게는 산업문명이 홀로코스트와 마찬가지며, 인간이 야생의 상태로 복귀하기 위해서는 노동 분업과 전문화가 중단되어야 한다. 급진적인 생태론적 비판을 펼친 헨리 소로는 "사랑, 돈, 명예보다도 나에게 지혜를 달라"고 말했다. 오늘날 유행하고 있는 신자유주의의 얄팍한 성공스토리와 출구 전략을 보면, 그의 말이 얼마나 설득력 있고 신선한지가 드러난다.

그런데 우리가 화석 에너지에 기반을 둔 경제 양식과 사회 형태의

성공으로 인해

- 고삐가 풀린 이산화탄소 배출로 통제 불가능한 기후온난화를 불러왔고 동시에
- 에너지 부존자원이 점점 더 희소해지며
- 환경이 돌이킬 수 없는 상태로 훼손되고
- 세계 인구 다수의 생존 조건들이 이 모든 요인들의 상호작용으로 더 악화된다면,

우리는 잠정적이고 쉽게 극복할 수 있는 위기에 직면한 것이 아니라 우리 시스템의 존립 기반까지 흔들 수 있는 과정 속에 놓인다. 단순히 부분위기에만 대처하는 해결책(이를 테면 '에너지 전환')은 체계적인 연관 관계를 놓치게 된다. 지금까지 추구해온 순전히 양적인 성장 원칙을 버리는 것이 마치 신성모독으로 간주되고, 화석 에너지 자원에 대한 착취의 포기가 경쟁력의 장애 요인으로 낙인찍히며, 단기적인 이익 극대화가 합리적인 행위로 여겨진다면, 따라서 결국 이런 도그마들에 집착한다면, 서구 민주주의가 과연 당면한 현재의 부분적인 이해관계를 넘어서서 미래의 생존 능력을 확보하는 변화 과정을 주도할 수 있을까라는 불편한 질문이 제기된다. 여기서 '미래'란 동시대인들의 생애에만 국한되는 것이 아니고 그들의 아들과 손자들의 생애도 포함한다.

G20 국가들의 경기부양 패키지(2009년 4월)	세계 총생산
1조 달러	41조 달러

2008년 이래로 '위기를 기회로(Krise als Chance)'라는 말이 새롭게 회자되고 있다. 중국인들은 이 두 단어를 같은 의미로 이해한다.[47] 독일 총리 앙겔라 메르켈(Angela Merkel)은 독일이 위기로부터 더 강력하게 일어서야 한다고 역설했다. 전 세계가 이렇게 되기를 희망할 따름이다. 하지만 중요한 것은 우리가 '위기'를 어떻게 이해하느냐이다. 우리가 앞에서 언급한 메가위기(Megakrise)는 전통적인 의미로 이해되는 위기가 아니다. 즉, 적응에 성공해 다시 균형을 회복하고 더 높은 단계로 혁신된 시스템의 균형이 흔들린다는 의미에서 위기를 뜻하는 것이 아니다. 메가위기는 부분 시스템들의 복합적인 비용이 서로 다른 스트레스 요인들의 중첩에 따라 비선형적으로 증가하는 위기이며 통상적인 대응 조치로는 더 이상 완화되지 않는다. 메가위기는, 지난 250년 동안 너무나도 성공적이어서 그 기능 원칙이 전 세계 수많은 사회들에서 채용되어온 사회 시스템이 이제 더 이상 그대로 유지될 수 없음을 보여준다. 자본주의 경제 시스템이 거둔 승리는 그 절정의 순간에 ― 이건 역사의 아이러니다 ― 종말에 이르고 있다. 왜냐하면 이 시스템은 보편적인 재생산 모델로 기능하지 않고, 또 과거에도 결코 그런 모델로 간주된 적이 없기 때문이다.

원래 의학에서 유래한 개념인 위기라는 단어는 균형 상태에 있던 시스템이 일시적으로 그 균형을 상실하는 현상을 말한다. 이 때문에 주류 경제학자들은 경기의 상승과 하강이라는 유사-자연적인 흐름에서 출발하며, 일상적인 의식도 사회적 과정의 부상과 침체에 대한 확고한 믿음에 기초하고 있다.

이는 시스템 내부의 위기에 대해서는 타당할 수 있다. 특정한 재화의 부족 사태(예를 들어 '석유 위기')는 정치적·경제적 조치를 통해 극복할 수 있기 때문이다. 하지만 이제는 시스템 그 자체, 다시 말해 위기 **조절의 연관 시스템**이 한계에 봉착했다. 즉, 에너지 재고량, 환경의 지탱 능력, 생물 자원, 경제성장, 지구의 적재량 등에서 유한성이 드러난 것이다. 기존의 통제 시도와 통제 도구는 실패할 수밖에 없다. 경제정책을 통한 조치는 2008년과 2009년의 경기부양 프로그램과 환경정책 조치에서 드러났듯이, 마치 타이타닉 호가 빙산에 충돌한 후 1등 선실의 고장 난 수도꼭지를 고치는 것과 비슷하다. 사고에는 아랑곳없이 갑판에서는 '우리는 결코 침몰하지 않는다'는 지침이 울려 퍼지듯이 말이다.

메타위기라고 해서 반드시 재난을 초래하는 것은 아니다. 우리 저자들은 캐나다의 정치학자 토머스 호머-딕슨(Thomas Homer-Dixon)이 말한 '카타제네시스(catagenesis)'의 가능성이 있다고 확신한다. 카타제네시스는 일종의 퇴행적 진화로서 예상치 못한 새로운 과정, 경우에 따라서는 구원자의 역할을 하는 과정이 발생해 비교적 낮은 단계에서 복잡한 시스템이 재생되는 것을 말한다. 다른 말로 하자면 '하나의 새로운 문화적 모델'이 될 수 있다. 해결책을 찾기 위해서는 기존의 해결 전략에서 벗어나 새로운 준거 틀을 마련해야 한다.[48]

우리가 처한 상황은 쓰나미를 비유해서 말하면 이해하기 쉬울 것이다. 쓰나미가 발생할 때는 처음부터 거대한 파도가 몰려드는 것이 아니라 수위가 낮아지며 바닷물이 갑자기 빠져 나간다. 우리 사회는 바로 이와 같은 상황에 처해 있다. 우리는 해변에 서서 파도가 잔잔하게 일고 있는 것을 보는 것이 아니라 바닷물이 빠져 나가는 것을 보고 영문을 모른 체 당황해하고 있는 셈이다. 아직 나쁜 일이 예고된 것은 아니다. 해변에 서서 무슨 일이 생기는지 한번 살펴보자.

안나 H.는 왜 자신의 미래가 식민화되는지를 묻는다

현재의 문명 수준을 이용하여 양적 성장이 아닌, 90억 명 또는 100억 명의 인구까지도 여유 있는 생활을 누리도록 경제와 삶의 형식을 발전시키는 일이 왜 가능하지 않은가? 기후변화는 글로벌 문제이면서도 그 영향과 책임이 지역적으로 파급된다. 따라서 기후변화는 세계화의 대안을 모색하기 위한 원형이 될 수도 있다. 어떤 결정도 그 영향이 해당 지역에만 한정되지는 않는다. 반면에 문제를 글로벌 시각에서 다룰 수 있는 초국가적 제도나 기구, 더욱이 세계정부는 존재하지 않는다. 협력 모형은 기후변화의 영향을 막는 데만 한정될 수는 없고, 글로벌 변화의 모든 문제들에 ― 이를 테면 군축과 식량 문제의 해결뿐만 아니라 지속 가능한 산업 인프라의 구축에도 ― 적용될 수 있어야 한다. 이렇게 해서 메가위기를 극복하는 기술적 문제는 엄청난 압박을 받고 있는 문화의 현대화 능력에 대한 문제로 바뀐다. 여기서 아비투스 문제가 중요한 역할을 한다. 즉, 서구의 민주적 산업사회의 개조가 문화적 개조일 수밖에 없다면, 아침에 일어나고 밤에 잠자리에 드는 것과 같은 자명한 일상의 전제들이 과연 시각의 전환을 허락할지 여부가 관건이다.

이러한 전환을 위한 고전적인 자극제는 개인과 사회운동의 차원에서는 불의에 대한 분노였다. 기후변화는 이 문제 역시 새롭고도 절실하게 제기한다.

"그렇다면 새로운 폐허 세대에게 남아 있는 것이 무엇인가? 단순히 우리 세대 뒤에서 뒤치다꺼리만 해야 하는가?"[49]라고 게오르크 디츠(Georg Diez)는 질문한다. 이는 베이비붐 세대가 세상을 뒤엎을 기세로 학생운동을 전개하며 다음 세대에게 결국 너무도 혼란스런 유산만 남겨놓은 현실을 지켜보며 한 말이다. 기후변화는 서로 다른 두 방향으로, 즉 수직적으로는 세대 사이, 수평적으로는 각기 다른 기후변화의 영향을 받는 사회들 사이의 불공정을 만들고 또 심화한다. 이 두 가지 방향의 영향력은 서로 교차할 수도 있는데, 가령 축복받은 나라들의 노인 집단이 세대관계에서도 특권을 누리는 경우이다. 반면, 다르푸르에 사는 난민 자녀는 1950년 서독의 평범한 가정에서 태어나 현재 에너지 기업의 이사로 재직하고 있는 사람과 비교하면 출세할 기회는 극히 희박하다. 이들의 손자는 미래 기회라는 측면에서 아마도 할아버지보다는 더 나쁜 상황이지만, 다르푸르나 이와 유사한 지역의 같은 세대에 비해서는 훨씬 양호하다. 극빈국에서는 매일 29,000명, 매년 920만 명의 어린이들이 사망하고 있다.[50]

전 세계 아동 사망률을 연간 6백만 명 줄이는 데 드는 비용	금융시장 안정화 기금(SoFFin)의 구제금융펀드(2009년 4월 기준)
150억 달러	2,000억 달러

마이브리트 일너(Maybritt Illner)가 진행하는 독일 제2 공영방송
(ZDF)의 토크쇼(2009년 1월 15일)에서 '구제금융으로 요란한 정치권'이
라는 주제로 토론이 있었는데, 당시 논점은 금융위기와 경제위기를 막
기 위해 독일 정부가 마련한 500억 유로에 이르는 제2차 경기부양 패키
지에 관한 것이었다. 이 조치에서 기후보호와 관련해서는 기껏해야 낡
은 차를 폐차시키고 신차를 구입할 때 '환경보조금'을 지급하고 건물 개
보수 시 지원금을 확대하는 방안뿐이었다. 이 토크쇼의 패널 중에 19세
의 고등학교 졸업반 학생 안나 홀츠아머(Anna Holzamer)가 있었는데,
그녀는 독일환경 및 자연보호연합(BUND)에서 이제 막 인턴 근무를 마
친 상태였다. 사회자가 그녀에게 경기부양 패키지에 대한 의견을 묻
자, 장황한 말 대신 "악화된 현 상태를 지속시킬 뿐"이라고 냉정하게
말하며 패널로 참석한 정치가들에게 다음과 같은 질문을 던졌다. "여
러분들이 펼치는 정책이 우리 세대와 저 자신에게 정당화된다고 생각
하나요?"

아무도 대답하는 사람이 없었다. 아마도 그녀의 질문이 정곡을 찔렀
기 때문일 것이다. 구제금융과 경기부양 프로그램으로 인해 엄청난 부
채가 새로 생겨 독일 정부의 부채는 1조 6천억 유로로 늘어나게 된다.
하지만 이 금액을 어떤 급진적인 조치를 통해 충당할지 그리고 앞으로
어떤 긴축정책을 통해 이 부채를 갚을지에 대해 아무런 고려도 없다.
이자 부담만 해도 매년 400억 유로가 넘고, 독일 정부의 전체 예산에서
약 7분의 1을 차지하는데 말이다. 독일 납세자연맹은 이를 다음과 같이
구체적으로 표현했다. "지금부터 더 이상 부채를 지지 않는다고 가정하

고, 또 공적 예산을 매월 10억 유로씩 부채를 갚는 데 사용하도록 법적으로 의무화한다고 가정해도, 부채를 다 갚을 때까지는 약 138년이나 걸린다."

다음 세대에게 부채를 떠넘기는 정치는 산업사회의 지속가능한 개조를 위한 금융 지원 차원에서가 아니라, 현재 진행되는 병적인 국가 경영 상태를 계속 유지해나가기 위해서 추진된다. 이는 안나 홀츠아머가 '정당화' 여부를 물었을 때 의도한 바를 명확히 드러낸다. 근대화의 역사에서 그 어떤 시기도 현재처럼 세대 간 계약이 이렇게 무참하게 파기된 적이 없었다. 기후 문제와 관련해 역사적으로 새로운 상황이 펼쳐지고 있는 것이 분명하다. 이는 인간이 야기한 기후변화의 특별한 시간적 차원과 연계되어 있다. 기후변화는 200년 더 이전에 증기기관을 발명했지만 자신들이 무슨 문제를 불러일으킬지 알지 못했던 사람들에게서 시작되었다. 나아가 기후변화는 제2차 세계대전에서 목숨을 건지고, 만인을 위한 성장과 복지를 추진했던 세대에 의해 더욱 강화되었다. 이들은 평등을 명분으로 내세웠다. 이 세대의 사람들은 어떤 결과가 초래될지 제임스 와트(James Watt)나 카를 벤츠(Karl Benz)보다 더 잘 알 수 있었는데도 말이다. 오늘날 기후변화는 후발 국가들의 국민들에 의해 가속화되고 있는데, 이들은 자신들의 활동이 어떤 결과를 초래할지 알고 있으면서도 자신들의 내건 성장과 복지의 약속을 이루는 데에만 주력한다 — 이들은 공정성을 명분으로 내세운다.

따라서 **현재** 벌어지고 있는 기후변화와 관련된 문제의 원인은 적어도 반세기가 된 것이다. 자식과 손자 세대들은 전 세계적으로 적어도 또 한 번 반세기의 시간 지체(Time lag)를 겪어야 한다. 왜냐하면 기후 변화는 오늘부터 단 한 대의 차도 안 다니고, 비행기가 더 이상 이륙하지 않고, 모든 공장이 문을 닫는다고 해도 계속 영향을 미칠 것이기 때문이다. 자신과 미래의 많은 세대들이 자신보다 나이 든 세대가 일으킨 문제를 감당해야 하고, 개선의 전망은 지극히 모호한데도 그 영향은 이미 감지되고 있는 상황이라면 안나 홀츠아머가 분노하는 것도 당연하다. 게다가 이제야 비로소 개발되어 적용되는 조치들은 먼 미래에나 가시적인 성과를 거둘 수 있다. 반면에 위기들은 계속 나타나고 있고 생활양식의 변화와 삶의 질의 악화는 이제 피할 수 없는 사실이 되었다. 행위와 그 영향 면에서 살아 있는 사람들과 죽은 사람들 사이, 나이 든 사람들과 젊은이들 사이의 세대적 관계는 극도로 느슨해졌다.

"너희들은 우리보다는 더 나아져야 한다." 이는 부유한 사회에서 사회적 계층 상승의 공식이었고, 세상의 모든 부모들이 아이들에게 하는 말이다. 그러나 이러한 계층 상승의 바통 넘기기가 오늘날 제 기능을 발휘하고 있는가? 2050년 이후에나 또는 심지어 더 늦게 효과가 나타날 온실가스 감축을 위한 적응 조치들을 추천할 수 있을까? 오히려 제방 건설이나 재난대비 시설의 개선과 같은 실용적인 조치를 생각해야 하는가? 아이들과 손자들을 적절히 교육시키고 보살핌으로써 다른 생활양식을 준비하도록 하는 것으로 충분한가? 아니면 허리띠를 더 졸라매야 하는 사람은 바로 나이든 연금생활자들인가?

이런 맥락에서 도덕철학적으로 "미래를 살아갈 사람들은 예상되는 피해에 대응하기 위해 오늘날 얼마나 많은 기후보호 조치를 요구해야 하는가?"[51]라는 질문을 제기할 수 있다. 미래 세대들의 생활 여건이 최소한 현재 살고 있는 사람들의 생활 여건만큼은 유지되어야 한다는 것은 자명한 사실로 받아들여지지만, 이를 실현하기란 극도로 복잡하고 어렵다. 왜냐하면 기후변화로 예상되는 피해와 관련해서는 이전 세대의 사전 작업에 힘입어 후대 세대들이 잘 지내고 있고, 후대 세대에게 물려준 부는 생겨난 피해를 보상하고도 남을 정도라고 주장할 수도 있기 때문이다. 이렇게 본다면, 2050년에는 아마도 알프스 산맥에는 빙하가 사라지겠지만 히말라야 산맥에는 남아 있어, 겨울 스포츠를 즐기려 한다면 이곳에서 충분히 가능하다는 말도 할 수 있을 것이다. 이런 삐딱하게 들리는 사례는 세대 간 관계에서 도대체 어떤 계산이 이루어져야 하는지에 대한 질문을 제기한다. 즉, 오늘의 기회와 미래의 기회가 동등해야 한다는 요청은 가장 빠르게 계산될 수 있는 물질적 토대에 기반을 둔 것인가? 아니면, 미래의 세대들이 자연을 체험할 권리도 가져야 하는가?

철학자 루카스 마이어(Lukas Meyer)와 도미니크 로저(Dominic Roser)는 이러한 질문에 대해 "미래 세대와 현재의 세대는 비용 대비 효과 관점과는 무관하게 보호되어야 하는 일정한 권리를 가지고 있다"[52]라고 말한다. 이 때문에 삶의 질 저하와 비관적인 피해 산정은 미래 시나리오를 가정할 때 함께 고려되어야 한다. 따라서 2050년까지 중부유럽에 상대적으로 작은 피해가 예상될지라도 기후보호를 강화해야 하는 의무감이 생긴다. 이 두 철학자들은 "2050년까지 **평균적으로 화폐로 산정 가능한** 기후 피해는 ─ 이 피해는 상대적으로 심하지 않고, 기후변화에도 불구하고 우리보다 더 높은 생활수준을 누릴 가능성이 큰 사람들에게도 생길 수 있다 — 우리에 대한 미래 세대들의 요구를 정당화하기는 어렵다"고 말한다. 하지만 이들은 단호하고도 효과적인 기후정책에 대한 요구는 정당화될 수 있다고 덧붙인다. 왜냐하면 현재의 계산에 따르면 2050년 이후의 피해가 급격하게 늘어날 것이기 때문이다. 게다가 특히 불리한 처지에 있는 후진국에서 나타나는 피해는 부수적인 2차 피해(예를 들면, 난민 증가)로 이어질 것이다. 결국 비물질적 피해가 2050년이 되기 전에 이미 심각해진다.[53]

이를 테면 심미적인 손실과 관련된 불확실성을 고려하고 수평적인 불공정을 기후변화의 피해 시나리오에 포함시킨다면, 현재의 세대들은 비록 자신들이 그 결실의 혜택을 누릴 수 없을지라도 강력한 기후보호 조치에 나서야 한다. 이 두 철학자들은 금융위기의 규모와 파장을 인식할 수 없었기 때문에 이런 요점을 다루진 않았다. 금융위기는 "기후변화에도 불구하고 우리보다 더 높은 생활수준을 누릴 가능성이 크다"는 가설을 뿌리 채 뒤흔들었다.

안나 홀츠아머는 두 가지 사실을 염두에 두고 있다. 즉, 기후변화의 영향으로 그녀와 미래 세대의 생활조건이 악화되는 것과 사회를 발전시킬 물질적 수단이 빈약해지는 것이다. 이러한 축적된 불공정성으로 인해 이미 오래전부터 사회의 정치 상황 변화가 이루어졌어야 했다. 하지만 아직도 잠잠하기만 하다. 사회운동의 마지막 파고는 20년 전에 이미 잦아들었다. 특히 나토(NATO)의 재무장에 반대하고 독일에 퍼싱-II (Pershing-II) 미사일 배치를 반대하던 1980년대의 평화운동과 이와는 완전히 다른 방식으로 조직된 구동독의 반체제운동 이후, 독일에서는 그 어떤 사회운동도 일어나지 않았다. 특히 젊은 층이 중심이 된 사회운동은 흔적을 찾아볼 수 없게 되었다. 저항운동은 분명 유행이 지났다. 대중의 주의를 끄는 대규모 시위는 오늘날 15세에서 25세에 이르는 청년세대의 생생한 경험지식이 아니다. 이 때문에 예를 들어 2008년에 언론이 68 학생운동의 옛 추억이 되살아난다고 떠들어댔던 시위도 이 세대에게는 특별한 관심을 불러일으키지 못했다. 이렇게 세대 간의 전선에서는 아직은 모든 것이 평화롭다. 하지만 프랑스 교외 소요 사태와 그리스 대도시의 시위, 2009년 여름 독일에서 고등학생들과 대학생들이 벌인 시위와 같이 간헐적으로 일어나는 저항의 불길들은 안나 홀츠아머의 질문에 귀 기울이는 사람들이 존재한다는 것을 암시한다.

세대 갈등은 사회변혁 과정을 초래하는 가장 강력한 요인 가운데 하나다. 그런데 원칙적으로 중요한 것은 참여 가능성을 불공정하게 배제하는가 여부, 다시 말해 젊은 사회구성원들에게 기존의 사회 형태 안에서 만족스러운 미래 기회들을 실현할 전망이 열려 있는지 여부이다. 젊은 세대는 직업적·물질적 미래 약속뿐만 아니라 특히 의미 욕구의 충족에 관심을 가지고 있다. 노르베르트 엘리아스(Norbert Elias)가 언급했던 것처럼 젊은 세대에게 "의미 기회가 봉쇄된다"면, 폭발적인 잠재력이 응집되어 "적절한 상황에서는 기존 정치제도에 반대하는 운동으로 표출된다".[54]

이와 관련해 바이마르 공화국 말기에 일어난 세대교체를 상기할 필요가 있다. 반공화주의적인 저항운동은 국가의 행위를 자연법칙의 이

행으로 정당화했다. 1933년 히틀러의 '권력 장악'으로 근대 사회의 역사에서 가장 젊은 엘리트 지도부가 구성되었다. 당시 적지 않은 청년 행동대원들은 개인적인 희망을 '아리안 인종'의 승리에 결부시켰는데,[55] 이런 배경으로 인해 나치즘은 세대 프로젝트로 이해될 수 있다. 1960년대 후반의 청년 저항운동은 이와는 다른 방식으로 형성되었다. 왜냐하면 대공황과 같은 세계경제적 위기가 아니라 서독의 상황에 대한 근본적 비판이 청년들의 좌절을 촉발시켰기 때문이다. 그들의 비판은 한편으로는 퇴행적인 사회 분위기를 겨냥했고, 다른 한편으로는 엘리아스가 "치욕적인 의미 부여"라고 말한 것을 겨냥했다. 즉, 대량학살에 가담했던 구세대들이 전후 사회를 경제 기적으로 이끌었기 때문에, 풍요로운 소비를 즐기든 이를 비판하든 상관없이 이 사회로부터 긍정적인 정체성 요소를 끌어낼 수 없었던 것이다. 당시 경직된 마르크스주의가 현실 사회주의의 일그러진 모습에도 불구하고 서독의 사회상에 대항하는 이상형으로 받아들여질 수 있었던 것은, 마르크스주의가 내세운 평등 공약이 나치즘의 극단적으로 불공정한 사회관과는 정반대의 기획을 제시했기 때문으로 볼 수 있다.

오늘날 15세에서 25세에 이르는 연령대를 염두에 두면, 서구 사회가 지난 30년 동안 겪어온 엄청난 구조 단절을 고려해야만 한다. 전통적인 산업 부문들의 위축, 디지털 혁명, 규제가 풀린 서비스 분야의 확대, 크게 변화된 성 역할, 국가 역량에 대한 기대의 후퇴, 그리고 리스크 예방의 민영화가 젊은 사람들의 미래 기획을 변화시켰다. 사회의 구조 변화는 형식적인 요소가 줄어드는 생활 계획, 직업 선택의 유연화, 사회적 보장 시스템과 정치 시스템 전반에 대한 신뢰 축소 등과 같이 전통적인 확실성이 사라지는 현상으로 나타난다. 흥미롭게도 오늘날의 청소년들은 이러한 변화를 상실로 여기지 않는다. 이들은 구조 변화를 경험한 적이 없기 때문이다. 10대들과의 대화 또는 10대들 사이의 대화에서 주제는 대학입학 자격시험에서 어떤 점수를 받고자 하는지, 혹은 직업을 구하는 데 어떤 어려움이 있는지 등이며 이는 학생들이 즐겨 방문하는 온라인 게시판에 뜬다. 이는 10대들의 학업성적 압박을 보여준다. 이와 동시에 주목할 만한 준거 틀의 변화가 나타나고 있다.[56] 즉, 이들은 미래에 대해 걱정하지만, 이를 자신의 문제로 착각하고 있는 것이다.

또 다른 측면은 "성적이 좋아도 출세 가능성은 더 적다"라는 말에서 드러난다. 현재의 상황은 나치즘과 홀로코스트로 인한 '치욕적인 의미 부여'의 영향을 여전히 받고 있긴 하다. 하지만 68 학생운동 때처럼, 현재와 대조를 이룰 만한 집단적인 미래 기획은 존재하지 않는다. 모든 세대 프로젝트는 오늘날 어떤 미래를 기획하고 있는가라는 문제에 직면해 있다. 그리고 기후변화의 시대에서는 특히 이러한 미래가 일단 부정적으로 규정된다는 데 문제가 있다. 왜냐하면 이대로는 안 된다는 것은 분명하기 때문이다. 정치 엘리트들의 실수를 지적하는 일에만 몰두하지 않고 비판적 대안까지 제시하는 이론적이거나 종교적인 성격의 의미 자원은 더 이상 찾을 수 없다.

따라서 오늘날 15세에서 25세에 이르는 연령대의 세대 프로젝트는 다음과 같은 딜레마에 처해 있다. 즉, 기후변화와 환경위기가 미래 기획을 암울하게 만들지만, 그렇다고 해서 이에 맞설 수 있는 기획을 가능하게 해줄 사회 모델도 존재하지 않는다. 미래는 이중적으로 제약되어 있다. 즉, 젊은 세대는 부모 세대와 조부모 세대들이 가졌던 미래 기획을 위한 사회적 조건이나 환경적 조건을 찾을 수 없다. 드러내놓고 말하진 않지만 가혹하게 실행되고 있는 모토는 다음과 같다. "우리 아이들은 우리보다 살기가 힘들 것이다!" 신참 변호사들은 현재 1년 동안 —가능하다면— 무급으로 공익을 위해 일하도록 요청받고 있다. MBA 졸업자들이나 학사학위 졸업생들이 장차 '카지노 자본주의'에 어떻게 대처해 나갈지를 관찰하는 것은 흥미로운 일이다.[57] 2009년에 놀라울 정도로 안정이 유지된 것은 무엇보다도 개인적인 미래 기회의 제약이 제약으로 체험되지 않았기 때문이다. 이는 이전 세대들이 누렸던 기회 목록이 조정되지 않았고 저항 행위가 이 세대의 집단적인 경험이 된 적이 없기 때문에 가능했다. 하지만 이러한 상황은 곧 달라질 수 있다.

수평적 불공정

북반구에 있는 부유한 나라들의 청소년과 청년들은 개발도상국이나 후진국의 같은 세대들에 비해 여건이 더 좋다. 여기서는 공간적인 공정성 문제가 제기된다. 기후변화는 불공평하게 영향을 미친다. 왜냐하면 오늘날의 시각에서 볼 때 가장 큰 원인 제공자가 가장 적은 피해를 입으면서도 현 상황에서 이익을 얻을 기회를 가장 많이 갖기 때문이다.

반대로 온실가스 전체 발생량에 전혀 기여하지 않았던 지역이 가장 큰 피해를 입고 있다. 산업국가에서는 1인당 평균적으로 연간 12.6톤의 이산화탄소를 배출하는 반면, 최빈국에서는 고작 0.9톤의 이산화탄소를 배출한다. 전 세계 모든 배출량의 거의 절반이, 후진국들의 급속한 산업화에 따른 배출량 증대에도 불구하고, 일찍 산업화된 선진국들에서 나온다.[58] 하지만 선진국들은 처리 비용의 3퍼센트만 부담하고 있다.[59] 피터슨 국제경제연구소(The Peterson Institute of Economics)의 분석에 따르면, 현재 29개의 개발도상국에서는 기후변화의 영향으로 수확량이 약 20퍼센트나 감소했다.[60] "몬순기후의 불규칙성으로 인해 무엇보다도 동남아시아 국가들이 피해를 입을 것이고, 방글라데시와 인도의 방대한 델타 지역은 홍수로 피해를 입을 것이다. 해수면 상승으로 태평양의 수많은 섬들, 모가디슈, 베네치아 혹은 뉴올리언스와 같은 해발고도가 낮은 대도시들, 작은 섬나라들이 큰 피해를 입을 것이다. 네덜란드와 같은 부유한 국가들은 제방을 개선해 피해를 줄일 수 있을 것이고, 태풍 피해 이후에는 캔사스 주의 마을들이 인도 케랄라 주의 마을들보다 더 빠르게 재건될 것이다."[61]

이런 상대적인 불공정은 전체 주민이 생활 터전을 상실할 경우에는 절대적인 불공정으로 전환된다. 투발루 섬의 정부는 주민들을 위해 오스트레일리아와 뉴질랜드에 난민 신청을 했다. 몰디브 주민들은 새로운 섬을 구입할 비용을 마련하기 위해 펀드를 만들어 돈을 모으고 있다. 이누이트족은 인권단체들의 도움으로 온실가스의 주요 생산자인 미국에 대해 소송을 제기하려고 한다. 현재까지는 기후변화와 관련된 국제적 불공정을 효과적으로 조정할 전망은 보이지 않는다. 국제환경법은 아직 초기 단계에서 벗어나지 못하고 있으며 구속력이 없고, 의무를 부과할 수도 없다. 지속가능한 발전의 원칙이나 환경보호를 위반한 행위에 대해 처벌할 수 있는 국제 법정도 존재하지 않는다. 온실가스 감축은 다자간 협약과 협정에 바탕을 두고 있어, 이를 위반한다고 하더라도 처벌하기가 힘든 그저 의무 사항일 뿐이다. 기후 리스크와 그 극복 역량의 불공정한 분배로 인해 갈등이 생길 가능성이 크다. 인권 차원에서 복잡한 문제를 어떻게 처리할 것인지, 온난화로 이미 생활공간이 사라지고 있는 섬 주민이나 북극 주민에게 어떻게 보상할 것인지가 당면 과제가 되고 있다.

따라서 우리는 미래의 세대 갈등이 결코 서구 세계에만 한정되지 않는다고 추측한다. 후진국에서도 교육을 잘 받은 중산층의 생활수준은 이미 상당히 개선되었고, 복지 증대에 대한 기대도 크다. 정신적인 시야도 일상적인 의식주 해결을 넘어 확대되고 있다. 이런 의미에서 현재의 이슬람 테러주의는 제2, 제3 세대의 전형적인 현상이다.[62] 기후변화의 영향이 크게 확대된다면, 특히 후진국의 경제적으로 성공한 계층에서 수직적인 갈등과 수평적인 갈등이 동시에 일어날 수도 있다.

'A'라고 말하는 사람은 'B'라고 말해선 안 된다

게다가 반식민주의적이고 반자유주의적인 이념에 입각한 이슬람 테러주의는 서구의 성공 모델 — 권력 분립, 시민권과 인권 등 문명적 업적을 바탕으로 한 자유주의적이고 자본주의적인 민주사회 — 이 세계의 다른 지역에서 얼마나 불신당하고 있는지를 극단적으로 보여주는 지표이다. 경제적 자유화가 정치적이고 시민사회적인 민주화를 이끈다는 교과서적인 주장은 이제 반박되고 있다. 유럽과 미국이 중국에서 시장경제가 도입되는 것을 환영하는 이유는, 자신들의 상품을 판매할 수 있는 거대한 시장이 확대되리라는 기대만이 아니라 시장의 자유화가 사회적 개방을 이끌 것이라는 확신이 있기 때문이다. 그러나 자본주의에 대해 'A'라고 말하는 사람은 민주주의에 대해 'B'라고 말해선 안 된다.

하지만 현실은 완전히 다르다. 일당 독재가 복잡한 기술공학적이고 경제적인 조건 아래서 민주주의와는 완전히 다른 역동성을 띠고 있다. 서구 사회에서는 혁신이 선거 주기에 맞춰 속도가 붙거나 브레이크가 걸리지만, 공산당 정치국은 필요하다고 판단하면 어떤 조치든 철저히 실행한다. 새로운 철도 노선, 비행장 활주로, 발전소는 유럽에서라면 사전 타당성 조사, 시민 여론조사, 법적 분쟁 그리고 감정평가 등의 절차를 거치지만, 공산당은 농촌일지라도 한 주가 멀다 하고 새로운 화력 발전소를 건설하고 있는 실정이다. 이 발전소들은 매일 평균 3만 톤의 이산화탄소를 배출한다. 그런데도 어떤 후유증이 생길지 의문을 제기하는 중국인은 단 한 명도 없다.

민주주의는 이론과는 정반대로 현대화의 장애 요인임이 입증되고 있는 것이다. 기능적으로 분화된 복잡한 세계에서는 당사자들에게 어떤 불이익이 있을지를 고려할 필요가 없을 때만 신속한 일처리가 가능하다. 현실이 그렇다. 민주사회에서는 어느 누구도 이렇게 단순화된 현대화가 펼쳐지리라고 생각한 사람은 없었다. 서구가 '만회하는' 현대화라고 생각한 것이 실제로는 '추월하는' 현대화로 나타났고, 이 과정에서 민주주의적인 이상은 좌절되고 경제만 요란한 소리를 내며 붐을 이루고 있는 것이다. 서구 사회는 세계의 다른 지역들에게 국가 발전을 위한 청사진을 제공하지 않는다. 서구 사회가 제공하는 것은 최상의 경우 경쟁력 있는 모델일 뿐이고, 최악의 경우에는 철 지난 낡은 모델에 불과하다. 어쨌든 개발도상국이나 후진국들은 OECD 국가들이 민주주의와 인권을 중시하며 걸어왔던 발전 경로를 따르지 않을 가능성이 매우 크다. 오히려 이 국가들은 민주주의와 인권을 사치로 여기며 이에 대해 더 이상 관심을 가지지 않는 국가 형태를 발전시키고 있다. 1989년 이후의 정세를 '제4의 민주화 물결'[사무엘 헌팅턴(Samuel P. Huntington)]로 환영했던 사람들은 20년도 지나지 않아 러시아에서 '권위주의적인 자본주의'라고 할 수 있는 체제가 자리 잡으리라는 것은 꿈에도 생각지 않았다. 이런 사회 모델은 러시아의 민영화된 석유와 천연가스 매장량으로 뒷받침되며, 인권을 기만하고 표현의 자유를 억압하는 법률 제정을 통해 야당을 탄압하는 형태로 유지된다. 냉전 직후 서구에서 누렸던 짧은 행복은 새로운 상황 속에서 북극 빙산보다 더 빨리 녹아내리고 있다. 이제 세대 간의 갈등에다 지정학적인 갈등도 나타나고 있는 것이다.

물론 배출량 감축을 전 지구적으로 분배하는 과정에서 공정성의 원칙이 적용되어 적어도 희망은 아직 존재한다. 유엔기후변화협약(제3조 1항)에서 협약 당사국들은 "…… 공정성과 공통적이지만 차별화된 책임, 그리고 현 세대와 미래 세대의 복지를 위해 기후 시스템을 보호하는 역량을 토대로" 배출량 감축에 나서겠다고 합의했다. 개발도상국들의 특수한 필요성(예를 들어, 화석 에너지를 바탕으로 '만회하는' 성장)과 여건(예를 들어, 기술 인프라의 부족과 빈곤 퇴치)이 강조되었지만, 이들은 배출량 감축에 기여할 의무도 부여받았다. 따라서 교토 의정서의 제2차 공약 기간은, 2050년까지 1인당 동등한 배출권을 위해 배출량 분배의 선형적 수렴을 염두에 두고 있다. 이는 남반구 국가들에게 역사적 보상을 허용하지만 이들 국가들이 단계적으로 세계 공동체적 책임을 지도록 이끈다. 온실개발권 모델(Greenhouse Development Rights-Model)은 개별적인 참여 문턱을 도입한다. 즉, 빈곤선의 상위 4분의 1에 속한 사람(2008년 기준 연간 7,500달러)은 기후보호에 기여해야 한다. 국가별 '역량'은 참여 문턱의 상위에 속하는 사람들의 총수입에서 결정된다. 기초적인 욕구 충족에서 발생하는 배출량은 **생존에 필요한 배출량**으로 간주되어 한 국가의 집단 책임에서 제외된다. 따라서 세계 각국들 사이의 공정성 측면을 국가 내부의 공정성과 조합하기 위하여 노력하고 있는 셈이다. 이처럼 온실개발권 모델은 세부적으로 많은 취약점이 있긴 하지만, 역사적 불이익을 현재의 무책임성을 변명하기 위한 핑계로 삼지 않는다는 탈식민주의적인 극복 구상을 표방한다.

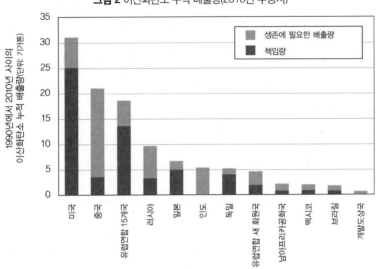

그림 2 이산화탄소 누적 배출량(2010년 추정치)

미국은 1990년 이후 이산화탄소 누적 배출량의 대부분을 책임져야 한다. 중국의 배출량도 마찬가지로 높으나, 대부분은 생존에 필요한 배출량으로 취급되어 중국의 책임으로 전가되지 않는다. 독일의 누적 배출량은 기후변화에 대한 전 지구적 책임량의 4.2퍼센트이며, 유럽연합은 16.8퍼센트이다

자료: Paul Baer, Tom Athanasiou, Sivan Kartha(2008). 이 연구에 대해서는 온실개발권(The Greenhouse Development Rights) 홈페이지 www.ecoequity.org/GDRs 참조.

평균 기온 2℃ 상승

기후 연구자들은 온난화가 산업화 이전 시기에 비해 2℃ 상승에서 멈춘다면 기후변화의 사회경제적 영향은 극복될 수 있다고 판단한다. 이는 현재보다 약 1.6℃ 더 높은 수치다. 프레드 퍼스(Fred Pearce)의 계산에 따르면, 마지막 빙하기 말기에 대기층에는 약 6,000억 톤의 이산화탄소가 존재했다. 이 수치는 산업혁명기까지는 거의 변함이 없었

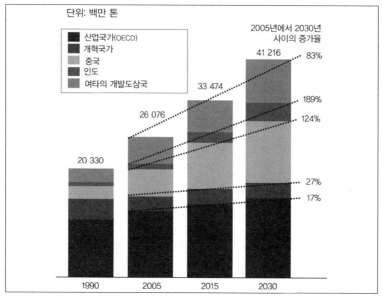

그림 3 지역별 이산화탄소 배출량 증가

단위: 백만 톤

산업국가(OECD)
개혁국가
중국
인도
여타의 개발도상국

2005년에서 2030년
사이의 증가율

41 216 ⋯⋯ 83%

33 474 ⋯⋯ 189%
⋯⋯ 124%

26 076

20 330 ⋯⋯ 27%
⋯⋯ 17%

1990   2005   2015   2030

자료: Eva Berié u.a. (Red), *Der Fischer-Weltalmanach 2009* (Frankfurt am Main, 2008), 714면.

다. 인간에 의한 온실가스 배출로 이산화탄소는 8,000억 톤으로 증가했다. 만약 기온 상승이 더 이상 빨라지지 않는다면, 최대 8,500억 톤까지는 감당할 수 있는 수치다. 현재 연간 약 40억 톤이 추가로 배출되고 있다. 개발도상국들의 만회하는 산업화에서 비롯하는 상승률을 고려하지 않더라도, 대략 10년이 지나면 8,500억 톤에 도달할 것이다. 온난화가 2℃ 상승에서 멈추도록 하자면 전 세계의 배출량이 "약 5년 안에 최고치에 도달하고, 그 후 5년 동안 적어도 그 절반이 줄어들고, 그다음에도 계속 감소 추세에 머물러야"[63] 한다. 이 목표가 달성될지 여부는 집단적 이성에 대한 신뢰에 달려 있다.

대재난을 피하는 유일한 가능성은 이 '2℃ 목표'의 달성, 즉 이미 돌
이킬 수 없는 온도 상승을 2℃로 한정하는 데 있다. 이러한 목표 달성
에 현재까지 100개국 이상이 동참하고 있고, 21세기 중반까지 온실가
스 배출량을 최소한 1990년 수준의 절반으로 낮추도록 여러 경제주체
들과 시민운동가들도 요구하고 있다. 배출량 감축(mitigation)을 위한
조치와 기후변화에 따른 적응(adaption)의 문제가 논의되고 실행에 옮
겨졌다. '적응'이란 이미 발생하고 있는 기후변화에 대처해 삶의 환경
을 변화시키거나 각종 정책 등을 마련해 사람과 자연의 피해를 줄이는
활동을 뜻한다. 그동안 대기 중 온실가스를 줄이는 '감축'에 대해선 많
은 논의를 거듭했으나, 국가별로 차이가 큰 적응 문제는 연구와 토론이
부족했다.* 기후변화의 위협을 받고 있는 지역들은 이러한 조치와 전
략을 통해, 발생할 수 있는 극단적인 사건과 재난에 대비한다. 독일 정
부의 적응 구상도 이러한 전략의 예로 들 수 있다.(64)

그 사이에 기후변화의 비용을 추산하고 역으로 예방정책을 실행하
는 데 드는 비용을 계산해 서로 비교하는 일련의 연구 결과가 발표되었
다. 가장 유명한 연구는 세계은행 수석 이코노미스트였던 니콜라스 스
턴(Nicholas Stern)의 것이다. 그의 연구에 따르면, 기후변화에 영향을
주는 배출량 증대를 막는 데 드는 비용은 전 세계 연간 총생산의 단 1

---

* 기후변화 대응에서 '감축'과 '적응'이 결합한다면 시너지 효과를 낼 수 있는데, 이
를 위해서는 나라별로 자신들의 문화 방식을 고수하던 태도에서 벗어나 사회를
더 좋은 방향으로 바꿀 수 있는 방식으로 나아가는 '전환'이라는 개념이 감축과 적
응에 포함되어야 한다.

퍼센트인 반면, 온난화가 멈추지 않고 계속될 경우 그 비용은 다섯 배나 더 많다.[65] 맥킨지 앤드 컴퍼니의 추산에 따르면, 전 세계 에너지 수요 증가를 절반으로 줄이는 데는 연간 1,700억 달러의 투자로 충분하다. 이렇게 하면 절감되는 에너지 비용은 2020년까지 매년 9,000억 달러에 이르게 된다.[66]

우리는 어디에 서 있는가?

이 책의 첫 장은 현재의 위기가 메타위기로 치달으면 체제 붕괴의 위험을 고려해야 한다는 점을 제시하려 했다. 우리는 지속가능한 사회와 살 만한 가치가 있는 미래를 위해 새로운 해결책을 모색해야 한다. 따라서 이제 중요한 것은 부분적인 수정이 아니라, 근본적인 방향 전환이다. 수십 년 동안 전개된 끊임없는 성장과 빚더미에 기반한 복지를 뒤로 하고, 이제 우리 문명 모델이 유한하다는 점을 성찰할 때가 된 것이다. 우리는 부유한 북반구와 가난한 남반구 사이의 현저한 격차를 보면서 공정성 문제를 생각해야 하며, 우리 아이들과 손자들에게 빚더미 세상을 남겨주게 된다는 진실을 직시해야 한다. 이대로라면 우리는 이들에게 뜨겁게 달궈진 온실을 남겨줄 수밖에 없다. 우리가 처한 위기는 2008년에 시작된 것이 아니다. 구조적 단절은 이미 1970년대와 1980년대로 소급된다. 당시에 이미 성장의 한계와 지속가능한 사회의 필요성에 대한 인식이 제기되었다. 이러한 인식은 이제 쇼크로 나타나고 있다. 우리는 이에 대해 오래전부터 알고 있었지만 애써 외면해왔을 뿐이다. 다음 장은 예상할 수 있었던 일이 실제로 나타날 경우 그것이 왜 놀라운지를 해명하고자 한다.

BaFöG(학자금 지원액)	석탄산업 보조금(2008년 독일)
연간 22억 유로	연간 20억 유로

제2장

왜 환경의식과 실천이 따로 노는가?

알고 있는 것을 행동으로 옮기지 않기 때문이다[67]

사후세계가 나와 무슨 상관인가?
사후세계가 나에 대해 관심이나 보였던가?
그루초 막스Groucho Marx

　　개인 차원에서 생태적으로 올바르게 행동하려는 사람이라면, 어느 정도 실망과 좌절을 감수해야 한다. 기후를 구하는 멋진 계획을 세우고 가정에서 기후변화를 토론하며 드디어 무언가를 할 수 있는 기회를 얻어 흥분하지만, 결국 선의의 마음가짐이 또다시 좋지 않은 결과로 이어지는 경험을 하게 된다. 예를 들어 생태적으로 계몽된 주부는 쇼핑할 때 가능하면 인근에서 재배된 바이오 상품을 구입하려고 애쓴다. 바이오 상품을 사는 이유는 자신의 건강에 좋기 때문이고, 인근에서 재배된 상품을 사는 이유는 먼 곳에서 운반되지 않아 기후에 좋기 때문이다. 독일에서 연간 1인당 온실가스 배출량의 약 40퍼센트가 개인 소비에서 유발된다.[68] K 주부도 이런 내용을 알고 자신의 개인적인 생태 대차대조표(Ökobilanz)를 최적화하려고 했다. 고맙게도 슈퍼마켓에는 이름과 얼굴을 아는 농부들이 생산한 닭고기, 사과, 유제품 그리고 소시지들을 비치한 지역 특산물 코너가 준비되어 있다.

하지만 프라이부르크 소재 에코연구소는 이러한 소비 활동에 대해 "헛수고!"라고 말한다. 이 연구소의 연구원 라이너 그리스하머(Rainer Grießhammer)는 "늦어도 5월부터는 기후 대차대조표 측면에서 보면 독일 국내산 사과보다는 원거리에서 수송된 사과가 더 친환경적이다."[69] 연구자들은 열 가지 소비재의 이산화탄소 발자국*을 조사했는데, 열대 과일이나 알래스카산 연어처럼 항공 화물로 독일에 공수되는 장거리 수송 상품만 포기해야 한다는 결론에 이르렀다.

K 주부는 실망한 채, 그런 기사가 실린 잡지를 손에서 놓는다. 그러나 그녀는 결코 포기하지 않으려고 한다. 과학은 그녀에게 누구나 일상생활에서 알고 있고 약품 포장지에도 적혀 있는 단 한 가지 사실을 말했을 뿐이다. 즉, 어떤 행동이라도 사전에 알려지지 않았거나 계산되지 않았으며 의도되지도 않았고 행위자의 원래 의도와는 정반대인 부작용을 초래할 수 있다는 사실 말이다. 따라서 생태적으로 올바르게 행동하려는 사람은 ― 물론 생태 연구자들이 이런 사람에 대해 이의를 제기하는 것은 아니다 ― 한 가지 요소가 빠져도 전체에 변화를 주는 수많은 변수들을 고려해야 한다. 우리는 스페인 남부지방에서 사과를 운반해오는 데 드는 화물차의 에너지 소비량과 현지에서 수확한 사과를 냉장 보관하는 데 드는 에너지 소비량을 견주어야 한다. 취사나 세탁, 오물

---

* 우리의 활동이나 상품을 생산·소비하는 전 과정을 통해 직간접으로 배출되는 이산화탄소의 양을 말한다. 표시 단위는 무게 단위인 kg 또는 우리가 심어야 하는 나무 수로 나타낸다.

처리의 경우도 마찬가지다. 잘 익은 사과든, 국제 분업으로 생산되는 내용물을 담은 평이 안 좋은 요구르트든, 제품의 라이프사이클 전 과정에서 온실가스가 배출된다. 이것이 전부가 아니다. '친환경 제품'(또는 이와 유사한 뉘앙스를 풍기는 제품)이라 할지라도 제조 과정에서는 '친환경적일' 수 있지만, 다른 요인들을 고려하면 전혀 '친환경적이지' 않은 제품보다 덜 '친환경적일' 수 있다. 그리고 자국에서 생산된 농산물을 구입하는 것은 국제 개발원조 측면에서는 단점으로 작용할 수도 있다.

이러한 복잡한 상황으로 인해 당혹스러워하며 이전의 태도로 되돌아가거나 환경 문제에 대해 체념하는 사람들이 많아질 수 있다. 이렇게 되면 결국 원하는 바와는 정반대의 일을 행하고 만다. 이런 점에서 철학자 아도르노(T. Adorno)가 "거짓된 삶 속에 올바른 삶은 존재하지 않는다"[70]*라고 말한 것은 전적으로 옳다.

인지부조화

지난해 우리 두 저자 중 한 사람이 어떤 행사에 초대받았다. 행사 주

---

* 아도르노가 나치를 피해 미국 망명 중에 쓴 『한줌의 도덕(Minima Moralia)』의 핵심 경구. 당초 원고에는 "개인적으로 더 이상 올바르게 살려고 발버둥쳐도 소용없다"(Es läßt sich privat nicht mehr richtig leben)로 되어 있었으나, 편집 과정에서 수정되었다. 그의 또 다른 경구인 "아우슈비츠 이후에는 서정시를 쓴다는 것이 불가능하다"와 같은 맥락이다.

최자는 미래 문제에 우려와 관심이 많은 비판적인 청년 기업가였다. 그 행사의 테마는 기후온난화와 폭력의 연관관계였다. 이 기업가는 짧은 시간에 지역의 시민들을 규합하여, 기후보호 활동에 매진하고자 하는 매우 적극적인 중산층 단체를 조직하는 데 성공했다. 행사는 성공적이 었다. 강연회에는 100명 이상이 몰려들었고, 인구 2만 명의 소도시로 서는 상당한 성과였다. 강연회가 끝난 후 주최자는 맥주잔을 기울이면 서, 현재 시판되고 있는 차종 가운데 가장 성능이 좋은 580마력의 럭셔 리 리무진인 아우디(Audi) RS 6을 주문했다고 떠벌렸다. 왜? 그가 말한 바에 따르면 "지금이 마지막 기회이고 몇 년 지나면 그런 차를 더 이상 몰 수 없기" 때문이었다.

이 경우에서 드러나는 것은, 사람들이 자신의 의식과 행동 선택지 사이에서 세상을 편의에 따라 요리조리 재단하며 현저한 모순이 있을 때는 별 생각 없이 아무렇게나 봉합하며 일상생활을 해 나간다는 사실 만이 아니다. 여기서 우리가 놀라는 이유는 도덕철학과 특히 개신교 성향의 도덕신학이 우리 의식에 심어준 인간상 때문이다. 이러한 인간 상은 우리가 모순이 없는 상태를 지향한다는 전제에서 출발한다. 누군 가가 공공연히 자신의 입장에 반하는 태도를 취할 경우, 우리는 그를 즉각 '정신분열증 환자'나 성격이 불안한 사람이라고 판단하곤 한다. 하지만 행위를 유발하는 원인이 인간의 성격 구조에 있고 인간이 취하 는 입장이 곧바로 행위로 이어진다는 관념은 그리 현실적이지 않다. 왜냐하면 다양하기 이를 데 없는 사회적 상황, 수시로 바뀌는 요청 그 리고 수많은 역할 기대에 부응할 수 있으려면 자신의 자아상, 상황에 맞는 결단, 행동 사이에서 유연하게 대처할 수 있어야만 하기 때문이다. 사회심리학자 어빙 고프먼(Erving Goffman)은 자아와 그 자아가 취할 수 있어야 하는 수많은 역할 사이의 간극을 '역할거리(role distance)*라고 불렀는데,[71] 이는 현대 사회에서 살고 있는 사람들의 핵심적인 능력이다.

한 개인의 사회화나 경력에서 확인할 수 있는 행위의 근거와 원인은 상황적으로 인지된 요청과 성공적인 해결 방법에 비해 대개 부차적이다. 그리고 상황적 조건을 완전히 무시하고 항상 똑같은 도덕과 전략을 따라야 한다고 보는 관념은 인간이 현대 사회에서 이행해야 하는 여러 요청에 비추어 볼 때, 역효과를 낼 뿐이다. 일관성의 요구에 따라 행위를 하는 자는 병리학적인 사례로 취급되지 않는다 하더라도 결코 유연하게 대처하지는 못한다. 요컨대 행위가 개인을 규정하는 것이지, 개인이 행위를 규정하는 것은 아니다. 이 모든 것은 '정상적'인 행위 스펙트럼만이 아니라, 심지어 '아주 정상적인 사람'이 완전히 비정상적인 일을 할 경우에도, 다시 말해 대량학살이나 마녀사냥과 유사한 일에 가담하

● 사람들이 행동을 통해서 자신의 독특성을 표현하려고 하는 것을 뜻한다. 어빙 고프먼은 '역할거리' 개념을 회전목마에서 관찰되는 행위를 통해 설명한다. 회전목마를 타는 사람들은 표면적으로 경주를 수행하지만 이를 넘어서서 부가적인 행동도 한다. 예를 들어 말타기를 하면서 점프를 한다든지, 자신들이 단지 회전목마의 경주자가 아니라는 것을 보여주는 모험도 감행하는 것이다. 회전목마로 경주하는 것이 이들이 행하는 역할이라면, 이러한 모험 행위는 이들을 그 역할로부터 멀어지게 한다. 무엇이 자아로 간주될 수 있는가는 개인들이 보여주는 역할 수행보다는 역할거리를 통해서 드러난다.

는 경우에도 해당한다.[72]

사람들이 사태를 제대로 파악하지 못하고 행위의 원인을 상황에서 찾기보다는 오히려 개인에게서 찾는 것은 사회심리학자들이 말하는 '기본적 귀인오류(fundamentale Attributionsfehler)' 때문이다. 우리는 너무도 손쉽게 실패의 원인을 그 사람에게 돌리는 경향이 있다. 우리 자신의 실패에 대해선 상황 탓을 하면서도 말이다. 이런 현상은 사람들에게 보편적으로 나타나기 때문에 '기본적' 오류라고 지칭된다. 이를 테면 이런 방식이다. "나는 K씨를 퇴사시킬 수밖에 없었어. 어쩔 도리가 없었어 ……" 하지만 다른 사람들이 하는 일에 대해서는 동기를 개인에게서 찾으려는 경향이 있다. "그는 그 일을 하지 못했어. 그는 사고뭉치거든", "그는 그런 말을 하지 않았어. 그는 거짓말쟁이거든", "그가 그 여자를 죽였어. 그는 나쁜 놈이거든" 등등. 이러한 기본적 귀인오류는 질서를 세우고 방향을 잡는 기능을 수행한다. 하지만 우리가 어떤 사람이 처한 복잡한 상황을 전혀 고려하지 않고 단순히 "그는 그렇게 행동해, 그는 원래 그런 사람이거든"이라고 말한다면, 그건 삶을 너무도 단순하게 대하는 방식이다.

이는 모든 진지한 자기 관찰에서 드러나듯 초인격화된 인간상으로 이어진다. 이러한 인간상은 인간이 모순 없는 존재로 행위를 해야 한다는 잘못된 전제에서 출발한다. 실제로 우리는 누구나 매일 자신의 가장 깊은 내면에 있는 확신들과 수없이 충돌한다. 에너지 소비 문제만 해도 어떤 결과가 초래되는지를 잘 알고 있음에도, 그리고 꼭 필요하지 않은데도 택시나 자동차, 비행기를 이용함으로써 에너지를 소모하고 있다.

자신의 확신과 행위 사이의 모순을 별 생각 없이 이어가고 있는 사례는 무수히 많다. 당신이 기후보호 의식이 있는 사람이라면, 얼마나 자주, 어떤 행위로, 어떤 조건에서 이러한 의식을 위반하는지에 관해 일종의 기후 일기장을 써보면 된다. 당신은 위반 사례를 쓸 때마다 즉각 변명거리를 떠올린다는 사실을 알게 될 것이다. 왜 당신이 택시를 이용했는지(시간이 없어서!), 왜 난방온도를 높여야 했는지(지난주부터 감기에 걸려서!), 왜 500미터밖에 떨어져 있지 않은 슈퍼마켓을 자동차로 가야 했는지(집에 아이를 혼자 오래 둘 수 없어서!) 등등.

도덕은 올바르거나 잘못된 행위와 관련해 우리에게 방향을 잡도록 도와준다. 하지만 도덕은 대체로 행위를 이끄는 역할을 하는 것이 아니라, 잘못된 행동을 올바른 의식으로 얼버무리려 할 때 어떤 해명이 적합한지에 대한 지침을 제공한다. 자동차의 성능에 관심이 있는 청년 기업가의 일관성 없는 구매 행위가 바로 이 점을 잘 드러낸다. 그는 자신의 구매 결정이 기후에 해롭다는 것을 분명히 의식하고 있었다. 자신의 행동이 '원래' 잘못되었다는 것을 분명히 알고 있었던 것이 역설적으로 그에게 도덕적 우월감을 안겨주었다. 왜냐하면 그는 잘못된 행동을 하면서도 올바른 의식이 무엇인지 알고 있었고, 나아가 이런 의식에 따라 그런 자동차를 아무 생각 없이 구매하는 사람들과는 거리를 유지할 수 있었기 때문이다.

당신이 일정이 맞아 비행기로 밀라노행 주말여행을 계획하지만 이 여행으로 초래될 이산화탄소 대차대조표 때문에 양심의 가책을 느끼는 경우도 이와 유사한 사례로 볼 수 있다. 결국 당신은, 비행기를 자주 이용하는 것이 해롭다는 사실에 대해 한 번도 고민해보지 않은 사람들로 그 비행기가 가득 찰 것이라고 생각하며 위안을 얻는다. 당신은 그들보다는 조금은 더 앞선 사람이 되는 것이다. 여기서도 도덕은 잘못된 행위를 중단시키는 데 도움이 되는 것이 아니라 지식과 행위를 얼버무려 양심의 가책을 줄이는 데 도움이 된다.

사회심리학은 이러한 모순된 해석 방식을 인지부조화 이론(Dissonanz-reduktion)으로 설명한다. 미국의 사회심리학자 레온 페스팅거(Leon Festinger)는 주목할 만한 실제 사례를 통해 이 이론을 세웠다. 약 50년 전 미국의 위스콘신 주에는 사이비 종교집단이 있었다. 교주가 대홍수로 지구가 곧 멸망할 것이며, 그 전에 외계인이 우주선을 타고 와 신도들을 구원해줄 것이라고 예언했다. 신도들은 직장도 집도 버리고 주변에서 가장 높은 산에 모여 구원받을 순간만 기다렸다. 하지만 지구의 멸망은커녕 아무런 일도 일어나지 않았다. 신도들은 불안해하며 산에서 어쩔 줄 몰라 했다. 페스팅거는 이들이 자신들의 기대가 좌절되었을 때 어떤 태도를 취하는지 궁금했고 놀라운 사실을 발견하게 되었다. 이들은 실망해 신앙을 버리거나 자신들의 잘못을 인정하는 것이 아니라 곧바로 새로운 이론을 내세웠다. 얼마나 신앙이 강한지 시험하기 위해 지구가 멸망한다는 예언을 했다는 것이다. 이로써 현실과 신념 사이의 모순이 제거되었다. 페스팅거는 이러한 현상에서 인지부조화 이론을 착안했다.[73] 사람들은 기대와 현실 사이에서 부조화를 겪게 되면, 불편함을 느끼고 이 부조화를 제거하거나 적어도 축소시키려고 한다. 따라서 잘못된 것으로 드러난 신념이나 태도를 고치기보다는

94

오히려 현실에 대한 지각을 자신의 신념에 맞추고 신념을 계속 합리화하는 것이다. 이 때문에 흡연자들은 폐암 통계를 과대평가된 것으로 여기고, 원자력발전소 주변에 사는 사람들은 방사선 유출 리스크나 사고 위험을 발전소로부터 멀리 떨어져 사는 사람들보다 더 낮게 평가한다.[74]

　기후변화와 같은 현상도 인지부조화를 설명하기에 적합하다. 위험이 해마다 점점 더 확실해지는데도, 배출량은 전 세계적으로 점점 더 빠르게 증가하고 있다. 2007년에는 2006년보다 배출량이 3퍼센트 더 늘었고, 2008년 이후에도 이와 유사하게 증가하고 있다.[75] 위협감은 결코 줄어들지 않을 것이다. 기후온난화는 현재의 상황을 일으킨 원인이 경제발전과 그 이후의 배출량 증가에 있기 때문에 우리가 직접적으로 통제할 수 없다. 우리가 지금 행하는 모든 조치들의 효과는 몇 십 년이 지나야 나타날지도 모른다. 기후는 변화 속도가 느리기 때문에 원인과 결과의 연결고리를 발견하기가 매우 어렵다. 그렇다면 이제 무엇을 할 수 있는가?

　우리는 이미 언급한 인지부조화 전략을 취할 수 있다. 아니면, 현재와 같이 지구온난화가 지속되는 상황에 대한 책임을 전가할 수 있는 자들을 ― 중국인, 기업, 부자 등 ― 지적할 수 있다. 이 모두는 부의 증대를 원한다. 하지만 이런 바람은 해마다 늘어나는 배출량 통계를 놓고 보면 세상을 구하려는 노력을 처음부터 헛수고로 만들 수 있다.

개별적인 합리성

이런 사례들은 무엇을 말하는가? 바로 변화되는 환경 조건에 대한
인간의 적응이다. 또한 이 사례들은 적응의 개념이 변화된 환경조건과
행태의 '재조정(Re-Justierung)'를 암시하고 있음에도, 유익한 역할을 하
지 못한다는 점을 드러낸다. 더 늦기 전에 다시 한 번 더 경영에 박차를
가하려는 기업가라면 자신의 단기적인 계획을 장기적인 요구 사항에
맞추지 않는다. 그는 무의식적으로나 실수로 이렇게 하는 것이 아니라,
자신에게 주어진 한정된 기회를 이용하기 위해서 이렇게 한다.

이는 변화된 환경 조건에 대한 적응임에는 틀림없다. 물론 이러한
적응은 적응 자체가 없었을 때보다 환경에 더 큰 피해를 입힌다. 사람
들은 자신의 행동이 중기적으로나 장기적으로 유해하다는 (그리고 나
중에는 그로 인해 심지어 자신이 피해를 입을 수 있다는) 사실을 알고
있지만 정반대로 행동하는 경우가 있다. 이럴 때는 항상 합리성 계산이
행해진다.

열대 산호초 지역에서는 "가난한 어부들이 자신들의 미래 생활 터전
이 파괴된다는 사실을 잘 알면서도 오늘 자식에게 먹일 식량을 구하기
위해 다이너마이트와 청산가리로 산호초 물고기를 죽이고 있다(이런
행위로 산호초도 파괴된다)"[76)]고 재레드 다이아몬드는 말하고 있다. 다
르푸르에 마련된 난민 수용소의 거주자들은 수용소 반경 10킬로미터
주변에 있는 나무나 풀들은 모조리 뿌리까지 뽑아버렸는데, 취사와 난
방용 연료를 채취하기 위해서였다. 한때 거대한 호수였던 아랄 해의 독

성물질로 오염된 땅에서도 사람들은 아이들의 먹거리를 마련하기 위해 채소를 재배한다. 환경을 의식하는 스위스 스키장 업자라도 겨울 날씨가 너무 따뜻할 때는 관광객들이 스키를 타지 못하는 일이 없도록 인공 눈대포로 눈을 만든다. 고지대에 스키장이 많은 스위스의 발레 주는 "기후변화에도 불구하고 스키를 항상 탈 수 있는 곳"이라는 광고까지 하고 있다. 독일 발트 해 어부들은 자신들의 미래를 파괴할지언정 정해진 어획량 이상의 대구를 잡고 있다. 그래야 적어도 앞으로 몇 달 동안 수입이 보장되기 때문이다. 정치가들은 대체로 의회가 열리는 기간만 계산하는데, 그 회기는 굉장히 짧다. 가령 부시 행정부는 '90일짜리 생각'의 근시안적 의사결정에 치우쳤다. 다시 말해서 오로지 "향후 90일 이내에 큰 문제로 불거질 사안들"[77)]에만 몰두한 것이다. 물론 보는 관점에 따라서는 단기적 시각으로 중대 현안에 대처할 수도 있겠지만 말이다.

경제학자들은 단기적인 이익에만 집착하는 이런 태도를 '미래 이익 할인'이라고 말한다. 즉 "오늘 자원을 이용해 거둔 수익은 투자 재원이 되며, 이를 투자해 생기는 이자는 오늘과 미래 사이의 특정 시점에 축적되어 미래의 자원 이용보다 오늘날의 자원 이용을 더 가치 있게 만들어주므로, 내일을 위해 자원을 건드리지 않고 남겨두는 것보다 바로 오늘 자원을 이용하는 것이 더 낫다는 것이다."[78)] 특히 환경에 해로운 행태의 미래 이익 할인이란 환경으로부터 빌린 빚에 대한 청산을 다음 세대로 넘기는 것이다.

이것은 비도덕적일 수는 있지만, 행위자들의 시각에서 볼 때 비합리적인 것은 아니며 이해할 수 없는 일도 아니다. 그런데 비도덕성은 다양하게 나타난다. 몇 가지 사례들만 봐도, 환경의 이용을 이런 방식으로 '할인'하는 자는 얼마나 많은 행위 가능성을 지니고 있는지가 여실히 드러난다. 물론 이러한 행위 가능성 면에서 채굴할 만한 자원을 찾는 에너지 대기업의 경우와 다르푸르에서 땔감을 찾은 난민들의 경우는 확연히 다르다.

왜 사람들이 잘 알고 있으면서도 정반대로 행동하는가라는 의문은 다음과 같은 간단한 답으로 풀 수 있다. 즉, 사람들은 보편적인 합리성에 따라 행동하는 것이 아니다. 주어진 상황에서 어떤 결정을 내리고 어떤 해결 전략을 선택하는지는 항상 개별적인 합리성에 따른다. 세계 종말과 세계 공동체 그리고 초국가적으로 영향을 미치는 기후변화, 이처럼 전 세계적인 차원의 거대 이슈들은 행동의 지침이 되지 못한다. 사람들은 이러한 이슈들을 사회 현실에서 구체적으로 체험할 수 없다. 이 이슈들에 직면해 느끼는 흥분은 고작 인간은 왜 그토록 비이성적인가라고 과장된 몸짓으로 의문을 제기하는 정도에 그칠 뿐이다. 하지만 문제는 사람들이 어떤 결정을 내릴 때마다, 기준으로 삼는 준거 틀 내에서는 이성적이라는 데 있다.

그런데 어떠한 결정이든 사전 인지가 있기 마련이다. 사회심리학의 실험에 따르면, 상황이 제공하는 모든 정보 중에서 지극히 소수의 정보만이 인지되고 평가된다. 도덕성이 결정 상황에서 중요한 역할을 하지 못한다는 점을 분명히 보여주는 실험이 바로 '착한 사마리아인 실험'이다. 이 실험에서 신학대학생들이 제한된 시간 안에 성경의 착한 사마리아인의 비유와 관련된 설교문을 작성하도록 지시받았다. 이 설교문에 따라 설교하고, 설교 장면은 녹화된다고 예고되었다. 실험 규정에 따르면, 참가자들은 작성한 설교문을 가지고 다른 건물로 이동해 녹화해야 했다. 하지만 설교문을 완성하기 전에, 누군가가 실험실로 들어와 일정이 앞당겨져 녹화 스튜디오로 급히 이동해야 한다고 전달했다. 따라서 참가자는 서둘러 다른 건물로 갔다. 그런데 건물 입구에는 도움이 필요한 천식 환자(역할을 맡은 연기자)가 누워 있었다. 40명의 신학생 중에서 16명만이 환자를 돕기 위해 멈춰 섰다. 착한 사마리아인처럼 행동하지 않은 24명의 신학생들은 대부분 실험이 끝난 후 설문조사에서 건물 입구에 도움이 필요한 환자가 누워 있는지조차 알지 못했다고 대답했다. 이 실험을 했던 존 달리(John Darley)와 다니엘 뱃슨(Daniel Batson)은 실험 결과를 두고, 참가자들은 급하게 해결해야 할 과제에 집중한 데다 실험에 대한 스트레스가 겹쳐 인지 능력이 좁아졌다고 설명했다. "어떤 요인들이 이러한 결정에 이르게 했는가? 도대체 왜 그들이 서둘렀을까? 실험 주최자가 …… (실험 참가자들이) 제때 도착하도록 기대했기 때문이다.…… 서두르지 않는 사람은 멈춰 서서 다른 사람을 도우려고 한다. 서두르는 사람은 심지어 착한 사마리아인의 비유에 대해 설교를 하기 위해 이동 중인데도 멈추지 않고 달려갈 것이다."[79]

문화적 구속

규정된 과제에 대한 집중과 행위 압박으로 인해, 도덕적인 관점에서

우선적으로 고려해야 할 사항이 시야에 들어오지 않아 의식되지도 못
한다. 이런 경우를 '상실'이나 '억압'이라는 용어로 일컫는다면, 이는 본
말이 전도된 것이다. 왜냐하면 이런 개념들은 일단 의식적인 인지를 전
제하기 때문이다. 오히려 심리학적인 '할인'이라고 부르는 것이 어울릴
것이다. 상황에 대한 판단이 최적화되려면 당면한 과제의 해결에 중요
하지 않은 요소들은 의식적인 인지에서 완전히 배제되어야 한다. 이 문
제는 인지심리학에서 자세히 다루고 있다.

우리에게는 주어진 상황의 특정 변수들이 인지되지 않도록 하는 문
화적 관습의 영향이 더 중요하다. 스탠리 밀그램(Stanley Milgram)은 불
이 났을 때 사람들이 왜 속옷차림이라도 집 밖으로 뛰쳐나오지 않고,
집 안에서 불에 타 죽는 일이 일어나는지에 대해 관심을 가졌다. 이러
한 일은 객관적으로 볼 때는 당연히 비합리적인 행동 방식이지만, 주관
적으로 보면 특정 문화에서 나타나는 수치심의 기준이 작용한 결과이
다. 수치심의 기준이 장애물이 되어 생명을 구하는 전략을 무력화하는
것이다. 17세기 초에 스페인 왕 펠리페 3세는 고열로 사망했는데, "그
는 뜨거운 화로 곁에 너무 오래 앉아 있다가 체온이 너무 높아졌다. 화
로를 치우는 시종이 자리를 비우는 바람에 열을 지나치게 많이 받았기
때문"[80]이라고 한다. 생명이 걸린 문제인데도 문화적·사회적·정서적·
상징적 요인들이 자기 보존 충동보다 더 큰 역할을 하는 경우가 많은
것이다. 바로 이 때문에 자살 테러가 벌어지고 과거 나치 독일에서는
영웅적인 죽음이 고귀한 행동으로 추앙받을 수 있었다.

펠리페 3세의 사례는 주어진 상황에서 올바른 결론을 내리지 못하는

개인적인 무능으로 볼 수 있지만, 문화적인 모델에 집착하는 것은 사회 전체의 붕괴를 초래하는 치명적인 요인이 될 수도 있다. 시기가 같고 조건도 같은데 어떤 문화는 성공을 이루는 반면, 다른 문화는 실패하는 경우가 발생한다. 재레드 다이아몬드는 노르웨이에서 그린란드로 이주한 바이킹족을 원주민 이누이트족과 비교했다. 이들 두 부족은 서기 1000년 무렵 그린란드에 동시에 거주했는데, 이 지역은 알다시피 생존에 적합한 이상적인 공간이 결코 아니다. 바이킹족은 대략 1500년까지밖에 버티지 못했지만, 원주민 이누이트족은 (최근의 기후변화 때문에 곧 사라질 위기에 놓여 있기는 하지만) 오늘날까지 생존해 있다. 왜 인간은 자신들이 알고 있는 (또는 알 수도 있는) 것을 행하지 않느냐는 우리의 문제의식과 관련해 바이킹족의 몰락 사례에서 흥미로운 것은, 특히 두 가지 문화적 요소, 즉 전승된 성공적인 생존 전략과 집단적인 자아상이다.

바이킹족은 목축과 사냥의 조합을 통해 생존 수단을 확보했는데, 이런 모델을 고향인 노르웨이로부터 그린란드로 건너올 때 지니고 왔다. 그들은 일단 젖소와 돼지를 키웠고, 그린란드의 기후조건에 원칙적으로 더 잘 적응할 수 있는 적은 숫자의 양과 염소를 키웠다. 돼지는 숲이 별로 없는 그린란드에서 초목의 뿌리까지 캐 먹고 땅을 파헤치는 습성 때문에 민감한 식물군을 망쳐버려 키우기에 부적합한 것으로 드러났다. 젖소도 초원에서 방목할 수 있는 계절이 그린란드에서는 너무도 짧았기 때문에 마찬가지로 부적합했다. 젖소는 눈이 오지 않는 여름철 석 달 동안만 초지에서 풀을 뜯게 할 수 있었기 때문이다. 나머지 아홉 달

은 축사에 가둬두고 건초나 꼴로 사육해야 했기 때문에 그린란드 정착
자들에게는 건초를 마련하는 일도 여간 힘들지 않았을 것이다. 이런 추
정은 물론 더 알려지지 않은 여러 요인들 중 하나에 불과하다. 전하는
기록에 따르면, 젖소들이 긴 겨울을 견딘 후에 너무 여위어서 걸을 수
도 없을 정도였다. 그 때문에 날이 풀린 후 사람들이 풀밭으로 날라야
할 정도였다. 따라서 그린란드에서 기본적인 식량 공급원은 젖소나 돼
지보다 추운 기후에 잘 견디는 양과 염소로 바뀌어갔다. 젖소들은 결국
주로 소유자의 지위를 상징하는 가치만 지녔으며 바이킹족의 경제에
아무런 역할도 하지 못했다.

또 다른 식량 공급원은 주로 바다표범이나 순록 등 야생동물이었는
데, 고고학적 발굴 결과에 따르면, 바이킹족의 식량 공급원 중에서 바
다표범의 비율은 정착 초기에는 20퍼센트에 불과했지만 나중에는 80
퍼센트까지 증가했다. 반면 가축 사육은 점점 더 줄어들었는데, 때마침
찾아온 소빙하기로 더 추워진 기후 탓에 여건이 과거보다 점점 더 악화
되었기 때문이다. 이외에 바이킹족은 소량이긴 하지만 양배추나 무, 대
황, 상추도 섭취했으며, 소와 양, 염소의 젖을 이용해 치즈와 버터 그리
고 요구르트 같은 유제품을 만들어 먹었다. 또한 바닷새, 뇌조(雷鳥),
솜털오리, 홍합도 먹었다. 그런데 무엇보다 놀라운 사실은 이들이 물고
기를 전혀 먹지 않았다는 점이다. 재레드 다이아몬드는 그 이유를 생선
을 멀리하는 금기 문화에서 찾는다.[81] 그런 음식 금기는 문화적으로 종
종 너무나 깊이 뿌리박혀, 그 누구도 금기시되는 동물을 음식으로 감히
먹을 생각조차 하지 않았을 것이다. 오늘날 서구인들이 개고기나 벌레

혹은 곤충들에 대해 보이는 거부 반응이 바이킹족에게는 바로 물고기에서 나타난 것이다.

생존술 측면에서는 이누이트족이 우월했다. 그들은 그린란드에 풍부하게 존재하던 물고기를 비롯한 식량 자원을 이용했고, 카약과 같이 빠르게 이동할 수 있는 배를 만드는 등 그린란드의 지리적·기후적 조건들에 훨씬 더 잘 적응하는 모습을 보였다. 재레드 다이아몬드는 노르웨이에서 이주해 온 바이킹족들이 비교적 취약한 적응 능력을 보인 이유를, 목축 경제에 집착하는 결과를 낳은 식습관에서뿐만 아니라 문화적 유럽중심주의에서 찾는다. 유럽중심적 사고가 극명하게 나타난 것이 기독교 신앙 및 이와 결부된 지출인데, 무리해서 주교직을 설치했고 그 위상에 걸맞은 교회 건축물을 지었다. 교회 건물을 짓기 위해 목재들이 수입되어야 했고, 또 교회 운영을 위해 청동 종이나 미사용 포도주도 수입해야 했다. 게다가 엄청난 비용이 교회 유지에 흘러 들어갔다. 유럽에서 건너왔다는 정체성이 여기서 큰 역할을 했는데, 가령 청동 촛대나 보석들도 그린란드로 수입된 주요 물품들이었고,[82] 의복이나 가재도구들까지 유럽의 유행에 따라 수입되어, 그린란드 바이킹들의 경제적 몰락을 재촉하는 데 한몫했다.

그린란드 식민지의 척박한 생존 조건에서 이 모든 것들은 엄청난 과잉 출혈을 의미했지만, 이누이트족은 그런 출혈을 하지 않았다. 기후조건들이 악화되고 동시에 자원의 수급이 더 나빠질수록, 단점들이 더 심각하게 부각되었다. 생존이라는 관점에서 볼 때 바이킹들의 문화적 자산은 점점 더 버티기 어려워졌고, 결국 치명적으로 파국을 맞는다. 다시 말해 "그린란드의 기후에서도 고집스레 젖소를 키웠고, 건초를 수확해야 할 여름에 사람들을 사냥터로 보냈으며, 이누이트족의 유용한 생존술을 끝까지 거부하면서 결국 굶어 죽는 비극으로 발전하고 말았다."[83]

　다시 말해 아무리 척박한 한계상황에 놓인 생존 공동체일지라도 단지 빵만으로는 살 수 없다. 그래서 문화적 상징과 감성적 또는 습관적 구속에 더 높은 가치를 부여하는 반면, 합리적인 행위 가능성들에는 좁은 한계를 설정하기도 한다. 재레드 다이아몬드는 다음과 같이 결론을 내린다. "사회적 생존만큼 생물학적 생존에도 관심을 기울였다면 교회에 투자하는 시간과 자원을 줄였을 것이고, 이누이트족을 모방하거나 그들과 결혼하는 등 현지화 전략을 진지하게 고민했을 것이다. 그랬더라면 굶어죽는 붕괴라는 비극을 맞지 않았을 것이고 지금도 그 땅에서 겨울과 싸워 살아남았을 것이다. 유럽 기독교 문화에 대한 그린란드 사람들의 집착은 …… 그들의 보수적인 성향과도 관계가 있었을지 모른다. 요컨대 그들은 유럽인 자체보다 더 유럽인처럼 처신했고, 이러한 문화적 고집불통 때문에 그들의 생존에 도움이 되었을 생활 방식으로의 파격적인 변화를 거부할 수밖에 없었던 것이다."[84]

　감성적이고 습관적인 문화적 구속이 사람들로 하여금 알고 있는 (또는 알 수도 있는) 것을 행하지 않게 하는 이유의 상당 부분을 차지한다. 재레드 다이아몬드의 주장에 덧붙여 강조해야 할 사실은, 사람들이 문화적 구속과 아비투스와 관계된 문제에서는 대개 반성과 결단에 이르는 조치들을 전혀 취하지 않는다는 점이다. 오히려 정반대이다. 특정한 조치를 취하지 못하게 하거나, 유해한 습관과 부작용을 일으키는 전략을 바꾸지 못하게 하는 것이 바로 문화적 생활 형식이다. 따라서 내부 행위자의 시각에서는 지극히 합리적인 것이 외부자의 시각에서는 완전히 비합리적인 것으로 보이기도 하는 것이다. 사람들은 문화적 구속 때문에 사회가 붕괴에 직면해도 용단을 내리기를 주저하는 것 같다. 바로 20세기야말로, 사람들이 자신들에게 치명적이거나 심지어는 살인적인 의무를 부과하는 문화적 선택지와 규범적인 모델을 발전시킬 수 있다는 점을 여실히 보여주었다. 이는 그린란드 바이킹족의 '잘못된' 전략이나 거대한 석상을 만드느라 너무 많은 자원을 투자한 나머지 몰락하고 만 이스터 섬 사람들의 전략처럼, 자기 파괴를 초래할 수 있다. 문화적 아비투스가 지닌 이러한 파괴력은 현재 벌어지고 있는 현상에서도 곧바로 감지된다.

자동차 광

금융위기가 한창일 때 페어 슈타인브뤼크(Peer Steinbrück) 독일 재무장관은 독일 자동차산업이 갖는 특별한 의미에 주목해야 한다고 하면서, "자동차산업은 해당 산업의 범위를 넘어 기술 발전의 신호탄 효과를 낼 수 있고 독일 국민경제의 주도적인 기능을 담당한다"[85]고 말했다. 그리고 현 메르켈 총리의 전임자인 게르하르트 슈뢰더(Gerhard Schröder) 전 총리는 자신을 '자동차 광'이라고 자랑스럽게 내세웠다.

이와 같은 자기표현은 자동차가 특히 서구 남성들의 아비투스에서 어떤 역할을 하는지를 분명하게 보여준다. 자동차는 산업정책적인 의미에서뿐만 아니라 상징적 역량과 인프라에 미치는 영향력을 고려할 때, 산업사회의 핵심 아이콘 지위를 차지하고 있다. 특히 기술공학 면에서 자동차 세계의 선두주자라고 느끼는 사회에서 자동차는 유명무실했던 바이킹족의 젖소와는 비교할 수 없는 중요성을 가진다. 포기하기는커녕 오히려 더 집착하고 있는 것이 분명하다. 신차의 소비시장이 전 세계적으로 사상 유래가 없을 정도로 축소되었는데도 자동차 없는 세상에 대해 적극적으로 고민하지는 않고, 낡은 자동차를 폐기할 경우 보조금을 프리미엄으로 얻어주는 '폐차보조금' 방안까지 나왔다. 이는 총리 후보자였던 프랑크-발터 슈타인마이어(Frank-Walter Steinmeier)가 고안했고, 환경부 장관 지그마르 가브리엘(Sigmar Gabriel)은 이에 반대하는 이성적인 논리들을 반박하면서 심지어 환경보조금이라고 정당화하기조차 했다. 과연 독일은 자동차 천국이라고 불러도 무방하다!

독일 대학의 우수 영재 육성 비용	독일 신차 구입자들을 위한 폐차보조금
19억 유로	50억 유로

독일이 공세를 취하자 이에 뒤질세라 프랑스와 이탈리아의 소형차 생산자들도 이런 보호주의적인 경쟁에 뛰어들었다. 유럽연합과 세계무역기구(WTO)의 감시자들은 맥없이 지켜보기만 했다. 세계화를 위한 온갖 숭고한 원칙과 시장의 실질적인 국제화는 무시되고 자국산 자동

차 구입이 애국적 의무로 미화되었다. 당시 상원의원이었던 버락 오바마(Barack Obama)는 일리노이 주 자동차업계를 대변했고, 당시 프랑스 대통령 니콜라 사르코지(Nicolas Sarkozy)도 "비앙쿠르*가 재채기하면 프랑스 전체가 감기에 든다"고 말할 정도로 르노 자동차의 후견인으로 나섰다. 그리고 동시베리아에서는 러시아 중산층이 거리로 몰려나가 군경과 대치했는데, 모스크바 중앙정부가 보호주의 정책의 일환으로 도요타 자동차의 수입을 금지하고 러시아산 라다(Lada) 자동차를 타도록 강요했기 때문이다.

자동차를 둘러싼 이러한 저항은 빵을 달라는 봉기를 연상시킨다. 자동차는 오늘날 프랑스 혁명 당시 바게트와 같은 생존 수단이고, 개인의 이동성(mobility)은 인권으로 느껴진다. 정치가들이 은행과 더불어 자동차산업에 매달리는 것은, 자동차산업이 경제적인 의미 말고도 서구 사회와 서구화를 지향하는 사회에서 주도 산업이라는 상징적인 의미를 지니기 때문이다. 특히 미국과 독일에서 자동차산업이 핵심적인 위치에 있는 것은, 자동차산업이 부품 제조와 완성차 조립, 판매, 정비, 할부 금융, 보험, 광고를 포함하는 광범위한 전후방 연관산업을 가지고 있는 대표적인 종합산업이기 때문이다. 자동차산업은 국내총생산에서 큰 몫을 차지하고 경기의 바로미터로 작용한다. 승용차와 화물차는 ― 합리적인 대안이 있음에도 ― 여전히 인간과 재화를 나르는 주요 수송 수단이며, 수송산업이 펼치는 미래 전망은 공포 시나리오를 연상시킨

* 르노 자동차의 공장 소재지.

다. 또한 자동차업체는 자본과 노동을 연결하는 산업 동력으로서 큰 역할을 하고 있다. 따라서 자동차업체의 로비는 '산업의 핵심인 자동차를 훼손하는 자는 공화국 전체를 붕괴시킬 수 있다'는 말로 누구든 협박할 수 있는 것이다.

산업의 주요 분야가 광고 수단이자 광고 매체이기도 한 자동차를 통해 연명하고 있기 때문에 자동차는 독보적인 문화적 의미를 띤다. 이러한 문화적 의미가 가장 부각되고 있는 곳이 바로 미국과 독일이다. 자동차는 개인의 이동성을 확보하고 좁은 활동 영역을 극복하도록 돕는 자유의 수단으로 간주된다. 로드 무비와 자동차 쇼는 운행 가능한 수단의 소유를, 인간의 전체 일상생활과 직업생활의 구조뿐만 아니라 심지어 영양 섭취와 기초 생계까지도 규정하는 포괄적인 문화 규정으로 만들었다. 자동차 없이는 패스트푸드도, 월 마트도 없었을 것이며, 〈아메리칸 그래피티(American Graffiti)〉*도, 〈만타, 만타(Manta, Manta)〉**도 없었을 것이다.

하지만 자동차의 의미는 여기서 그치지 않는다. 자동차는 직원들이 '우리 다임러 벤츠'라고 동일시하며 자부심을 느끼는 대상이며, 디트로이트나 볼프스부르크와 같은 자동차 도시들은 산업계의 독특한 문화중심지다. 자동차는 여전히 기술적·미적 매력을 발산하고 있다. 장난감 전시회의 남자 아동 코너를 보라! 자동차는 그랑프리 대회에서 두각

---

* 조지 루카스 감독이 만든 청춘 멜로 영화.
** 독일의 액션 코미디 영화.

을 나타내는 모든 국가의 기술력을 대변한다. 자동차는 현대판 공룡이지만, 사회적 진보의 주요 지표이고, 어떤 계층에서든 막강한 지위의 상징이며 명성을 나타내는 지표이다. 상류 계층으로 출세한 자가 자신의 지위를 깨닫는 날은 운전사가 딸린 업무용 차량이 배정된 바로 그날이며, 중간 계층은 폭스바겐 파사트나 아우디 A3를 몰면서 우쭐해한다. 운전면허가 있는데도 버스나 기차로 출퇴근하며 교통체증에 시달리는 사람은 자신이 성공하지 못한 것을 안다. 스티브 맥퀸(Steve McQueen)은 영화 〈불리트(Bullitt)〉에서 포드 머스탱을 몰고 샌프란시스코를 질주했고, 폴 뉴먼(Paul Newman)은 실제 자동차경주 선수였으며, 미하엘 슈마허(Michael Schumacher)는 한때 세계에서 가장 돈을 많이 버는 운동선수였다. 폭스바겐 '캐퍼(Käfer: 딱정벌레)'는 1960년대 경제기적을 상징하는 자동차이고, 오픈카와 스포츠 유틸리티 차량(SUV)은 운전자의 개성을 드러내며, 폭스바겐 '골프'는 한 세대를 아우르며 시대의 아이콘이 되었다. 시트로엥 DS 21과 같이 한때 여신으로 추앙받았으나 진부한 디자인 때문에 사라진 모델이 있긴 하지만, 자동차는 광고와 영화 그리고 유행을 다층적으로 연결하는 일상의 신화를 만들었다.

요컨대, 현재의 세계는 최첨단 커뮤니케이션 수단이 등장하고 근거리 및 장거리 교통망을 위한 뛰어난 기술이 개발되어 점점 더 좁고 평평해졌지만, 오염물질의 지나친 배출로 파멸의 위험에 처해 있다. 이제 자동차는 시대착오적인 현상이 되었다. 하지만 자동차의 시대는 아직 끝나지 않았다. 자동차는 이미 우리의 문화적 정체성에 깊이 뿌리

를 내리고 있다. 자본주의는 소비를 통해 우리의 의미 욕구를 충족시
킨다. 그리고 자동차는 재미와 힘, 자부심, 자유, 안락함, 테크놀로지,
사운드, 다시 말해 소비가 줄 수 있는 의미의 최대치를 제공한다. 이
때문에 비록 구시대의 산물이긴 하지만 자동차 없이 지내려고 하는 사
람은 없다.

오후에 수영 강습

　과거 역사에서 변화된 환경 조건에 맞지 않는 생존 전략을 고수했기
때문에 붕괴한 사회가 있었다면, 기후변화의 시대에 자동차에 집착하
는 것은 불안감을 키우는 일이다. 전통적으로 사회의 붕괴를 결정짓는
요인은 과도한 토지이용과 숲의 남벌이었다. 이는 돌이킬 수 없는 토양
침식을 초래했고 생존의 토대를 지속적으로 훼손했다. 우리의 세계와
같이 기초적인 생존 기반이 마련된 것처럼 보이는 세계에서는 이러한
사회 붕괴의 요인은 큰 영향을 미치지 못한다. 사실상 산업사회의 붕괴
와 관련해서는 시스템의 한계 무시, 성장 관념에 대한 집착 그리고 물
신숭배 같은 다른 요인들을 고려해야 한다. 하지만 한 가지 요인은 확
실하다. 자원을 기존의 관행대로 소진하고 남용하면 자원의 상태는 악
화된다. 바로 이 순간부터 '미래 이익 할인'이라는 현상이 증폭된다. 이
런 방식으로 몰락이 재촉되는 것이다. 여기서 우리는 다음과 같은 질문
을 던질 수 있다. 생산품의 소비시장이 위축되고 있는 산업에서 일자리

의 단기적인 안정은 미래 역량을 갖춘 산업사회를 만드는 잠재력에 어떤 영향을 미치는가? 장기적인 성공이나 생존 기회보다 단기적인 선거 결과에만 집중하는 것은 얼마나 무책임한 일인가?

사회의 붕괴를 분석할 때는 다음 질문에 대한 대답이 결정적인 의미를 지닌다. 즉, 아직 염려할 필요가 없다고 여겨질 때, 동시대인들이 보지 못한 것은 무엇인가? 어떤 역사적 시점에 행위자들의 행동 선택지를 결정하는 것은 그들의 지식(알고 있는 것)뿐만 아니라 무지(알지 못하는 것)이다. 역사에서 교훈을 찾고자 할 때, 무지에 대한 분석은 가장 어려우면서도 풍성한 성과를 낳을 수 있는 과제이다. 미래 세계가 역사적인 의미를 부여하는 사건일지라도, 그것이 실제로 발생해 나타나는 시기에 중요하게 인식되는 경우는 드물다. 프란츠 카프카(Franz Kafka) 같은 작가가 독일이 러시아에 선전포고한 날 일기장에 "독일이 러시아에 선전포고를 했다 ― 오후에 수영강습"이라고 적었던 것을 보면 우리는 놀랄 따름이다.

사회적 재난과 사회의 붕괴는 대체로 동시대인들이 아니라 역사가들에 의해 의미가 부여된다. 동시대인들은 자신들의 일상생활과 생존에 몰두할 뿐이다. 그린란드의 바이킹들은 가능한 혁신을 생존 전략에 통합시킬 문화적 구상이 없었고, 이스터 섬 사람들은 자원 착취가 돌이킬 수 없는 일이라는 점을 알지 못했다. 현대의 '분화된' 사회에서는 기능의 연관관계와 행위의 고리들이 너무나도 복잡하게 얽혀 있다. 이 때문에 임계점에 대한 통제가 어렵고, 책임 소재와 개별적인 기능 영역도 제한되고 분산된다. 최초의 재난 사건에서 생긴 쇼크의 여파는 개별 영역과 당사자들에게 서로 다른 시점에, 경우에 따라서는 지체되어 나타나기도 한다. 마치 지진이 일어난 것처럼 갑자기 금융위기를 당한 사람들은 리먼 브러더스의 은행원들이었다. 곧이어 이들은 소지품 박스와 함께 거리로 쫓겨났다. 당시 다른 사람들은 경기장의 관객에 지나지 않았다. 이들이 점점 더 피해를 입게 되었을 때는 세계가 이미 엄청나게 변해 있었다. 이제 정상과 비정상의 구분도 달라지기 시작했다.

왜 따뜻한 겨울을 정상적인 현상으로 여기는가?

생태학자들은 환경이 시간이 흘러감에 따라 어떻게 변해가는지를 사람들이 감지하지 않는다는 점에 실망하는 경우가 많다. 캘리포니아 어부들을 대상으로 한 세대 간 의식 변화에 대한 연구에 따르면, 어부들 중 가장 젊은 층은 어류 남획과 어종 감소에 전혀 문제의식을 가지고 있지 않다. 다시 말해 이들은 자신들이 어망을 던지는 곳에서 과거에는 더 많고 다양한 어류가 분포했다는 사실을 전혀 모르고 있었다.[86] 인도에서의 여론조사에 따르면, 젊은 층은 육류 소비를 자연스러울 뿐만 아니라 지속해나갈 가치가 있는 영양 섭취 방식으로 여긴 반면, 노년층은 낯설고 부자연스러운 방식으로 여겼다.[87] 1986년 우주왕복선 챌린저호가 폭발한 사고의 원인은 챌린저호의 일부 부품에 나타난 기술적 취약점을 두고 허용 여부를 판단하는 기준들이 계속 바뀌었기 때문이다. 즉, "오른쪽 보조추진 로켓의 특정 부분을 밀폐시키는 원형 링(일종의 고무 패킹)에서 불에 탄 부위가 예기치 않게 나타났을 때, 기술자들은 '허용 가능한 리스크'라는 기준을 계속 확대했으며, 밀폐용 고리를 흘러 지나가는 뜨거운 추진연료에 대한 지침에도 이와 같은 확대된 리스크 규정을 적용했다. 그들이 처음에는 기대치를 넘어서는 '비정상' 사건로 분류했던 것이 나중에 새롭게 정의되어 기대치를 넘지 않는 사건으로 취급되었다. 이렇게 해서 기대치를 넘지 않는 오류의 스펙트럼이 점점 더 커져갔다. 즉, 처음의 원형 링에서 그을린 부분을 발견했을 때 일단 정상이라고 여겼고, 얼마 후에 그 고리에서 재질상 마모 현상을 발견했을 때 그것도 또다시 정상이라고 여겼으며, 마지막으로 열기가 두 번째 원형 링을 달구어 거기서도 재질상 마모를 확인했을 때조차 정상이라고 여긴 것이다."[88] 챌린저호는 발사 후 7초 만에 폭발했다. 그 원인을 찾는 데 몇 달이 걸렸다. 이 사고는 엄밀히 따지면 기술적 원인 때문이 아니라, 사회적 원인 때문이다. 즉, '바탕 교체(Shifting base-lines)'*가 어떤 점이 위험하고 또 위험하지 않은지에 대한 판단 기준을 바꾼 것이다.

바탕 교체 ― 사회적·물리적 환경 속에서 변화하는 상황에 따라 자

● '기준선 이동' 또는 '지시선 이동'이라고도 한다. 처음에는 어업 및 해양생태학 용어로 쓰였지만 점점 다른 분야로 확대되었다. 바탕(baselines)이란 어떤 시스템의 본래 상태이고, 교체(shifting)란 본래 상태에 생겨난 중요한 변화를 일컫는다. 인간이 어류를 잡기 전 원래 바다에 있던 어종과 숫자를 '바탕'이라고 한다. 그 이후 남획에 의해 어종과 숫자에 근본적인 변화가 생겼다면 이를 바탕 교체라고 할 수 있다.

신의 고유한 지각도 변화하는 현상 — 는 진화론적인 입장에서 볼 때 인간의 가장 성공적인 특징이다. 인간은 모든 생명체 가운데 가장 적응력이 뛰어나며 오늘이 어제와 달라져도 그 이유를 성찰하느라 오랜 시간을 보내지 않는다. 사실상 인류 역사의 초창기에는 인간의 생존 공간과 경험 공간의 변화가 매우 느리게 진행되었다. 원래 아프리카에 출현했던 유인원들이 유럽이나 아시아로 '이동했다'고 말한다면, 짐을 지고 이리저리 다니다가 지내기 적합한 어느 곳에 머무는 사람들을 생각하기 쉽다. 하지만 실제로 이 인간 그룹들의 '이동'은 거주지가 조금씩 바뀌는 것이었으며, 세대마다 고작 몇 미터씩 북쪽이나 서쪽으로 옮기는 것을 뜻했다. 인류학자들은 연구 대상의 생존 환경에서 '갑자기' 무언가가 변화되었다고 말할 때면, "다시 말해 대략 1만 세대에 걸친 기간에"[89])와 같은 설명을 덧붙이는 경우가 있다.

하지만 생존 환경이 훨씬 빠르고 위협적으로 변하는 상황에서 이러한 유연함은 큰 단점으로 입증될 수 있다. **바탕 교체**는 사회적 영역에서도 나타난다. 나치 독일에서 일어난 전 사회적인 가치 변화에 대해 생각해보면 된다. 나치 집권 초기인 1933년만 해도, 대부분의 시민들은 기껏 몇 년 후에 자신들이 적극 참여하여 유대인들의 권리나 소유권을 약탈하는 데 그치지 않고 한발 더 나아가 이들을 살해하기 위해 강제수용소로 이송하리라고는 상상할 수조차 없었을 것이다. 이런 독일인들이 1941년부터는 이송열차가 떠나는 것을 지켜보았으며, 그중 적지 않은 사람들은 그 사이에 '아리안족 소유로 된' 유대인들의 부엌용품, 거실 장식물, 예술작품들을 구입했고, 몇몇은 유대인들로부터 빼앗은 사업체를 경영하거나 유대인들이 살던 집으로 이사하기도 했다. 그리고 이런 일을 완전히 '정상'으로 생각했다.

생활세계와 이에 속한 규범과 관습이 근본적으로 달라져도 거의 눈에 띄지 않는 이유는 감지할 만한 변화가 생활 현실의 일부분, 아주 작은 부분에만 해당하기 때문이다. 일상의 관례, 익숙한 생활, 제도와 미디어, 생계 수단이 계속 유지되면 아무런 변화도 생기지 않은 것처럼 생각하게 된다. 버스가 운행되고, 비행기가 날며, 자동차는 퇴근길에 정체되고 가게는 크리스마스 때가 되면 장식된다. 이 모든 일은 정상 상태를 나타내고, 알려진 현실은 여전히 유효하며, 자신이 모르는 사이에 완전히 다른 것으로 대체되는 일은 꿈에도 생각하지 못한다.

인간은 역사가 이루어지는 순간에 현재를 체험한다. 사회적 재난은 허리케인이나 지진과는 달리 갑작스럽게 일어나는 현상이 아니라, 거의 지각되지 않는 과정이다. 이 과정은 '붕괴'나 '문명의 단절'과 같은 개념에 의해 추후에 돌발 사건으로 여겨진다. 역사학자들은 사건의 경과를 안 상태에서 어떤 사건의 전개 과정이 재난으로 치닫고 있었는데 왜 아무도 알지 못했는가라는 질문을 제기한다. 이들은 사건의 종말로부터 출발점에 이르는 과정을 역순으로 관찰하며, 회고적 예측가로서 사건이 어떻게 해서 이런 결과, 저런 결과로 이어졌고 또 그렇게 될 수밖에 없었는지를 서술한다. 이로써 그들은 항상 역사적 과정에서 현재 발견할 수 있는 것보다 더 많은 의미를 발견한다.

지식(알고 있는 것)이 증가함과 동시에 무지(알지 못하는 것)도 증가한다. 하지만 지금까지 우리는 칼 포퍼(Karl Popper)에 힘입어, 무지를 지식사회에 대한 지속적인 도전이라기보다는 오히려 낙관주의적으로 해석해왔다. 그런데 메타위기는 우리가 우리 행동의 결과에 대한 엄청난 무지와 여러 전선에서 싸워야 한다는 점을 분명히 보여주고 있다. 지금이 시스템 상으로 변곡점에 와 있는지 아닌지를 동시대인으로서 어떻게 탐지할 수 있을까? 마지막 변곡점은 20년도 채 되지 않았다. 당시에는 누구도 예측하지 못했던 정치적 붕괴가 일어났고 세계의 정치 지형도에 막대한 변화가 일어났다. 서구의 승리가 확정된 것처럼 여겨져 '역사의 종말'이 선언되기까지 했다. 하지만 중국이나 러시아에서 비민주적이면서 자본주의적인 체제가 전개되는 것을 보면, 이런 선언은 성급한 것이었다.

이렇게 본다면, 100년 후의 역사학자들은 민주주의의 몰락이 시작되고 자본주의가 조정되는 시점을 1989년으로 표시하고, 겨우 19년 후에 맞은 전 세계적인 금융위기를 오래전부터 진행되어온 쇠퇴의 첫 단계라고 해석할 수도 있다. 어쨌든 독일의 경우, 지난 60년 동안 잘 지내왔다는 사실만으로 안정화 기대가 정당화되는 것은 아니다. 역사를 살펴보면, 오랫동안 잘 기능해왔던 사회와 문화도 불안정해진 경우가 빈번했다. 그리고 20세기에도 1914년, 1919년, 1933년, 1939년, 1945년, 1989년 등의 사례에서 알 수 있듯이, 사회 변화 과정이 언제든 극단적으로 가속화될 수 있음을 고려해야 한다. 이러한 변화가 항상 좋은 결과를 낳은 건 아니었다.

왜 우리가 아는 것을 행하지 않는가라는 질문에 대한 답은 간단하다. 우선 개인과 사회는 복잡한 지구계와 세계사회에서 해결해야 할 과

116

제와 관심 분야가 너무도 많고 다양하기 때문이다. 즉, 다르푸르의 난민 아이, 오펠 자동차의 숙련공, 엑손모빌사의 CEO 사이에는 어떤 사회적 연속성도 존재하지 않으며, 이 때문에 그들 각각의 행위를 합리적으로 연결할 공통점도 찾기 힘들다. 따라서 우리는 지식(알고 있는 것)에서 행동으로 나아가는 것이 왜 그렇게 어려운지에 대한 답을 찾을 때, 인위적으로 만든 난해한 질문과 상대해야만 한다.[90] 왜냐하면 지식과 실천 사이에는 항상 사회적·심리적으로 서로 충돌하는 일련의 요인들이 존재하기 때문이다. 더 간단히 말하자면, 우리는 파블로프의 조건반사설과 같이 자극에 대해 이미 학습된 반응을 보이는 존재는 아니기 때문이다.

우리는 오히려 도전으로 받아들여지는 것을 극복하려고 노력한다. 다시 말해, 우리는 선택적으로 인지하고, 행동하기 전에 이런 인지를 해석한다. 우리는 대개 단지 개별적인 수단으로 개별적인 해결책을 찾기 때문에 전체적으로 어떤 방향으로 나아가는지를 파악할 수 없다. 게다가 인간의 극복 시도는 결코 물리적으로 이미 부여된 조건과의 순수한 대결이 아니라, 항상 —개인에게 의식되지 않은 채로— 문화적인 형태를 띤다. 이 때문에 '더 나은' 또는 '바람직한' 해결 가능성은 종종 행위자의 정신적인 도달 거리를 벗어나게 되는 것이다. 에드거 앨런 포 (Edgar Allan Poe)의 작품 중에는 도둑맞은 편지에 관한 멋진 이야기가 있다. 이 단편소설에서 도둑맞은 편지는 바로 탁자 한가운데 놓여 있기 때문에 발견되지 않는다. '숨겨진 것을 찾는다'는 발상에 제한되어 편지가 **발견되기 어려운 것이다.**[91] 붕괴되어가거나 붕괴된 사회의 구성원들은 해결책이 명백하게 드러나 있다는 사실을 알지 못하는 경우가 있다. 바이킹족은 물고기만 섭취했어도 당면한 문제들의 대부분을 해결할 수 있었을 것이다.

문화적으로 형성된 이러한 인지 장애는 **바탕 교체**와 인지부조화라는 두 가지 심리학적 현상이 주된 원인이다. **바탕 교체**가 불안을 일으키는 변화 또는 심지어 경계해야 할 정도로 심각한 변화에 대해 주의를 기울이지 못하게 한다면, 인지부조화의 메커니즘은 변화시키기가 매우 어려워 보이는 것을 재규정해 합리화하는 데 도움을 준다. 즉, 인지부조화는 실제로는 위협적이고 절박하게 처리해야 할 문제를 축소하고 은폐한다. 두 가지 인지 또는 사고방식이 대립할 때는 심리적으로 불편함이 유발된다. 이러한 불편함을 없애기 위해 이미 잘못이 드러난 사고방식을 고치기보다는 계속 기존의 방식을 고수함으로써 잘못된 믿음일지라도 일관성을 유지하려는 것이다. 따라서 무관심과 타성이 생기게 된다. 한편으로는 세상을 뒤흔드는 일이 일어나지 않고 상황이 달라지지 않는다는 것을 알게 되고, 다른 한편으로는 인지부조화를 해소하려는 욕구가 작용해 우리의 인지는 사태의 진전에 만성적으로 뒤처지게 되는 것이다. 철학자 귄터 안더스(Günther Anders)는 40년 전 핵무기에 의한 인류의 자기 파멸 위협에 직면해 "우리는 어제 우리 자신에 대해 생각했던 그대로다"[92]라고 썼다. 우리의 태도는 변화된 위협 상황을 따라가지 못하고 있다.

'세계종말에 대한 무지', 즉 미래의 위험을 적절하게 평가해 이를 현재의 행동 지침으로 삼지 못하는 무능 때문에 다음과 같은 불안한 현상이 생긴다. 즉, 한편으로는 ― 과학적으로 볼 때 ― 기후변화로 인한 붕괴 사태가 임박했고 모든 사람들의 생활조건이 중기적으로 크게 달라질 것이라는 점에는 의심의 여지가 없다. 다른 한편으로는 이런 사실을 믿는 사람이 거의 없다. 세상의 종말이 온다는 예언이 틀렸음에도 자신들이 선택받았다는 것을 결코 의심하지 않았던 사이비 종교집단처럼, 자신들의 환상에 현실을 적응시키려는 인간의 능력은 무한하다. 이러한 태도는 도움이 될 경우가 있긴 하지만, 대부분 자기 파멸을 초래한다.

왜 우리는 요지부동인가?

우리는 메타위기가 닥쳐와 겉으로 멀쩡하게 보이는 생활세계를 뒤흔들고 있다는 사실을 오랫동안 파악하지 못했다. 왜냐하면 세계적인 척도에서 볼 때 안락하고 안정된 생활 여건이 마련되어 현재의 당면 문제들과 마주할 필요성을 느끼지 못했기 때문이다. 이것이 아마 현재의 상황에서 가장 놀라운 점일 것이다. 즉, 현재는 ― 제도, 인프라 구조, 부유함, 안식처 등을 통해 ― 현상 유지의 관성을 키워왔다. 이 때문에 모든 것이 정상적으로 진행되고 있다는 잘못된 인상을 가지게 되었다. 시장과 국가를 매개로 하는 현대사회의 개입 능력이 은연중에 심각하게 손상당했다. 만약 이러한 진단이 옳다면, 우리는 이제 현재의 위기 관리 기능에 대한 비판으로 나아가야 한다. 서구 민주주의의 침식 과정에 대한 가차 없는 시각만이, 우리가 알던 세계에서 아직도 구제할 수 있는 것이 있는지에 대한 판단을 가능하게 할 것이다. 그리고 구제할 수 있는 것이 있다면, 그것은 과연 무엇인가.

제3장

현상 유지|Business as usual*
위기극복 대책에 대한 비판

> 부시 정부가 중국의 돈을 필요로 하는 이유는
> 사우디 왕가의 재산을 약간 더 늘리기 위해서였다.
> 석유는 지난 세기의 구식 기술로 제작된
> 비효율적인 기계를 통해 계속 연소되며,
> 과체중인 서구인들은 근처 빵집에 빵을 사러 갈 때도
> 스포츠 유틸리티 차량(SUV)을 몰고 가는 상황에 이르렀다.
> 닐스 밍크마르Nils Minkmar

사회학의 저명한 이론에 따르면, 우리가 알던 세계는 경제, 정치, 문화 그리고 공동체, 이렇게 네 개의 기능체계로 유지되었다.[93] 이런 건고한 체계론은 이제 약효가 떨어진 것처럼 보인다. 체계이론가들과 니클라스 루만(Niklas Luhmann)의 추종자들은 자극 손실을 경고한다. 왜냐하면 자극 손실이 실제 손실을 확대하기 때문이다. 이를 테면 디르크 베커(Dirk Baecker)는 '거대한 조정'을 예찬한다. "사회는 거대한 조정의 테두리 안에서 외부적으로뿐만 아니라 내부적으로도 다양한 환경을 고려하는 법을 배운다. 따라서 교회, 학교와 기업, 관청, 극장과 병원, 정당, 협회와 편집진은 자신들이 행하는 대로 행동할 고유하면서도 충분한 근거를 가진다."[94] 이는 토마스 만(Thomas Mann)에서 헬무트 쉘

---

* 이 표현의 약자인 BAU는 온실가스 감축을 위한 아무런 조치도 취하지 않을 경우 예상되는 온실가스 배출량 전망치를 의미하기도 한다.

스키(Helmut Schelsky)를 거쳐 니클라스 루만으로 이어지는 독일적 전통인 '비정치적인 인간의 고찰(Betrachtung eines Unpolitischen)'처럼 들린다. "이는 결코 결과에 만족해야 한다는 말은 아니다. 오히려 정반대다. 하지만 이는 우리가 어떤 경우든 이러한 기관들과 함께 해야지 이 기관들에 적대적으로 행동할 수 없다는 것을 뜻한다. 사회는 제1 질서의 차원에서는 오점을 남긴다. 사회는 원하는 대로 행한다. 사회의 이러한 활동은 눈에 띄지 않을 때까지 또는 관찰자가 거리를 두고 지켜볼 수 있을 때까지 계속된다. 하지만 사회가 해결책을 찾을 수 있는 것은 오직 제2 질서의 차원에서만 가능하다."[95]

그런데 어떻게 제2 질서의 차원에 이를 수 있는가? 두 가지 환상을 포기함으로써 가능하다. 첫 번째 환상은 우리에게 던져진 문제가 지닌 차원이나 그 진행 과정을 우리가 이미 잘 알고 있다고 생각하는 환상이다. 두 번째 환상은 이 문제를 관찰과 조정 그리고 수정이라는 기존의 전략으로 해결할 수 있다는 환상이다. 이는 잘못된 생각이다. 우리가 메타위기라고 말하는 것이 바로 이런 상태이다. 즉, 체계 그 자체가 위험에 빠져 있는 것이다. 이 때문에 우리는 사태를 보는 준거 틀을 바꾸어야 한다. 모든 위기는 기회가 될 수 있지만, 붕괴를 초래할 수도 있다. 체계이론가들은 대개 '기회'를 고려하지 않고, 좌파 성향의 체계이론가들조차도 위급한 경우에는 이런 기회를 기대하지 않는다. 프리드리히 엥겔스(Friedrich Engels)는 다음과 같이 말했다: "자본주의적인 생산은 안정적일 수 없으며, 성장해야 하고 확장해야만 한다. 그렇지 않으면 자본주의적인 생산은 사멸할 수밖에 없다.…… 이 점이 자본주의적인 생산의 취약한 아킬레스건이다. 자본주의적인 생산의 생존 조건은 지속적인 확장의 필연성이다. 그리고 이러한 지속적인 확장은 이제 불가능해진다. 자본주의적인 생산은 막다른 길로 접어들고 있다."[96]

자본주의는 이러한 이론보다 100년이 넘게 생명력을 유지하고 있다. 하지만 그렇다고 이 이론이 최종적으로 반박된 것은 아니다. 오히려 성장의 한계는 유례가 없을 정도로 명백하게 드러나고 있다. 기후변화만이 걷잡을 수 없을 정도로 확대되어 사회를 붕괴시킬 수 있는 것이 아니다. 앞에서 언급한 티핑포인트는 재난영화의 판타지 세계에서나 볼 수 있었던 위험을 표현하는 것이다. 하지만 티핑포인트는 재난사회학에서 흔히 거론되는 운석보다도 더 현실성이 있다. 푸른 행성 지구를 언젠가는 정상 궤도 밖으로 내던질 수 있는 운석 말이다. 글로벌 환경 변화와 기후변화는 시장, 글로벌 협력, 심지어 민주주의와 같은 모든 사회적 조정 기구에 영향을 미친다. 우리는 2009년 은행과 기업을 구제하기 위해 동원된 절차가 얼마나 탈민주화시키는 방향으로 작용했는지를 분명히 인식해야 한다. 민주주의는 신뢰를 먹고 살며, 신뢰를 상실하면 설 땅을 잃는다. 하지만 이제 불신이 만연해 있다.

시장의 실패

사회적 시장경제는 2008년 이래로 진심어린 애도와 지지를 동시에 받았다. 사회적 시장경제는 프리드리히 엥겔스의 예측과는 달리 영광스러운 시절을 누리기도 했다. 세계은행 수석 이코노미스트였던 니콜라스 스턴은 2008년, 기후변화를 '역사상 가장 큰 시장의 실패'라고 일컬었다. 하지만 그는 기후위기의 시장경제적인 해결책에 대한 신뢰를 잃지 않았다. 기후변화의 경제학은 대체로 다음과 같은 세 가지 특성을 띤다.

- 기후변화의 원인을 화석 에너지의 연소에 기반을 둔 생산 방식에서 찾는다.
- 기후변화에 따른 비용을 계산한다.
- 기후보호의 시장경제적인 도구를 활용한다.

기후변화는 체계 문제를 제기한다. 기후변화의 책임이 자본주의의 파괴력에 있다면, 기후변화를 '체계 내재적으로', 즉 시장경제적인 수단으로 극복할 수 있을까? 우리는 이미 산업생산이 어떻게 지구온난화를 불러왔는지를 설명한 바 있다. 따라서 이러한 과정을 경제사나 사회사적으로 성찰하는 것이 얼마나 중요한지가 강조되어야 한다. 이러한 성찰은 완전히 비역사적으로 변질된 경제학에서는 거의 찾아볼 수 없다. 이 때문에 경제 전문가들의 정책 자문 기능이 계속 평가절하되고 있다. 기후위기와 경제위기는 둘 다 무책임한 조직 때문에 발생한다. 2008년 대량으로 발생한 '불량 채권'은, 미국의 부동산 자산이 지닌 문제점뿐만 아니라 "지구의 재화가 시장으로 진입하는 기본 방식"[97]의 문제점도 드러냈다. 착취와 이윤이 먼저이고, 피해는 안중에 없다. 하지만 우리는 이제 더 이상 자연과 환경을 은행과 같이 취급할 수는 없다. 지금까지 우리는 식량, 물, 자원을 빌려 쓰고 그 빚은 이산화탄소로 갚고 있다. 100년 전에 자연과 환경의 파괴에 따른 비용을 처음으로 고려한 사람은 영국 경제학자 아서 세실 피구(Arthur Cecil Pigou)[98]였으며, 앞에서 언급한 니콜라스 스턴과 같은 권위 있는 인물들이 그 뒤를 잇고 있다.

스턴이 영국 정부를 위해 2006년에 발표한 650페이지에 이르는 방대한 보고서는 기후변화에 따른 비용을 계산해 큰 주목을 끌었다. 이후로 기후변화는 비용으로 표시되고 있다. 즉, 우리가 몇 년 안에 세계총생산의 1~2퍼센트를 기후보호를 위해 지출하지 않는다면, 기후변화로 인해 다음 몇 십 년 안에 세계총생산의 4분의 1 이상을 지불해야 한다. 이 비용은 기후보호를 위한 투자로 감안되기 때문에 큰 희생은 아니다. 재생 에너지와 대안 기술에 대한 투자는 효과를 발휘해 일자리도 창출하고 후진국의 개발도 촉진한다. 따라서 시장체계는 경로를 수정할 뿐만 아니라 심지어 수익을 거둘 수도 있다.

자본주의는 **저탄소 경제**(Low Carbon Economy), 즉 석탄과 석유와 천연가스가 없는 **탈탄소화된** 경제 방식의 가능성을 타진하고 있다. 이러한 경제 방식은 중기적으로 온실가스 배출량을 제로로 이끌고자 한다. 유엔과 여러 국가의 정부들, 유럽연합위원회, 세계경제포럼(WEF), 그리고 심지어는 전력 생산을 위해 석탄을 사용하는 대기업들도 이러한 전략을 따르고 있다. 맥킨지 앤드 컴퍼니는 지구 평균 기온 상승을 2℃ 아래로 제한하는 목표를 실현하기 위해서는 2020년까지 매년 5,300억 유로를 투자해야 한다고 계산했으며, 2030년까지는 연간 투자

액이 약 8,300억 유로에 이를 것이라고 예측했다.[99] 유엔환경계획
(UNEP)은 선진국들에게 매년 국내총생산의 1퍼센트를 탄소배출량이
적고 자원 효율적인 경제에 투자하도록 권고했다.[100] 이 투자를 10년
미루게 되면, '2℃ 상승'을 막으려는 목표 달성이 불가능해질 뿐만 아니
라 미래에 훨씬 더 많은 기후적응 비용을 지출하게 될 것이다.

　이러한 투자는 생태학적인 마셜 플랜이라고 말할 수 있다. 그 재정
은 한편으로는 판매시장 확대와 에너지 절약을 통해서, 다른 한편으로
는 배출권 거래제(Handel mit Emissionzertifikaten; Emission trading)*
에서 얻는 수입을 통해서 확보된다. 주류 경제학자들과 환경정책가들
은 기후위기에서 탈출하는 길을 세금 인상[101]에서 찾지 않고, 또다시
시장경제적인 도구에서 찾는다. 배출권 거래제는 현재 선호되고 있는
환경정책적인 도구로서 유해물질 배출을 가장 낮은 국민경제적 비용을
들여 줄이고자 한다. 이는 다음과 같은 방식에 따라 진행된다. 국가의
입법부는 대체로 국제 협정에 따라 일정 기간에 해당하는 총배출량의
상한선을 설정하고, 이 상한선에 맞추어 자유롭게 거래할 수 있는 환경
인증서를 교부한다. 다른 환경세들과는 달리 배출권 거래제는 양적 상
한선으로써 통제하는데, 지배적인 견해에 따르면 오염물질 감축 비용
을 기준으로 삼는 방법보다 생태학적으로 더 효율적이다. 초과 배출한
만큼 배출권을 추가로 구입하지 않는 자에게는 과징금이 부과된다. 따

* 배출 상한선을 정하기 때문에 '배출 상한 설정 및 배출권 거래제(cap and trade)'
라고도 한다.

라서 에너지 절약 또는 에너지 효율화를 통해 배출량을 감소시켜야 한다는 경제적 동기가 생기는 것이다. 배출권 거래제가 겨냥하는 효과는 다음과 같다. 배출권 거래제는 오염물질을 배출할 수 있는 권리를 사고 파는 제도다. 어떤 기업은 직접 오염물질을 줄이는 데 드는 비용보다 다른 기업으로부터 배출권을 구입하는 것이 더 싼 경우도 있다. 기업의 형편이나 업종별 특성에 따라 오염물질을 더 이상 줄이기 어렵거나 오염방지 시설에 투자하기가 어려운 경우가 있기 때문이다. 초과 배출한 만큼 배출권을 추가 충당하지 않는 기업에는 과징금이 부과된다. 이런 과정이 반복되면 시간이 경과하면서 배출 상한선은 점점 낮아지고, 이에 따라 배출량은 감소하게 되는 것이다. 배출권 거래는 관리가 단순하고 효율적이며 기술적으로 최상의 해결책이 단시일에 마련될 수 있기 때문에 오염물질의 상한선을 정하는 방법보다 선호된다. 배출권 거래제의 전제는 다음과 같다.

- 배출권은 경매로 거래되어야 한다(정치적인 고려에 따라 분배되어서는 안 된다).
- 배출 상한선이 지켜져야 하며, 배출권 거래는 개별 부문들(예를 들어, 발전소와 산업)에 선별적으로 적용되지 않고 모든 배출 유발자(예를 들어, 교통과 건물)에 적용되어야 한다.
- 배출권 거래는 에너지 생산을 재생 가능하고 탈중앙적인 기술로 전환시키는 자극제가 되어야 한다.
- 끝으로 지역 차원의 거래 시스템은 지구적 차원의 거래 시스템과 연결되어 조화를 이루어야 한다.[102]

배출권 거래제가 제 기능을 발휘한다면(현재는 기대에 못 미치고 있다), 자본주의적인 시장경제는 큰 피해 없이 위기를 넘길 수도 있다. 바로 가격을 통한 조절이라는 자신의 장점을 살릴 수 있기 때문이다.

스턴의 계산 방식에 대해 몇 가지 세부적인 비판이 있긴 했지만,[103] 어느 누구도 자본주의의 이러한 실질적인 자기 계몽의 가능성에 대해 의심하지는 않는다. 현재까지는 시장 외부로 전가되었던 환경 피해가 배출권 거래제를 통해 생산과 용역의 비용으로 편입됨으로써 시장경제는 이전의 경제활동의 문제점을 고쳐 나가고 있다. 시장경제는 전체적으로 고효율적인 생산 체제가 갖는 국부적 효율성 결핍을 극복할 수 있을 정도로 학습 능력이 있다. 그리고 시장경제는 '3차 산업혁명'의 도움으로 수렁에서 빠져 나올 수도 있다. 이미 환경보호와 지속가능성 같은 사회적 규범을 표방하는 그린마켓(green market) 프로젝트도 가시화되고 있다.

스턴은 사람들이 민감하게 반응하는 '지갑'에 호소함으로써 정치계와 여론이 이해할 만한 언어로 말한다. 이를 테면 나중에 더 비싸지기 전에 지금 지불하자는 식이다. 스위스재보험(Swiss Re)과 더불어 세계 최대 규모의 재보험사로 손꼽히는 뮌헨재보험(Münchener Rück)도 2008년에 발생한 재난들의 대부분을 기후 영향 탓으로 돌리면서 이와 유사한 주장을 펼쳤다.[104] 뮌헨재보험의 이사인 토르스텐 예보렉(Torsten Jeworrek)은 다음과 같은 세 가지 결론을 내렸다.

"우리는 핵심 사업에서 리스크를 떠맡을 경우, 리스크에 상응하는 가격으로만 계약한다. 따라서 위험 상황이 변화되면, 가격 구조도 이에 맞춘다. 둘째, 우리는 전문가들과 함께 기후보호 조치와 적응 조치와 관련해 새로운 사업 가능성을 열고 있다. 셋째, 우리는 기후변화를 억제해 후세대가 통제하기 힘든 기후 시나리오로 고생하지 않도록, 국제 토론에서 이산화탄소 배출을 통제하는 효과적이고 구속력 있는 규정을 마련하고자 노력할 것이다."[105]

기후변화를 가격으로 환산하는 것, 즉 시스템에 맞는 조정과 시스템을 안정시키는 새로운 사업 가능성을 결합하는 것은 기후변화를 더 피부에 와 닿게 한다. 이는 심리적으로 이득이다. 자연과학자들의 기후 예측은 너무도 추상적이었다. 이제 구체적인 가격과 재보험사의 명확한 행동 지침이 관건이다. "코펜하겐 기후정상회의에서는 2050년까지 온실가스를 최소한 50퍼센트 감축할 수 있는 방안이 마련되어야 한다. 너무 오랫동안 주저하면 미래 세대가 매우 비싼 대가를 치르게 될 것이다."[106]•

기후보호의 정치경제학

여론조사에 따르면, 자본주의는 이전에 누렸던 영광과 신뢰를 크게 상실했다. 지난 20년 동안 자본주의의 선구적 사상가들은 자신들이 사

• 그러나 2009년에 열린 코펜하겐 기후정상회의에서는 2050년까지의 온실가스 감축량 목표를 정하는 데 실패했고, 구속력 있는 감축안 마련도 다음 총회로 미뤄져 실패했다는 평가를 받았다.

회주의와의 체제 경쟁에서 최후의 승자가 되었다고 생각했다. 그런데 처음에는 놀라움을 감추지 못했고 또 기뻐하기조차 했던 대중은, 이제 사회주의를 '역사적으로 낡았다'고 생각할 뿐만 아니라 그 적인 자본주의도 마찬가지로 낡았다고 말하고 있다. 알려진 대로 산업 발전 과정에서 자본주의보다 자연과 인간을 더 심하게 착취한 '현실 사회주의'의 붕괴 이후로, 어떤 다른 대안도 존재하지 않는다. 하지만 마거릿 대처(Margaret Thatcher)의 유명한 티나(TINA)* 명제는 진부하다. 사회주의의 결함이 노출된 상황에서, 자본주의에 대한 비판가들도 자본주의가 투기꾼들을 이겨내고 마치 잿더미에서 살아나는 불사조처럼 위기를 극복해 부활하기를 희망하고 있다.

개별적인 탈선에 대항해 '총자본의 이해관계'[카를 마르크스(Karl Marx)]를 관철시키고 위기 국면을 '창조적 파괴'로 이용할 줄 아는 자본주의의 자기비판 능력은 붕괴이론의 주장을 무력화해왔다. 금융위기 초기에는 순진한 상태에서 놀랐고 상황 파악이 되지 않아 반발감만 가득했지만, 이제는 자본주의의 영민한 옹호자들이 쇄신 효과를 노리며 자기 반성적인 국면으로 접어들었다.[107]

비록 자본주의가 대안이 없다고 할지라도, 우리는 환경위기 및 기후위기와 관련해 시장과 신자유주의적인 경제정책의 막대한 실패를 명확하게 파악해야 한다. 자기 구제를 위한 중요한 전제는, 지속가능성을 견지하는 정치경제학 그리고 시장을 사회적 관계망과 제도 속으로 재

---

* There Is No Alternative. 대처가 주장한 "대안은 없다"의 첫 글자를 딴 약어이다.

편입시키는 정책이다. 이러한 전제가 마련되면 경제학은 다시 문화과
학으로서 이해될 수 있을 것이다.[108] 따라서 사회인류학자 칼 폴라니
(Karl Polanyi)의 개념인 '배태성(Embeddedness)'*이 다시 시의성을 띠게
된다. 1944년 출간된 고전 『거대한 전환(The Great Transformation)』의
저자인 폴라니는 근대사에서 두 개의 거대한 경제적인 조직 원칙이 작
동한다고 보았다. 그중 한 가지 원칙은 자기 조정적인 시장이 누리는 고
삐가 풀린 자유, 다시 말해 모든 비경제적인 관련성으로부터 시장의 '일
탈(Entbettung)'을 지향한다. 다른 원칙은 시장의 자기 파괴적인 영향을
제한하려고 한다. 폴라니는 경제가 합리적으로 계산하는 개인들이 시장
가격을 매개로 통합된 교환체계일 뿐만 아니라, 사회적 관계망, 가계 그
리고 동업조합들을 매개로 항상 호혜성의 패턴을 드러내고, 국가와 같
은 정치조직을 매개로 재분배의 패턴도 보여줌을 상기시키고 있다.

　이에 비해 현재의 지배적인 경제 독트린은 현실과 동떨어져 있고,
독단적이며 체제순응적이다. **현실과 동떨어져 있다는** 말은, 경제 독트
린이 실제적인 경제생활과는 전혀 상관이 없는 구름 속 뻐꾸기 둥지 같
은 곳에서 경제를 측정한다는 뜻이다. 합리적 경제인(homo econom-
icus)**이라는 인간상은 경제도 문화에 편입되어 있다는 점을 무시하거

---

* 근대 이전에는 경제가 자연과 사회 속에 묻혀 있었지만, 근대에 들어 경제가 자연
　과 사회로부터 독립해 스스로 움직이는 자율성을 갖게 되었다. 폴라니의 이 용어
　는 '배태성' 또는 '묻어 들어 있음'을 뜻하며, 경제가 자율적인 형태로 존재하고 있
　지 않은 상태를 가리킨다.
** 자기 자신의 행복에만 관심이 있고, 주어진 조건 아래서 언제나 최소의 비용으로
　최대의 성과를 얻으려고 노력하는 사람을 말한다.

나 심지어 분명히 거부한다. 게다가 경제이론은 **독단적**이다. 왜냐하면 자신의 영역 바깥에서든 내부에서든 반대되는 주장을 대개는 검증도 해보지 않은 채 물리치기 때문이다.[109] 앞으로 경제적으로 성공하려는 자는 '**합리적 인간**'이라는 세계상을 더 이상 '현실주의'로 포장해서는 안 된다. 금융위기는 단순히 경제사적인 단절을 의미하는 것이 아니라, 흔히 통용되는 결정론을 대체하고 인간의 리스크 행위를 검토하게 하는 심각한 문화적 단절을 의미한다. 끝으로 주류 경제이론은 **체제순응적**이다. 왜냐하면 이 이론은 연구 대상인 자본주의 경제에 대해 비판적 거리를 두기는커녕 오히려 끊임없이 대변하고 있다.[110]

이 세 가지 성향으로 인해 생긴 결과가 경제학의 취약한 진단과 예측 능력이다. 이 때문에 경제학은 정책 자문과 일반적인 토론에서 무용지물이 되고 있다. 원래 경제학은 사태가 예측과는 다르게 전개된 이유를 밝히는 데서 장점이 드러난다. 경기가 좋았을 때는 상황이 예측과 다르게 진행되고 있어도 눈에 띄지 않았다. 따라서 '합리적인 기후정책'을 위한 조언을 펼치며 '시장의 자유'를 국가 차원의 금지나 법령으로 방해하지 말라는 주문을 외치는 모든 제안에 대해서는 조심스럽게 접근해야 한다.[111] 경제적인 고려가 바탕에 깔려 있고 사회문화적으로 각인된 기후정책은 일단 경제이론과 경제정책이 초래한 경로의존성에서 벗어나야만 한다.

이러한 관점에서 우리는 기후보호의 정치경제학을 다시 한 번 살펴볼 수 있을 것이다. 유해물질 배출량을 제한하기 위해서는 원칙적으로 상한선의 정책적 규정, 환경소비 비용을 고려하는 세금 인상, 배출권 거래제와 같은 세 가지 가능성이 존재한다. 이미 말한 바 있듯이, 배출권 거래제는 시장 논리에 따르는 것으로 기술 진보에 유리하며 관리가 쉽다. 하지만 악마는 항상 디테일에 숨어 있는 법이다. 아직도 배출권 거래제는 온실가스 감축을 위한 가장 효율적인 수단임을 증명하지 못하고 있다. 경제학자 한스-베르너 진(Hans-Werner Sinn)은 가격인하 효과가 의도와는 달리, 심지어 유해물질의 전 지구적인 증가를 초래할 수도 있다는 '녹색 패러독스'를 지적한 바 있다. "녹색정책이 점점 더 확대될지도 모른다는 불안 때문에 화석연료의 공급이 줄어들기는커녕 오히려 증가하고 있다."[112]

다른 비판자들은, 대기와 같은 전 지구적 공공재가 거래 가능한 오염물질 배출권으로 변화된다는 메커니즘에 근본적인 의문을 제기한다. "유해물질 배출을 없애려다 배출권 거래를 위해 유해물질을 배출할 수밖에 없는 시스템이 만들어진다.…… 화석 에너지원을 덜 소비하고, 화석 에너지가 없는 경제로 옮겨가며 재생 가능한 에너지원으로 전환하는 것은 배출권 거래제를 추진하는 사람들의 안중에 없다. 따라서 배출권 거래제는 기후정책 면에서 만족스럽지 못한 수단이다. 돈이 개입되는 메커니즘은 바람직하지 않다. 왜냐하면 화석 에너지가 없는 경제로 옮겨갈 경우 지하에서 보존되어야 할 자원이 이제 자본으로 평가절하되기 때문이다."[113] 그 결과 이산화탄소 배출을 억제하기 위한 개인적인 에너지 절약이 에너지 공급자에 의해 거래 이익으로 바뀌게 된다. 이는 에너지 공급자가 오염물질 배출권을 더 적게 구입해야만 하거나 혹은 더 많이 판매할 수 있다는 것을 의미한다. 당신의 좋은 의도 때문에 사용되지 않은 에너지를 누군가가 다른 방식으로 소비하는 것이다. 시장은 이렇게 돌아간다.

성장이 불가피하다고?

'성장'이라는 개념과 결부된 표상세계는 우리의 사회적인 생활과 개인적인 생활을 관통하고 있다. 개인이 자신에게 주어진 과제를 해결하면서 '성장'하듯이 — 이런 성장이 평생 동안 이어진다면 정말 좋을 것이다 — 사회와 이 사회를 이끄는 경제는 끊임없이 팽창해야 한다. 그렇지 않으면 사회는 쇠퇴하고 만다(자본주의를 자전거에 비교하기도 한다. 멈추면 넘어지는 자전거 말이다). 사적으로 이용되는 주거 공간은 부유한 국가에서는 계속 증가하고, 늘어나는 육류 소비는 개발도상국의 경제발전을 확인하는 증거로 통용되며, 자동차의 엔진과 차체는 점점 더 커지고, 도시의 시장은 자기 도시로 날마다 통근하는 직장인들의 숫자에 우쭐해한다. 원하지 않는 사고와 파괴, 심지어 원전 사고나 지진조차도 경제성장의 지표가 되는 국내총생산(GDP)을 증대시킨다.[114] '성장'이라는 개념은 마법적이고 유사종교적인 성질을 지니고 있다. 따라서 심지어 경기침체조차도 '소극적 성장'이라 말할 정도이다. 경제성과가 6퍼센트 내지 7퍼센트 축소되면 금기를 깨뜨린 것처럼 취급당한다. 그리고 실제로 자본주의를 자전거에 비교하는 이론은 너무도 자명한 것으로 받아들여져서 어느 누구도 타당성에 대해 의심하지 않고

134

있다. 하지만 이러한 타당성은 경제학적으로나 생태학적으로 설득력이 없다.

생산력이 산업화에 이르기까지 매년 0.05퍼센트 정도만 증가한 사실은[115] 오늘날 매년 5퍼센트 이상의 성장을 목표로 하는 성장경제학의 핵심 논거로 통한다. 하지만 자본주의 경제학에서도 성장 패러다임은 단지 부분적으로만 통용된다. 경제가 성장하더라도 다른 산정 요소인 인구는 감소하며, '일자리 없는 성장'은 주식시장을 열광시키면서도 임금 부대 비용이 증가하면 주식시장은 불안해진다. 대량실업 문제와 마찬가지로 전 세계적인 빈곤 문제도 세계경제의 성장으로 해결되지 못했다.[116] 이 역시 성장이 단지 부분적인 영향만을 미치고 있다는 사실을 나타낸다. 경제가 성장하면 시장 참여자의 매출과 이익이 증가한다. 하지만 복지 수준이나 노동 규모가 자동적으로 증가하는 것은 아니다. 성장지표인 국내총생산(GDP)은 수십 년 전부터 비판받고 있긴 하지만, 경제학의 분석이나 공공 토론에서 빼놓을 수 없는 산정 요소이다. (예를 들어 환경 피해와 같은) 비용을 외부로 전가하는 것과 자본주의 경제의 특징인 이윤의 사적 점유는 성장 수치가 신빙성이 없음을 드러낸다. 어쨌든 성장 수치는 생활이 개선되었는지 여부에 대해서는 아무것도 말하지 않는다. 유한한 세상에서 무한한 성장은 불가능하다. 그럼에도 무한한 성장이 가능하다고 생각하는 것은 우리의 아비투스가 어떤 환상을 불러오는지를 보여줄 뿐이다. 성장은 경제학의 카테고리가 아니라 시민종교적인 카테고리에 지나지 않는다.

성장에 대한 종교적인 맹신은 종교의식의 특징(사제, 의식, 계율, 금

기, 원죄와 벌 등)을 지니고 있다. 금융위기나 경제위기와 같은 사태로
이러한 종교적인 맹신이 무너지면, 성장 맹신론자들은 이를 레온 페스
팅거가 인지부조화 이론을 설명하기 위해 언급했던 위스콘신 주의 사
교집단처럼 일종의 '시험'으로 해석할 뿐이다(94면 참조). 예언이 틀릴
경우, 신자유주의는 자신의 지지자들에게 자신들의 믿음이 잘못이었다
고 인정할 기회를 주기는커녕 오히려 전보다 더 열렬하게 믿게 만든다.
자본주의는 이 위기도 극복할 것이라는 식으로 말이다.

경제 형태는 이러한 종교적 헌신의 단계에 들어서면, 그린란드 바이
킹족의 젖소 사육과 마찬가지로 제 기능을 발휘할 현실적인 조건들로
부터 멀어진다. 따라서 경제 형태는 세속화되어야 하고 탈신성화되어
야 하는 것이다. 경제적으로 세속화된 사회만이 기후변화와 다른 미래
문제들에 적절하게 대처할 수 있다. 왜냐하면 세속화된 사회에서는 성
장에 대한 맹신이나 이에 입각한 전문가 집단이 아무런 역할을 할 수
없기 때문이다.[117]

'질적 성장'을 추구하는 북반구의 선진국들도 에너지 소비, 자원 소
비, 농산물 소비, 수송량과 교통량 그리고 배출량을 크게 줄여야 한다.
아이러니컬하게도 오늘날 온실가스 배출량 감축은 세계무역과 세계경
제가 정체되거나 위축되는 드라마틱한 위기 속에서만 가능하다. 2009
년의 경우 경제 규모가 8퍼센트 정도 축소되었지만,[118] 모든 경제연구
소들은 세계경제 성과가 다시 2퍼센트 이상 증가할 날만 열망하고 있
다. 만약 이렇게 된다면 3℃ 정도 더 기후온난화가 진행될 것이다.

녹색 회생 또는 녹색 자본주의가 도래하는가?

"이번 주 유럽에서 미국 뉴욕에 도착한 두 대의 증기선이 전한 소식에 따르면, 투기와 주식 도박의 궁극적인 붕괴가 다음 순서로 미루어진 것처럼 보인다. 대서양 양쪽의 사람들은 마치 피할 수 없는 무서운 운명을 예감이라도 한 듯이 본능적으로 그런 붕괴를 기다리고 있다. 다소 지체되기는 하겠지만, 붕괴의 조짐은 확실하다. 현재의 금융위기가 지닌 만성적인 성격은 사실상 이 위기가 더 격렬하고 재앙적인 결과를 낳으리라 예고하고 있다. 위기가 오래 지속될수록, 결산은 더 나빠질 것이다. 유럽은 현재 거의 파산자의 상황에 놓여 있다. 파산자는 온갖 노력을 다해보지만 그런 노력이 오히려 자신을 파멸의 구렁텅이로 몰아넣을 뿐이고, 최후의 무서운 파산을 유예하고 막으려는 일념으로 가능한 모든 수단을 동원해보지만, 결국에는 절망적인 상황에 이를 것이다."[119]

마치 2008년 금융위기에 대한 논평처럼 읽히는 이 글은 약 150년 전에 카를 마르크스가 썼다.* 2009년에는 경제위기가 얼마나 심각한지 드러났다. 국제통화기금(IMF)과 OECD, 그리고 각 국가의 연구소들은 전 세계적인 제로 성장, 특히 주요 산업국가들의 경제활동이 4~7퍼센트 후퇴할 것이라고 전망했다. 특정 부문에서는 산업생산이 30퍼센트 이상 줄어들고, 그로 인한 실업률의 상승은 2010년과 2011

* 카를 마르크스가 1856년 11월 21일에 영어로 작성하여 당시 우편선으로 뉴욕으로 보내 ≪뉴욕 데일리 트리뷴(New-York Daily Tribune)≫에 12월 6일 자 사설로 게재된 기사이다.

년 초에 정점을 찍고, 결국 두 자리 숫자에 이르게 된다. 이렇게 되면 공공 재정과 사회복지 재정에 미칠 영향은 추산조차 할 수 없을 정도가 된다.

이러한 전망으로 인해 사상 유례가 없는 엄청난 자금이 경기부양을 위해 투입되었다. 약 3조 달러가 전 세계적으로 2009년과 2010년에 맞추어 경기부양 프로그램에 배정되었다. 이 수치는 세계경제포럼과 국제에너지기구의 추산에 대비되는데, 이 두 기관에 따르면 세계 기후의 위협적인 변화를 피하기 위해서는 매년 5,150억 달러가 투자되어야 하며, 새로운 청정에너지 기술을 설비하기 위해서는 2050년까지 총 450억 달러가 투자되어야 한다.[120] 따라서 대전환을 위해 필요한 돈이 낭비되느냐, 아니면 경기부양책을 통해 경제와 에너지 시스템을 재편할 기회를 자본이 이용하느냐 하는 양자택일이 우리 앞에 놓여 있다. 이로써 자본주의는 스스로 새 길을 찾을 때에만 구제될 수 있다는 역설적인 결론이 나온다. "녹색 회생, 아니면 회생 불능"(Green Recovery, or No Recovery)이라는 공식은 바로 이런 상황을 가리킨다. 모든 환경자원을 지속적으로 사용하면, 마치 환자의 죽음이 암세포도 죽게 만들듯이 결국 자본주의는 붕괴되고 말 것이다.

2050년까지 전 세계적으로 요청되는 감축량(1990년 기준)	유럽연합의 경기부양 프로그램에서 녹색 부문에 의한 배출량 절감[121]
50~80퍼센트	0.44퍼센트

국가 차원의 경기부양 패키지는 두 가지 기능을 담당한다. 첫째,

대량 실업을 막기 위해 투자 동기를 신속하게 진작시킨다. 둘째, 민간 투자를 자극하여 자기 주도적인 성장을 이끈다. 이런 관점에서 기후변화 대응 조치와 에너지 효율성 조치는 경기부양 프로그램에서 '녹색 투자'의 중점으로 평가되어야 한다. 이 조치들이 신속하게 작용할까? 이 조치들이 일자리를 만들까? 또 이 조치들은 지속가능할까? 이 세 가지 질문에 대해서는 "예"라고 답변해도 된다. 그런데 문제의 핵심은 이 조치들이 경기 진작과 더불어 산업구조를 전환시키고, 모든 분야에서 요구되는 저탄소 경제의 길을 틀 수 있다는 점이다.

2009년에서 2010년으로 이어지는 기간의 '녹색' 투자는 에너지 효율성, 특히 에너지 소모형 건물의 개량, 나아가 철도 노선의 확충, 재생 가능 에너지 지원, 폐기물 관리와 물 공급 등에 치우쳤다. 이에 반해 환경보호와 생물다양성 보호는 극히 적은 부분을 차지하고 있다. 그런데 예상을 깨는 놀라운 선도자는 한국이었다. 2009년 1월 한국은 '저탄소 녹색성장 기본법'을 마련했다. 이 법안으로 2012년까지 50조 원(360억 달러)의 재원이 지출된다.[122] 이는 2009년 한국의 국내총생산(GDP)의 3.5퍼센트에 해당하며, 유엔환경계획이 녹색 경기부양 프로그램을 위해 추천한 기준인 2.5퍼센트보다 훨씬 더 높은 수치다. 이 중 260~280억 달러가 "재생 가능 에너지 및 에너지 효율성" 부문과 "폐기물과 폐수 처리, 대기환경 관리"에 투입될 것이라고 한다. 다시 말해 경기부양 패키지의 3분의 2 이상이 '그린' 투자에 대한 지출이다. 이와 관련된 한국의 가장 중요한 프로젝트들은 다음과 같다.

- 공공건물에서의 에너지 효율성 증대
- 자동차 기술에서의 재생 가능 에너지와 에너지 효율성 증대
- 철도 선로와 근거리 공공교통망의 확충
- 친환경적인 생활공간 디자인
- 하천과 숲의 복구
- 중소 규모 댐 건설
- 재활용
- 환경보호 정보의 확산을 위한 국가적 인프라 구축 등

한국 정부는 추가로 7,220만 달러의 재생 가능 에너지 펀드를 조성하고, 민간 투자도 촉진할 계획이다.[123] 이로써 2009년에 약 14만 개의 일자리를 기대하고, 특히 건설 부문에서 2013년까지 약 96만 개의 일자리가 생길 것으로 추정하고 있다.[124]

한국은 이러한 경기부양 패키지로써 일종의 **그린 뉴딜 정책**(Green New Deal)*을 펼치고 있으며 경기부양 프로그램을 통해 생태학적 효과와 경제적 효과를 동시에 노리고 있다. 한국의 사례에서 다른 나라들이 교훈을 얻는다면, 그것은 위기에서 승리하는 법을 배우는 것이

---

* 녹색산업 지원을 통한 일자리 및 시장창출 계획을 말한다. 1930년대 미국 프랭클린 루스벨트 전 대통령이 사회간접자본에 투자해 대공황을 극복했던 '뉴딜' 정책과 유사하게 2008년 세계경제위기를 극복하기 위한 국가적 대응책이다. 그린 뉴딜은 신재생 에너지 산업 등 환경산업에 대한 대규모 공공투자로 경기부양과 일자리 창출을 목표로 한다.

녹색 회생 또는 녹색 자본주의가 도래하는가?

아닐까? 그러나 독일은 그렇지 않다. 독일은 사실 다른 유럽 국가들에 비해 기후보호 노력에서 훨씬 앞서 있다. 온실가스 배출량 21퍼센트 감축이라는 교토 협약의 목표치 달성이 확고하며, 나아가 재생 가능 에너지에 대한 강력한 지원 정책은 독일이 풍력 및 태양광 에너지 분야에서 전 세계적으로 수위를 달리는 데 일조하고 있다.[125] 이런 점에 비춰 볼 때, 지난 두 번의 경기부양 프로그램(2008년 11월의 315억 유로 및 2009년 1월의 500억 유로)은 완전히 실망스럽다.

독일의 경기부양 패키지는 최대 15퍼센트만 녹색 부문에 할당하고 있다. 이 중에서 에너지 소비형 건물의 개량 경비가 대부분을 차지하고 있고, 에너지 절약을 통해 장기적으로 재원이 마련되어 재투자될 수 있을 뿐이다. 반면, 재생 가능 에너지 부문(특히 풍력과 태양광)에 대한 투자는 이 경기부양 패키지에서는 언급되지 않고 있다. 이에 반해, 대중교통이 아닌 자가용을 운전하는 개인교통에 집착하고 있는 불합리한 점도 확인된다. 도로 건설과 유지 보수와 같이 환경과 기후 정책 면에서 퇴행적인 **반생산적**(kontraproduktiv) **조치**와 '폐차보조금'을 통한 자동차산업에 대한 노골적인 지원 정책도 문제점으로 지적할 수 있다. 독일 정부는 거센 비판에도 불구하고 미래에 유익한 선택 대신 미래에 적대적인 선택을 했다.[126]

독일연방정부 지구환경변화 학술자문위원회(WGBU)의 연구에 따르면, OECD 국가들은 경기부양책을 통해 저탄소경제로 진입할 수 있는 기회, 다시 말해 두 마리 토끼를 한꺼번에 잡을 수 있는 기회를 놓치고 말았다. 이 국가들은 세금 감면이나 보조금 지급 또는 이전금과

독일의 경기부양 프로그램 조치들(2008/2009)

단위 : 유로

기후정책 지원형 조치		기후정책 방해형 조치		중립 성향의 조치	
에너지 소모형 건물의 개량/에너지 효율적 건축의 촉진	32억 (3.9%)	신차 등록시 자동차세 면세	5억 7천 (0.7%)	세금 부담 감면	308억 7천만 (37.9%)
혁신적 엔진의 개발 분야에 대한 연구	5억 (0.6%)	도로 건설 (장거리 도로망, 주차장)	18억 (2.2%)	시민과 기업에 대한 특별 감면 조치	175억 7천만 (21.6%)
공공적 성격의 개인 근거리 교통망 (ÖPNV)	20억 (2.5%)	'폐차보조금'	50억 (6%)	수로 건설	7억 8천만 (1%)
철도망 건설	13억 2천만 (1.6%)			'지자체 미래투자'프로그램	133억 3천만 (16.4%)
복합 운송망	1억 (0.1%)				

자료: Nils Meyer-Ohlendorf u. a., *Konjunkturprogramme in Deutschland, Großbritannien, Südkorea und USA. Kurzexpertise für den Wissenschaftlichen Beirat der Bundesregierung Globale Umweltveränderungen* (WBGU) (Berlin, 2009); HSBC, *A Climate for Recovery—The Colour of Stimulus Goes Green*, o. O. 25. 2. 2009 (modifiziert).

같은 기존의 관행만 되풀이했다. 한국을 제외하고는 어떤 국가도 진정한 '그린 뉴딜 정책'에 성공하지 못했다.* 하지만 그럴 기회는 실제

---

* 저자들이 이 책을 집필할 때는 한국에서 이명박 정부가 대운하 건설을 공약으로 내걸고 당선된 시기였다. 당시 저자들은 이명박 정부가 약속한 '그린 뉴딜 정책'을 호의적으로 평가했다. 하지만 이명박 정부는 대운하 사업에 대한 국민들의 반대가 거세지자 대운하 사업 대신 4대강 사업을 진행했다. 총 22조 2,000억 원의 예산을 투입해 수자원 확보, 기후변화에 따른 가뭄의 예방, 수질 개선, 홍수 피해 예방 그리고 일자리 창출 등을 사업의 목적으로 내세웠지만, 확보한 수자원은 사

로 존재했다. 가령, 미국의 경기부양 조치의 배출량 감축 효과는 1퍼센트 정도로 평가된다. 만약 경기부양 패키지가 전적으로 재생 가능 에너지와 에너지 절약에 맞춰졌다고 가정한다면, 6퍼센트 정도의 배출량 감축에 성공할 수 있었을 것이다.[127] 결국 수십억 유로에 이르는 자금이 별로 영양가 없는 효과만 남긴 채 낭비된 셈이다. 이 자금이라면 화석 에너지에 의존하는 생산 시스템에서 벗어나는 데 유용하게 사용될 수 있었는데 말이다. 하지만 이제는 그럴 여유 자금이 존재하지 않는다.

배출량 거래 문제가 아직 미해결 상태이고 경기부양 프로그램이 실제 시스템 전환에 미친 영향이 매우 적다는 점을 감안한다면, 자본주의 체제는 기후정책적으로 새로운 안목을 가지고, 시장의 실패를 수정하여 미래 역량을 갖출 수 있는지를 입증해야 한다. 우리는 이제 기후에 특별히 위협이 되는 자동차산업에서 이러한 문제를 다루고자 한다. 자동차산업은 2008년 이전에 이미 심각한 위기에 봉착했고 현재까지 '새로운 방향 설정'에 실패하고 있다.

용할 곳이 불분명하고, 보 건설과 준설로 인해 하천 생태계가 파괴되었으며, 강물의 흐름을 막아 녹조 발생을 부추겨 오히려 수질을 악화시켰다는 비판이 제기되었다. 2014년 12월 23일에 '4대강 사업 조사·평가위원회'는 "일정 부분 성과를 거두었으나 일부 보에서 누수가 발생했고 수질·수생태계의 변화와 하상 변동 등 일부 부작용이 나타나고 있다"고 밝혔다. 저자들이 이 책의 한국어판 서문에서 밝히고 있듯이 유럽연합 국가들과 한국은 '저탄소, 녹색성장' 전략을 제대로 실행하지 않았고, 한국의 그린 뉴딜 정책도 국책사업이라는 미명하에 무분별하게 자연 생태계를 파괴한 사례가 될 가능성이 크다.

동원 해제: 경기 촉진이 아니라 전환 프로그램을!

"칼을 쟁기로!"라는 말은 세계사에서 최초로 제안된 전환(Konver-sion) 프로그램의 구호였다. 이 제안은 알다시피 그다지 성공적이지 못했다. 그래도 어느 정도 성공을 거둔 부분은 냉전 말기 캘리포니아 군수산업의 재편이었다. 침체에 빠진 군수산업체는 다국적 전자기업으로 변신했다. 구동독 지역도 전 지역에 산재했던 군산복합체의 무기기술을 해제해 민영화한 경험이 있다. 그러나 이 과정도 순조롭게 진행되지는 않았다. 구조 변동(Strukturwandel)이라는 단어는 과거 독일 중화학공업의 상징인 루르 공업지대, 브레멘과 브란덴부르크 지역에서도 좋은 이미지를 남기지 않았다. 그런데 이제 새로운 동원 해제(Demobilisierung)가 고지되고 있는데, 이번 경우는 해제 범위가 더 깊고 광범위하다. 바로 곤경에 처한 자동차산업이 문제이다. 금융위기 초기에 자동차산업의 강자들은 기존의 관례대로 자만하는 모습을 보였다. 무엇보다 포르셰는 매출액보다 더 많은 이익을 올리는 놀라운 성과를 거두었다. 사실 이러한 성공은 멋진 자동차를 통한 것이 아니라 금융시장에 대한 투기에 힘입었다. 포르셰 사장 벤델린 비데킹(Wendelin Wiedeking)은 자축 파티까지 열었지만 결국 쓰라린 대가를 치르고 말았다.

자동차산업에 대한 기후정책적인 조치가 착수되자, 자동차업계는 로비스트 부대를 브뤼셀과 베를린으로 파견하여 유럽연합의 기후 법안을 저지하기 위해 총력전을 펼쳤다. 이러한 노력이 어느 정도 성공을 거두긴 했지만, 세계 정상을 자부하는 독일의 자동차업계는 이로써 자신들의 후진성을 드러냈을 뿐이다. 왜냐하면 그들은 연료를 절감하거나 전기로 가동되는 중소형차 개발을 등한시했기 때문이다. 대신 그들은 투자 실패와 혼란에 휩싸였다. 어떤 업체는 너무 비싼 호화 브랜드를 내세웠고, 다른 업체는 디트로이트에서 투자에 실패했으며, 또 다른 업체는 최대주주 자리를 둘러싸고 기 싸움을 벌이거나 노조를 회유하려고 섹스 관광을 보냈다가 구설수에 오르기도 했다.

자동차 운행을 — 머지않아 23억 대가 운행될 것으로 추산된다 — 중단시키려는 자는 그야말로 문화 혁명을 추구하는 셈이 된다. 자동차가 지니는 체계적이고 상징적인 힘 때문에, 정치가와 일반 소비자가 자동차를 대체하는 교통수단에 대해 공개적으로 의견을 밝히기란 거의 불가능한 실정이다. 미국 대통령 오바마는 미국을 위한 녹색회복 프로그램을 실행하길 원했지만, 그 역시 최우선적으로 디트로이트의 곪아터진 자동차산업을 고려할 수밖에 없었다. 독일 총리 메르켈도 비상한 시국에는 비상한 조치가 필요하다고 역설하며 녹색정책을 펼치고자 했지만, 이런 정책은 자신의 당 동지들의 눈에는 배신행위로 비쳤고 결국 포기하고 말았다. 필요했던 것은 독일 자동차 회사를 위한 경기부양책이 아니라, 과거의 노동자 귀족 역할을 상실하고 이제는 회사 경영층(여기에는 관리자층도 포함된다)의 경영 실패에 대한 책임을 떠맡아야만 하는 종업원들을 위한 전환 프로그램이었다. 왜 자동차업체들은 교통 서비스 제공자로서 자신들의 모든 노하우를 활용하지 못할까? 왜 이들은 개인교통에 대한 대안을 마련하지 못할까? 자신들의 능력을 투자해 지능적이고 유연한 대중교통 방안을 개발할 수는 없을까? 투이그룹(TUI: Touristik Union International)처럼 철강대기업에서 관광대기업으로 구조 변환을 하거나 노키아(Nokia)처럼 고무장화 제조업체에서 휴대폰 생산업체로 구조 변환을 한 사례도 있는데, 자동차산업이라고 해서 자동차만 개발하고 다른 것은 못할 이유가 없지 않은가? 이런 식으로 정체된다면 시장을 놓치고 만다.

하지만 자동차산업에 대해 공격하는 사람은 '인기 없는 사람'[독일의 전 부총리 프랑크-발터 슈타인마이어(Frank-Walter Steinmeier)]이 된다. 과거 녹색당은 휘발유를 1리터당 5마르크로 당시 시세보다 3배 이상 더 받아야 한다고 제안했을 때, 사람들이 보인 반응에서 바로 이런 점을 느낄 수 있었다. 그 이후로 녹색당은 고속도로에서 속도 제한을 요구할 엄두를 내지 못하고 있다. 하물며 전 교통부 장관이자 현재 독일자동차산업협회(VDA) 회장인 마티아스 비스만(Matthias Wissmann)을 배출한 기독교민주연합·기독교사회연합(CDU·CSU)이나, 금속노조(IG Metall)와 돈독한 관계를 맺어온 독일사회민주당(SPD)의 경우는 말할 필요도 없다. 지금까지는 독일의 정치 시스템에서 자동차가 큰 비중을 차지해왔다. 하지만 자동차를 싫어하는 것은 아니지만, 한층 더 합리적인 교통 시스템과 생활양식을 추구하는 — 이동성이 과도한 세계사회를 지능적으로 동원 해제시키려는 — 독일인들이 점점 더 늘고 있다. 따라서 독일의 정치 시스템은 이제 더 이상 이런 독일인들을 대변하지 못하는 실정이다.

자동차가 지닌 절대 파워를 약화시킨다고 해서 자동차를 없애고자 하는 것은 아니다. 우리 두 저자들 역시 정비공장의 냄새와 금속음에 매력을 느끼고, 카브리오를 몰고 프랑스의 멋진 풍경과 시칠리아의 산길을 헤집고 다니고 싶어 한다. 하지만 이런 휴가의 즐거움은 과거의 일이다. 부유한 영국인들이 아프리카의 로디지아나 콩고에서 휴가를 보내며 흑인 시종들로부터 새벽 5시에 차 대접을 받던 시절은 이제 끝났다. 과거의 습관에서 탈피하기, 그리고 취약한 세계경제에 더 이상 자동차라는 마약을 투여하지 말아야 한다는 주장이 몇 십 년 전부터 제기되고 있다 ― 교통과 수송을 더 이상 자동차 도로에 집중하지 말고 기차선로로 분산하며, 생산시설을 탈중앙화하고 대안 엔진을 개발하자는 주장도 제기된다. 개인교통과 대규모 항공여행이 기후변화에 큰 영향을 미치고 있는 사실도 이런 주장에 힘을 실어준다. 자동차 생산이 예측과 같이 실제로 증가한다면, 해마다 늘어나는 온실가스 배출량은 결국 지구에 사형선고를 내리게 될 것이다.

폐차보조금을 친환경 정책이라고 선전하는 것은 기만의 극치였다. 왜냐하면 이 조치로 얻을 수 있는 환경 효과와 지속가능성은 아주 경미한 정도에 그치기 때문이다. 자동차 한 대가 전체 운행 기간에 소비하는 에너지 대차대조표를 계산한다면, 게다가 그 자동차를 생산할 때 소비된 에너지와 탄소 배출량도 감안한다면, 더 이용할 수도 있는 자동차를 9년 만에 고철로 만드는 정책은 정말 불합리하다. 그리고 폐차보조금 정책을 펼치며 선전하는 에너지 절약 효과는 폐차보조금으로 연비와 배출량이 최적인 차량을 구입할 때만 생길 수 있다. 하지만 경우에 따라서는 소형차 폴로를 폐차시키고 얻는 '환경보조금'으로 연비가 형

147

편없는 포르셰 카이엔(Cayenne)을 구입할 수도 있다. 독일의 **그린 뉴딜 정책**이 지닌 실상이 이렇다. 게다가 50억 유로가 투입된 보조금의 경기 부양 효과 역시 매우 의심스럽다.

아무런 방안도 가지고 있지 않기 때문에, 생산업체 종업원들과 고객들에게는 세계 자동차 시장이 곧 회복될 것이고, 매출 위기만 넘기면 모든 것이 자동적으로 과거처럼 계속 잘 될 것이라고 속이고 있는 것이다. 이미 세계 자동차 시장은 공급 과잉으로 시달리고 있는데도 말이다. 이 가망 없는 시장에 폐차 200만 대당 2,500유로씩을 쏟아 붓는 것은 은행을 구제하기 위해 수십억 유로를 지원하는 것과 마찬가지로 어리석은 일이다. 최근 기후보호와 재난 예방을 위해 자금을 마련할 때는 이 금액의 일부도 모으기가 힘들었다. 자본, 노동 그리고 국가 사이의 견고한 연대 속에서 쇠락한 자동차업체의 동료들을 위해 이런 지원을 하는 자는 이들의 생계 불안을 악용하고 있는 셈이다. 왜냐하면 노동력과 지성은 미래 지향적인 아이디어를 위해, 다시 말해 친환경적이고 기후보호적인 운동과 지능적인 동원 해제를 위해 투입되어야만 하기 때문이다.

현재의 교통 이동성은 대부분 강제적인 상황으로 생긴다 ― 예를 들면 일터나 상점이 가까운 도달 거리에 있지 않다든지, 근거리 공공교통망이 대개 최적화되어 있지 않거나, 관리자가 무의미한 회의 때문에 차를 몰아야 하고, 집에서도 할 수 있는 작업을 몇 시간 동안이나 완행열차에서 시달리며 70킬로미터나 이동해야 한다든지, 다세대 가족이 사생활의 여유를 찾고 친밀감을 높이기 위해 주말에도 이동해야 하기 때문에 생기는 것이다. 이 모든 것을 고려하면, 이동성을 포기할 때 얼마나 많은 자유를 누릴 수 있는지가 드러난다(이에 대해서는 211면 이하 참조). 그리고 이 시대의 당면 과제는 자동차를 어떻게 취득할 수 있는가가 아니라, 어떻게 우리가 다시 자동차를 그때그때 필요한 이동 수단으로 한정시킬 수 있는가이다. 냉전이 끝난 후, 포괄적인 전환을 통한 평화배당금(peace dividend)*은 효과를 발휘하지 못했다. 이제 환경배당금은 이런 전철을 되풀이해서는 안 된다. 환경배당금은 에너지 위기, 기후위기 그리고 경제위기가 동시 발생하고 있는 상황에서 우리에게 기회로 작용할 수도 있다. 이러한 기회를 이용하기 위해 자동차 운전자와 자동차정책 입안자는 우선순위를 바꾸어야 한다. 즉, 자동차 의존에서 벗어나는 구조 변동은 기후 투자가 없어도 되는 것이 아니라, 오직 기후 투자를 통해서만 가능하다.

지구공학(Geo-Engineering): 기후전쟁에서 기적의 무기

기술공학이 낳은 부정적 영향으로 나타나는 기후변화를 더 많은 기술공학을 투입하여 막으려는 시도는 기업과 정부 그리고 거대 연구소들이 거의 반사적으로 대응한 결과이다. 지금까지는 대개 기후보호와

---

* 군사 부문에 과도하게 투자되어온 자원의 분배 구조를 전환하여 민생 부문으로 자원을 재분배하는 것을 뜻한다.

지구공학을 서로 대립하는 것으로 여겼지만, 2009년 3월 코펜하겐 기후회의에서는 기후공학자들이 전면에 나섰다. 기후공학의 대변인 역할을 맡은 노벨 경제학상 수상자 토머스 쉘링(Thomas Schelling)은 더 이상 일종의 기후 프랑켄슈타인 박사와 같은 존재로 무시당하지 않았다. 기후변화를 거대한 기술 프로젝트를 통해 억제할 수 있다는 그의 제안은 연구정책 입안자들과 개발 담당자들에게 강한 인상을 남겼다. 그 이유는 분명하다. 거대 기술공학은 전통적인 성장 전략을 계승하면서도 경우에 따라서는 이를 능가할 수도 있기 때문이다. 이 기술은 이산화탄소 배출을 **현재 수준**에서 중단시키고 기존의 배출량을 지속적으로 줄이기보다는 이산화탄소를 미세입자로 분해해 포집하고 격리시키려 한다.

제안의 내용은 너무도 방대하고 다양해 마치 발명가의 실험실에 있는 느낌을 준다. 출발점이 된 것은 메릴랜드대학의 지구물리학자 닝 쳉(Ning Zeng)의 아이디어였다. 그는 10명씩 구성된 20만 개의 팀을 숲으로 보내 탄소를 방출하는 썩어가는 목재를 모아 3만 개의 구덩이에 파묻는 제안을 했다. 영국 에든버러대학의 스티븐 솔터(Stephen Salter) 교수는 풍력선으로 대기를 냉각시키는 제안을 했다. 이 배는 '구름 씨앗 뿌리는 배'라고 불린다. 배에 설치된 거대한 굴뚝은 바람을 맞으면 돌아가면서 터빈이 작동해 회전원통 속에 전자기장을 만든다. 이 배는 이 전자기장 속으로 해수를 빨아들여 미세한 입자로 바꿔내고, 하늘로 뿜어 올려 구름을 두껍게 만든다. 그렇게 되면 구름이 두꺼워질 것이고 햇빛을 더 많이 반사함으로써 지구온난화 문제를 일거에 해결할 수 있다는 것이다. 이보다 더 놀라운 아이디어는 성층권에 황을 뿌리는 방법으로, 화산이 폭발할 때 나온 황이 성층권에서 태양열을 차단하는 현상에서 힌트를 얻었다. 1991년 필리핀의 피나투보 화산이 폭발했을 때 1,700만 톤의 황이 분출되어 1년 동안 지구의 평균 기온이 0.5도 정도 떨어졌다. 네덜란드의 오존 연구가이자 노벨 화학상을 수상한 파울 크루첸(Paul Crutzen) 교수는 황을 담은 로켓 수백 개를 성층권에서 터뜨리자고 제안했다. 100만 톤의 황이면 냉각 효과를 낼 수 있다는 주장이다. 끝으로 태양 빛을 더 효율적으로 반사시킬 수 있도록 작물 줄기에 달린 잎사귀의 각도를 조절하자는 브리스틀대학 연구진의 아이디어도 있다.

이산화탄소를 분리해 저장하는 기술은 얼핏 생각하기에 다니엘 뒤젠트립(Daniel Düsentrieb)*의 발명품 같지만 실현 가능성이 있다. 탄소 포집 및 저장 기술(Carbon Capture and Storage, CCS)은 연소할 때 생기는 기후 유해물질을 포집해 파이프라인으로 수송하고, 지하 저장고 또는 대양 밑바닥에 저장하는 방법이다. 저장 장소로는 유전과 가스전, 채굴이 끝난 석탄층과 해저 대염수층이 물망에 오르고 있다. 이산화탄소를 직접 해류에 녹이거나, 수송을 거쳐 대양 밑바닥에 저장할 수 있다. 오늘날의 기술로는 연소할 때 배출되는 이산화탄소의 90퍼센트 이상까지 포집할 수 있지만, 이 경우 포집시설을 갖춘 화력발전소는 기존의 화력발전소에 비해 에너지를 약 10~40퍼센트 더 소비한다.

● 디즈니의 만화영화에 등장하는 기상천외한 발명가.

탄소 포집 및 저장 프로젝트는 계속 진척되고 있다. 왜냐하면 현재 전 세계 에너지의 40~45퍼센트가 이산화탄소 배출량이 많은 석탄발전소에 의해 공급되고 있기 때문이다. 현재의 판단으로는, 탄소 포집 및 저장 기술이 2100년까지 15~55퍼센트 정도의 이산화탄소 감축에 기여하게 된다. 루르 공업지대는 독일 국토의 10퍼센트에 불과하지만, 이산화탄소 배출의 75퍼센트를 차지한다. 따라서 이 지역은 탄소 포집 및 저장 시설을 운용하기에 적합하다. 하지만 이로 인해 특히 대형 석탄발전소들이 계속해서 화석 에너지 자원에 의존할 수도 있다. 엄청난 양의 이산화탄소를 배출하는 석탄이 '녹색 석탄'으로 둔갑하게 되는 것이다. 루르 전력(RWE)은 쾰른 인근에 석탄가스복합발전소 건설을 위해 20억 유로를 투자할 계획이며, 또 다른 이산화탄소 세탁 계획이 현재 시험 단계에 있다.[128] 독일, 영국 그리고 미국과 같은 탄소배출 국가들은 탄소 격리방식(Carbon Sequestration)을 선호하며, 기후변화회의와 「스턴-보고서」도 이를 긍정적으로 평가하고 있다. 유럽에 대한 러시아의 천연가스 공급이 정치적 사정으로 원활하지 못하고, 재생 가능 에너지라는 새로운 돌파구가 아직 마련되지 않았기 때문에, 이산화탄소의 저장은 에너지 위기와 기후재난에 대처하는 기적의 무기처럼 간주되고 있다.[129]

이에 대해서는 특히 전력의 5분의 4 내지는 3분의 2 이상을 석탄에서 얻는 중국과 인도 같은 에너지 과소비 국가들이 큰 매력을 느끼고 있는 것처럼 보인다. 전 세계적으로 (물론 세계 경제위기 이전에 예측된 수치이기는 하지만) 석탄 소비가 증가하고 있어 약 3,000개의 화력발전소가 건설 중이다. 그리고 구형 1,000메가와트 규모의 발전소가 600만 톤 이상의 이산화탄소를 배출하기 때문에, 이를 해결할 새로운 기술에 대한 요구는 강박관념처럼 사람들의 뇌리에 각인되어 있다. 독일 자유민주당(FDP)은 다음과 같은 안건을 국회에 상정한 바 있다. "탄소 포집 및 저장 기술은 에너지 공급의 안정성을 확보하고 가격이 불안정한 석유 및 천연가스 시장에 대한 지나친 의존에서 탈피하는 데 기여할 수 있다." 이 안건은 이 기술을 활용하지 않더라도 연구는 허용해야 하며,[130] 풍력과 태양열에 대해서는 보조금을 충분히 지급했으므로, 이제 이 기술에 대해서도 기회를 주어야 한다는 논리를 펼치고 있다.

하지만 탄소 포집 및 저장 기술은 재생 가능 에너지와 경제적·생태학적인 면을 놓고 비교하면, 기후변화 극복의 교두보로서는 적합하지 않다.[131] 발전소 운영자(다시 말해, 고객과 납세자)는 현 시세로 계산했을 때 포집된 이산화탄소에 대해 톤당 40~90유로를 지불해야 한다. 이는 조만간 배출권 거래제로 지불될 금액보다 훨씬 많다.[132] 그런데 파이프라인이나 선박을 통해 수송하는 것과 특히 대양 밑바닥이나 채굴이 끝난 유전과 가스전 그리고 해저 대염수층에 저장하는 것은 엄청난 안전성 문제를 일으킨다. 이 때문에 독일에서는 이미 저장지로 예정된 지역의 인근 주민들이 거센 저항을 하고 있다. 저장된 탄소의 유출, 해수의 산성화, 농축된 이산화탄소의 독성이 해양 유기체에 미치는 영향 등이 주요 쟁점이다.

이산화탄소는 대기 단위부피당 7~10퍼센트로 농축되면 갑자기 누출되어 인간과 동물의 생명을 위협할 수 있다. 이산화탄소 저장소가 지표면으로 솟아오를 경우, 지하수가 오염되고 땅속의 식물과 동물이 해를 입을 수 있다. 이산화탄소가 누출될 경우 해당 지역의 이산화탄소 농도가 높아질 수 있다. 무엇보다도 이산화탄소를 저장한 경험이 거의 없는 것이 문제다. 저장소에서 예기치 않은 누출 사고가 생기면 무슨 일이 생길지 우려가 크다.

특히 대양 밑바닥에 저장할 경우, 이산화탄소가 얼마나 대기 중으로 순환될지, 그리고 해수의 수소이온 농도(pH-수치: 산도)가 어떻게 변화될지에 대해서는 아직 충분히 연구되지 않았다. IPCC는 이산화탄소가 해저 1,000~3,000미터에 저장될 경우, 500년이 지나면 30~85퍼센트가 다시 대기 중으로 순환될 것으로 예측한다. 파이프라인 수송 자체는 안전하지만 어느 곳에 매장하느냐가 문제다. 탄소 포집 및 저장 기술의 옹호자와 반대자 사이의 논쟁은 심지어 환경단체들 사이에서도 벌어지고 있다. 2009년 4월 독일 연방각료회의는, 에너지 대기업들이 전 세계에서 벌이는 수십 개의 파일럿 프로젝트에 대한 평가 작업을 실시하는 법안을 의결했다. 2015년이 되면 탄소 포집 및 저장 기술의 경제성 여부가 판가름 날 것이다.

탄소 포집 및 저장 기술은 앞에서 언급한 파격적인 지구공학 사례들과 마찬가지로 이산화탄소 감축에 관한 수년 간의 정치 협상을 피할 수 있고, 경제성장과 에너지 생산 증대를 결코 포기하지 않으면서도 기후변화의 위협은 막을 수 있다는 매혹적인 환상을 공유하고 있다. 우리는 이러한 환상을 기술 맹신의 소산으로 여길 수 있는데, 그 부작용은 어느 누구도 가늠할 수 없다. 그리고 지구공학의 부작용은 재앙을 불러일으킬 수 있다. 예를 들어 피나투보 화산 폭발은 대기를 냉각시켰지만, 동남아시아에는 건조화 현상을, 페루에는 폭우를 몰고 왔다. 1986년 갑자기 160만 톤의 이산화탄소가 분출되어 1,700여 명의 사망자와 수많은 동물들의 죽음을 초래한 카메룬의 화산호(湖) 니오스(Nyos)의 대재난은 어떤 대형 참사가 벌어질지를 예고하고 있다. 만약 인구가 조밀한 지역에서 이런 일이 벌어졌다면, 수백만 명이 희생되었을 것이다.

카메룬 사람들은 그나마 오래전부터 전래된 경험에 따라 화산호를 피하면서 살아가는 법을 터득하고 있었다. 그러나 우리 문명화된 나라에서는 오만한 기술 맹신주의자들이 과거부터 꾸었던 인류의 꿈을 과학으로 실현하려 하며, 기후를 지배하려는 만용을 부리고 있다. 이와 관련해서는 독일인들의 과거 전력이 연상된다. 히틀러의 '제3 제국'이 제2차 세계대전에서 몰락의 길을 걷고 있을 때도 독일인들은 전쟁을 일시에 뒤집을 수 있는 '기적의 무기'가 출현할 것이라고 마지막 순간까지 믿었다. 기후보호 의무 사항을 지키지 않는 나라들이 시간에 쫓기면서도 거대 기술공학에 안간힘을 쓰며 매달리고 있다. 이들은 지구 기온이 느리게 상승하고 있어 재생 가능한 에너지가 충분해질 때까지는 아직 시간적 여유가 있다는 이유를 들며 기술공학의 리스크를 합리화한다. 이들이 기후 투쟁에서 내세우는 구호는 냉전 시절의 구호와 점점 더 유사해지고 있다.[133]

태양 빛을 반사하기 위해 우주공간에 거대한 차광막을 설치하려 했던 수소폭탄의 발명자 에드워드 텔러(Edward Teller)를 추종하는 지구공학자들이 많다. 스탠퍼드대학의 지구물리학자 켄 칼데이라(Ken

Caldeira)는 이와 달리 반(反)원전운동의 베테랑이며 '카산드라*의 역할'을 수행하고 있다. 그는 다음과 같이 경고한다. "우리가 계속 지프차를 몰고 화력발전소를 건설한다면, 그리고 그린란드 빙하가 계속 녹아내려 영구 동토층에서 메탄가스가 분출한다면, 그다음에는 무슨 일이 일어날까? 성층권에 일종의 방패막을 건설하는 것이 실제로 가능한 일일까? 잘못된 일인 줄 뻔히 알면서도 그린란드의 생태계가 붕괴되는 걸 방치하고 있어야 하나? 우리는 과연 무엇을 해야 하나?"[134]

지구공학은 유치한 발상으로 '원자력의 평화적 이용'을 외치며 리스크 기술에 계속 매달리고 있다. 기후변화를 멈추기 위해 핵발전소를 계속 가동시켜야 한다는 억지 주장도 등장한다. 하지만 이런 유형의 모든 거대 기술은 엄격하고도 광범위한 안전 조치가 있어야 한다. 이런 안전 조치를 갖추려면 경험상 국가가 보안정치를 강화해야만 한다. 하지만 이는 자유와 민주주의에 위협이 될 소지를 안고 있다. 바로 이 점에서 지구공학과 같은 정치적인 공학의 위험이 나타난다. 기존의 리스크에 또 다른 리스크가 가중되는 결과가 되는 것이다.

하지만 이처럼 우리의 생명을 좌우하는 위험을 대수롭지 않게 처리하는 지구공학의 광기에 대해 건전한 상식을 지닌 일반인들과 학자들이 반발하고 있다.[135] 리스크는 실체가 있는 것이 아니라 집단적인 가설이다. 이 때문에 이른바 '왕도'로 주목받는 지구공학의 수용 여부는

• 그리스 신화에 나오는 프리아모스 왕의 딸로 미래를 내다볼 수 있는 능력을 지녔다.

그것이 관철되는 맥락에, 즉 정치와 경제 분야에서 옹호자들의 명성과 기관의 신뢰도에 크게 의존한다. 따라서 이러한 토론은 광범위한 여론을 바탕으로 펼쳐져야 한다. 그리고 아프리카 사막에 태양광발전소를 건설하여 유럽으로 전력을 송출하는 태양광 파트너십 계획과 같은 또 다른 거대 기술 프로젝트들 역시도, 아마도 지지를 더 받을지 모르겠으나, 마찬가지로 여론에 비추어 평가되어야 한다.

북아프리카나 태양 빛이 잘 드는 지역에 태양광발전소를 세워 유럽과 다른 산업지역에 전력을 공급하는 대륙 규모의 광역 전력망인 '슈퍼스마트그리드(Supersmartgrid)'는 마치 콜럼버스의 달걀과도 같다. 즉, 탄소 배출이 없고 영구적으로 재생 가능한 에너지 공급으로 전환하여 전 세계의 가난한 국가들에게 강력한 발전 동력을 제공하는 것이다. 하지만 2008년 아디스아바바와 브뤼셀에서 유럽연합과 아프리카 국가들 사이에서 협의되었던 '아프리카를 위한 전력종합계획'도 식민지 시대와 탈식민지 시대의 기술 메가프로젝트의 전통과 그 궤를 같이 하며, 후진국 원조정책과 마찬가지로 남반구와 북반구 간의 격차와 아프리카 국가들 내의 빈부 격차를 줄이려는 정책과 큰 차이가 없다. 진정한 에너지 파트너십은 아프리카를 괴롭히고 있는 장기간에 걸친 혹독한 기후변화의 영향을 억제하는 데 직간접으로 기여해야 한다. 아프리카 대륙은 기후변화를 일으키는 데 이렇다 할 역할을 하지 않았으면서도 심한 피해를 입고 있기 때문이다.[136]

국가의 르네상스인가, 아니면 국가의 마지막 용트림인가?

지구공학과 3차 산업혁명의 제안은 국가의 역할에 기대를 걸고 있다. 국가는 2008년 금융위기 이래로 총자본의 이해관계의 구원자이자 추진자로서, 그리고 기획자로서 놀라운 르네상스를 경험하고 있다. 신자유주의자들은 이러한 국가의 역할을 역사의 쓰레기더미로 보낸 지 오래다. OECD 국가들과 G20 국가들은 경제위기에 직면해서는, 기후위기와 관련하여 보인 행동과는 정반대로 적극적으로 개입했다. 정치에 관한 교과서적 설명은 정치가 집단적인 결정을 구속력 있게 만들 수 있다는 것이다. 이는 특히 2008년 금융위기의 시기에 경험했던 것처럼, 국가의 정치가 몰락을 막고자 노력했던 비상시국에 적용된다. 당시 국가의 정치는 경영자나 은행가 그리고 소비자와 채무자 같은 경제활동가들에 대해 그동안 행사하지 않았던 예비 권력을 다시 되찾고자 했다.

계획국가 이념의 대표적인 옹호자인 영국의 사회학자 앤서니 기든스(Anthony Giddens)는 정책네트워크(policy network)라는 싱크탱크를 통해 전 세계 정치·학문·언론의 리더들에게 영향력을 행사하려 한다.[137] 기든스 경은 정치적인 권위를 강화하고 계획국가를 복원하려 한다. "물론 교토 협약이나 발리 협약과 같은 국가 간 조약, 유럽연합의 기후 목표, 탄소배출권 거래제, 기업과 NGO의 활동 등은 매우 중요하다. 그럼에도 국가가 이 모든 노력을 위한 틀을 설정하는 기관으로서 중요한 역할을 수행해야 한다는 것은 논란의 여지가 없다. 선진국들에서 국가가 담당하는 역할은 특히 중요한데, 바로 이 나라들이 배출량 감축에서 선구적 역할을 수행해야 하기 때문이다."[138]

선진국들은 미래를 조망하고 계획적으로 행동하는 일에 관한 한 시장보다는 오히려 국가를 더 신뢰한다. 철학자 루트거 하이드브링크(Rudger Heidbrink)의 말처럼, 국가는 시장에 규칙을 제시하고, "산업사회에서 나타나는 리스크를 관리해야 한다.…… 지속가능한 환경정책은 트렌드를 인지할 뿐만 아니라 트렌드를 만들기도 하는 국가를 기반으로 한다. 미래의 환경국가는 시장의 **녹색화**(Greening)와 같은 문화 상황의 변화에 지금보다 더 신속하게 대응해야 하고, 시장을 제도적으로 강화하고 안정시켜야 한다."[139] 원래 정책 결정과 집행이 느리고 합의에 의존하는 계획국가가 사회적·물리적 환경에서 벌어지는 역동적인 변화에 얼마나 유연하게 대응할 수 있는지가 관건이다. 국가는 계획과 관련해서는 이미 알려진, 다시 말해 **낡은** 변수도 감안해야 한다. 그런데 행위자들은 자신의 사전 대비 계획 능력을 과연 어떻게 얻는가? 여기서 중요한 것은 시장의 실패에 대한 발 빠른 대응이다.

처음에는 글로벌 테러 위협이, 그리고 나중에는 은행과 주식시장의 붕괴가 1970년대 이래 지속된 탈규제 노선에 찬물을 끼얹었다. 로널드 레이건(Ronald Reagan) 전 미국 대통령의 말에 따르면 "문제에 대한 해결자가 아니라, 그 자체가 문제"인 국가는 댐이나 둑의 건설자 역할을 담당했던 고전적인 보호 기능으로 복귀하거나, 경제 감시자나 사회 조정자의 역할을 맡도록 요청받고 있다. 하지만 이는 국가에 지난한 대과업을 부여하는 것이다. 국가는 도로나 다리를 만드는 것과 같은, 사실상 태곳적 역할로 되돌아가게 되고 사회정책이나 교육정책 같은 다른

정치 분야에서 활동할 여지가 없어진다. 이러한 '사회화(Sozialisierung)'
가 갖는 리스크는 명백하다. 이러한 슈퍼 국가가 기대대로 '안전'을 제
공하지 못하고 다른 과제로 되돌아간다면, 어떻게 어려운 시기에 구성
원의 동의와 참여를 이끌어낼 수 있겠는가?

3차 산업혁명

3차 산업혁명이 표방하는 녹색 계획국가의 아이디어를 좀 더 정확히
살펴보기로 하자. 3차 산업혁명은 특히 다음과 같은 두 가지 일을 수행
하고자 한다. 지난 두 번의 산업혁명에서 나타난 오류를 지속가능한 자
원정책과 생태학적으로 조심스럽고 효율적인 기술 투입을 통해 교정하
고, '녹색경제'의 틀 안에서 다양한 일자리를 만드는 새로운 경제 부문
을 창출하고자 한다. 저탄소 시대로의 이행은 특히 재생 에너지와 근본
적으로 고효율인 에너지를 통해 달성되며, 결국 생태학적으로 혁신된
시장경제로 이어지게 된다.

실제 여러 연구기관들의 추산에 따르면, 환경 부문의 일자리 증가율
이 가장 높다.[140] 현재 독일에서 태양광산업과 같은 녹색산업에 종사하
는 인원은 180만 명에 이른다. 2005년과 2007년 사이에 녹색산업의 일
자리는 27퍼센트나 증가했다.[141] 따라서 성장전략형 경제에서 실제로
아직 성장 동력이 남은 산업이 있다면, 그것은 풍력이나 태양광과 같은
녹색기술을 발전시키고 판매하는 산업이다. 일찍 산업화된 사회는 사실

상 바로 이 분야에서 현대화의 기회를 찾아야 한다. 이렇게 될 때 현재 전 세계가 맞서 싸우는 환경파괴를 초래했던 특정 발전단계들을 건너 뛸 수가 있다. 개발도상국들에서도 과거의 구형 인프라가 아니라 미래의 인프라가 구축되어야 한다. 아프리카의 사례는 이런 격차 뛰어넘기(leapfrogging)가 어떻게 가능한지를 잘 보여준다. 과거 유선전화망이 깔린 적이 없던 아프리카에서 이동전화가 대규모로 전파되고 있는 것이다.

독일 환경부는 매우 인상적인 아이디어를 통해[142] 기술 혁신과 정치적 수완을 지능적으로 조합해냈다.[143] "지붕에는 태양광 발전기, 주차장에는 전기차, 그리고 보조금까지 받으십시오." ― 이 슬로건은 북반구의 국가들에게는 기후정책적으로 '윈-윈 상황'을 암시하는 스마트한 선전 문구처럼 들릴 수 있다. 이는 본질적으로 세 가지 변화 전략에 기반한다. 첫째, 생산성이 고도의 혁신 속도에 힘입어 개선되어야 한다. 이를 위해서는 지능적인 에너지 공급망의 구축, 에너지 절약 수단의 시장화 전략, 그리고 에너지 효율성이 높은 주거지 건축과 같은 프로젝트에 투자가 이루어져야 한다. 둘째, "탄소 배출이 없는 공장, '불필요한 장식이 없고' 재활용 가능한 제품, 도시형 생산 방식, 건축자재의 재활용, 각종 전자기기 폐기물에서 주요 금속을 추출하는 도시 광산(urban mining)"과 같은 친환경적인 혁신을 추구해야 한다. 게다가 생태학적 조정 시스템과 "오락과 정보 제공을 결합하는"[144] 미디어 홍보가 있어야 한다.

셋째, 교육 부문이 강화되어야 한다. "처리 과정과 생산품의 생태효율성(Eco-efficiency)*을 높이는 것은 지식 집중적이고, 높은 자격을 요구하기 때문이다."[145] 이 모든 것에는 "조정 조건의 개선과 정치의 조정 능력 강화"가 전제되어야 한다.[146] 왜냐하면 특히 단기적인 개별 이해관계에 대해서는 장기적으로 효력을 발휘하는 조치만이 관철될 수 있기 때문이다. 이 경우 '상황을 잘 파악하고 있는 유권자'가 전제되어야 한다. 시민은 단순히 변화의 수용자가 아니라 변화를 함께 만들어가는 주체이기 때문이다.

여기서 우리가 관찰할 수 있는 것은 '녹색'이 더 이상 주변적 테마가 아니라 정치적·행정적 시스템의 핵심을 이루는 주요 테마라는 점이다. 하지만 정치적 공동체의 주체인 시민이 없다면, 어떠한 환경정책적인 새로운 패러다임도 실행될 수 없다. 이는 지방자치단체 차원의 기후보호 및 기후적응 프로그램의 경우에도 마찬가지다. 하지만 현재까지 시민을 향한 정책에서는 세금 혜택이나 보조금 혜택에 초점이 맞춰져 있다. 기후변화 정책과는 다르지만 '어젠다 2010'*에서 드러난 사실은, 생활세계와 주변 환경에 알맞은 문화적인 틀을 감안하지 않는 정책은 심각한 '실행의 문제'에 봉착한다는 점이다. '어젠다 2010'은 결과(output)에만 방향을 맞춘 정책 프로그램이었고 사회복지국가의 개조라는 프로젝트를 문화와 결부시키는 작업을 등한시했다. 게르하르트

• 경제활동에서 물, 가용 토지, 에너지 등 생태 자원을 가장 적게, 효율적으로 사용하여 가장 큰 경제적 성과를 내고, 그 과정에서 발생하는 오염물질의 발생을 최소화하는 것을 말한다.
• 사회복지 시스템 개혁과 재정 건전화, 노동시장의 유연화를 목표로 게르하르트 슈뢰더 총리가 추진한 정책.

슈뢰더 총리는 집권 당시 사민당의 전통적인 지지층에게 개혁의 의미를 설명하려고 노력하지 않았다. 그 결과는 사민당의 자기 분열과 노동시장 개혁의 실패였다. '어젠다 2010'은 대중의 의식에 아무런 인상도 남기지 못했고 노동시장 개혁안인 '하르츠 IV(Hartz IV)'*는 나쁜 이미지만 남기고 말았다.

3차 산업혁명이 제때 일어나면 최악의 기후온난화를 막을 수도 있다. 아직 시간적 여유는 있다. 3차 산업혁명은 다양하기 이를 데 없는 수많은 조치들의 집합체이다. 이러한 조치들은 동시다발적으로 실행되어야 탄소감축 효과를 거둘 수 있고 사회의 구조 변환 과정을 불러일으킬 수 있다. 이렇게 되면 변화가 가능하다는 것, 그리고 변화는 포기를 의미하는 것이 아니라 삶의 질을 향상시키는 수단이라는 것도 알 수 있다(211면 이하 참조).

하지만 현재 생활세계는 3차 산업혁명의 구상에서는 아무런 역할도 하지 못하고 있다. 오히려 녹색으로 계몽된 군주제 같은 체제를 구상하며, 특히 기술과 조정 수단들에 의지하고 있을 뿐이다. 정작 혁명은 생활양식의 변화에서 시작되는데도 말이다. 기술은 적용을, 돈은 의미 있는 사용을, 법은 시행을 필요로 한다. 우리는 구명 밧줄이 던져지면 단호하게 붙잡고 위험지대로부터 벗어나야 한다.

이는 전반적으로 여전히 인기 없는 기후정책과 관련해 다음과 같은

---

* 노동 시장의 경직성을 없애고 비효율적인 사회보장 시스템을 고치기 위해 독일에서 2003년부터 시행된 노동시장 개혁안을 말한다. 이 개혁안을 만든 페터 하르츠(Peter Hartz)의 이름을 땄고, I에서 IV까지 총 4단계로 진행되었다.

의미를 띤다. 세금정책, 보조금정책, 구조정책 그리고 연구정책의 혁신안을 발전시키는 것과 병행해서 정치 공동체의 구성원들이 **자신이** 속**한** 사회의 능동적인 참여자로 나설 때에야, 비로소 생활양식과 행동 선택지 면에서 앞으로 필수적인 변화가 실현될 수 있다. 여기에는 규범적이며 정체성을 구축하는 미래 목표의 설정도 포함된다. **우리는** 2010년, 2015년, 그리고 2025년에 과연 어떤 사회를 원하는가? 동시에 시민의 참여하에 이러한 미래를 만들어 나갈 필요성을 긍정적으로 규정해야 한다. 특히 국가가 알아서 처리해줄 것이라는 환상에서 벗어나야 한다. 현재 요구되는 산업사회의 근본적인 개조가 성공하기 위해서는, 이 개조가 사회의 구성원들이 자신의 것으로 여기고 적극적으로 동참할 수 있는 프로젝트로 진행되어야 한다. 이렇게 될 때, 변화는 실행이나 수용의 문제가 아니라, 2008년 미국의 대통령 선거에서 "**우리는** 할 수 있다(yes, we can)"라는 구호에서 드러났듯이 정체성의 원천이 된다. 독일에서도 능동적이고 활발한 정치 참여가 이루어질 때 이러한 변화가 가능하다.

우리가 바로 그 인민이다*

우리는 이 장에서 기술, 자유시장경제 및 사회적 시장경제 그리고

---

* Wir sind das Volk. 모든 권력이 '인민(Volk)'으로부터 나온다고 되뇌면서도 실제로는 착취하고 억압했던 구동독 정권을 비판하며 외친, 구동독 국민의 체제 저항 구호를 말한다.

국민국가 같은 '현대'를 추동하고 발전시키는 데 중요한 역할을 한 체계들에 대해 살펴보았다. 이 체계들은 '탄소사회'의 핵심을 이루었다. 자연 이용과 환경오염이 생태학적 붕괴의 위험을 초래한 19세기 말 이래로 이 체계로부터 통제 시도가 전개되었다. 따라서 "석탄재로 오염된 루르 공단 하늘을 다시 푸르게"라는 구호를 실현하기 위해 기술적인 여과 장치들이 개발되었고, 국가의 환경 부서와 감독기관이 설치되었으며 에너지와 원자재의 효율성을 높이기 위해 시장을 장려하는 시책이 마련되었다. 오늘날 기술, 국가, 시장이 자본주의에 녹색 외관을 입히고 있지만, 위험한 기후변화를 중단시키고 기후위기에서 벗어나는 데는 역부족이다. 우리는 자본주의 경제에서 생활하고 있을 뿐만 아니라 자본주의 사회에서 생활하고 있다. 자본주의 사회는 "내적으로는 경제 질서가 취약하고 외적으로는 경제 질서가 크게 위협받는 구조를 이룬다."[147] 말하자면 모든 사회적 체계들(soziale Systeme) — 점점 더 힘이 약해지고 있는 국가도 이에 포함된다 — 은 가격과 돈에 크게 좌우되며 가격과 돈이 사회적 체계들에 의해 좌우되지는 않는 것이다. 따라서 규제가 풀린 경제는 전체 체계를 지극히 해로운 방식으로 지배할 수 있었다. 은행과 기업의 구제는 '체계에 중요한' 일로 여기면서도 기후위기의 극복은 그렇게 판단하지 않는 것은, 세 가지 기능체계들(기술, 국가, 시장)의 부족한 학습 능력과 미래 역량을 나타낸다. 이에 대한 처방은 정치 주권자가 이 체계들이 다시 이성을 되찾도록 강력하게 대응하는 방법뿐이다. 즉, 민주주의에서는 바로 시민이 나서야 하는 것이다. 따라서 필요한 것은 더 많은 민주주의이다.

제4장

위기의 민주주의

> 민주주의는 지금까지 시도된 정부 형태를 모두 제외하면 최악의 정부 형태이다.
>
> 윈스턴 처칠Wiston Churchill

독일의 민주주의는 오바마마니아(Obamamania)*나 열정적인 정치 참여와는 거리가 멀어 보인다. 독일인들은 자신들이 최상의 정치세계에 살고 있다는 생각에 대해 회의하기 시작했다. 그리고 경제위기는 이런 회의를 심화시키고 있다. 프리드리히-에버트 재단의 연구에 따르면, 독일인 세 명 중 한 명은 민주주의가 제대로 작동하지 않고 있다고 생각한다. 구동독인들 중에는 심지어 60퍼센트가 이렇게 생각한다. 기후 변화, 글로벌 정의, 인구 변화 같은 '거대 주제'와 관련해 정치 체제가 도전에 제대로 대응하지 못하고 있다는, 다시 말해 민주주의가 더 이상 제 역할을 못 하고 있다는 인상이 굳어진다. 이로써 민주주의는 신뢰성의 근간이 되는 '결과 정당성'에 상처를 입고 있다. 헬무트 콜(Helmut

---

* 미국 대통령 선거에서 버락 오바마에 열광했던 팬들을 일컫는 말이다.

Kohl) 전 총리는 이러한 결과 정당성에 대해 "나중에 나오는 결과가 중요하다"라고 정확하게 지적했다. 응답자의 4분의 1은 "현재의 민주주의"는 도저히 민주주의라고 말하고 싶지 않다고 말했다. 낮아지는 투표율, (통일로 전체 인구가 늘었는데도 불구하고) 정당과 다른 대규모 조직의 구성원 감소는 이러한 현상이 일시적인 분위기가 아니라 일정한 경향성을 띤다는 점을 보여준다.[148] 물론 민주주의에 대해 원칙적으로 반대하는 자는 소수에 불과하지만, 우리가 알던 민주주의에 대해 불만을 터뜨리는 사람은 많다.

불만에 찬 민주주의자

민주주의에 불만을 품고 있는 자로는 지금껏 장기 실업자, 하르츠 Ⅳ-수혜자, 전문 자격을 갖추지 못한 미숙련 노동자가 꼽힌다. 이들에게서 여론조사 수치는 끔찍하게 나타나며 문화적 소외감이 추가되는 제2, 제3 세대의 이민자들도 그런 부류에 해당한다. 하지만 세계화의 영향과 증가하는 에너지 비용은 중산층도 계층 사다리에서 아래로 끌어내리고 있다. 따라서 사회의 중간층에서도 체계의 작동 능력에 대한 회의가 점점 더 많이 일고 있다. 일부 여론조사에 따르면 90퍼센트에 이르는 독일인들은 민주주의 정당들이 당면 난제들을 해결할 수 없다고 생각하고 있으며 거의 모든 독일인들은 엘리트들이 자신들의 안정된 생활에만 관심을 가지고 있다고 생각한다.[149] 이 엘리트 계층에 속

한 자로는 관리자들 중에서 민주주의와 국가에 등을 돌린 사람들을 들 수 있다.[150]

국가 형태로서 민주주의는 전 세계적으로 공감을 얻고 있으나, 민주 정치의 실천은 독일 외부에서 점점 더 회의적으로 관찰되고 있다. 유럽 연합에서는 평균적으로 50퍼센트 이상의 주민들이 민주주의의 실제 기능에 대해 만족감을 표시했는데, 핀란드가 77퍼센트로 가장 높고 이탈리아가 35퍼센트로 가장 낮았다.[151] 국가 형태로서의 민주주의에 대한 전 세계적인 지지는 79퍼센트 정도이지만,[152] 만족도는 그보다 평균 10퍼센트 정도 낮았다. 스칸디나비아 국가들에서는 90퍼센트 이상이 만족감을 표시했지만, 동유럽 국가들에서는 부분적으로 50퍼센트 이하도 있었다(세르비아 43퍼센트, 러시아 39퍼센트). 여기서 응답자들이 어떤 형태의 민주주의를 염두에 두고 있는지는 명확하지 않지만, 국가 형태로서의 민주주의에 대한 일반적인 수긍과 그 실천에 대한 상대적인 불만족(독일에서는 48퍼센트가 불만족으로 나타났다)[153] 간의 불일치는 정치가들과 주민들 사이에 부분적으로 상당한 거리가 있음을 나타낸다.

민주주의에 대한 신뢰 상실로 인해 단순히 권위적이거나 포퓰리즘적인 경향만 드러나는 것은 아니다. 이는 미래 문제들을 이슈화해 변혁을 추진하지 못하는 정치 엘리트들의 무기력도 반영한다. 이 때문에 우리는 민주주의의 내적 침식을 심각하게 받아들여야 한다. 민주주의의 내적 침식은, 스스로를 현대화의 패배자로 느끼는 사람들의 미래에 대한 불안감을 표출할 뿐만 아니라, 지도적인 엘리트들이 앞으로 사태가 어떻게 전개되어야 하는지 모르고 있다는 현실적인 평가도 드러낸다.

당사자들이 국가만이 아니라 민주주의로부터도 버림받았다고 느끼는 이유는, 무엇보다도 이들의 대변자들이 사실은 더 이상 감당할 수 없는 복지정책을 펼치겠다는 주장을 멈추지 않기 때문이다. 여론조사에 따르면, 국가의 다양한 구제 활동에 대해 회의적인 시각이 많고, 금융위기가 발생하기 전에는 이름조차 알려지지 않았던 은행에 엄청난 금액의 구제금융이 지원되었지만 소상공인들과 피고용인들에게는 어떠한 구제 조치도 마련되지 않은 사실에 대한 분노도 표출되고 있다.

또한 2008년에는 에너지 가격이 천정부지로 치솟고 주택임차료에 붙는 부대관리비도 급격히 상승해, 저소득층이 생계를 이어가기 힘들게 되었다. 그 후 난방용 기름과 천연가스는 가격이 인하되었지만, 그렇다고 문제가 다 해결된 것은 아니다. 앞에서 우리는 국제에너지기구의 석유 가격에 대한 전망을 소개한 바 있다(50~51면 참조). 중간층과 저소득층의 소득을 보전해주어야 한다며 시시때때로 올라오는 요구들은 실망에 부딪힐 수밖에 없다. 복지국가를 표방하는 국가라 할지라도 자원이 희소해지고 비싸지는 상황에서 이 계층을 위한 정책을 적극적으로 펼칠 수는 없는 법이다. 국가가 신뢰를 얻으려면, 민주주의 정치가들은 이런 정책을 감당할 수 없다는 사실을 인정해야 한다. 아울러 그들은 2009년에 연금 삭감은 없다고 약속했지만 이를 파기할 수밖에 없다는 사실도 인정해야 한다.

정치적인 의사일정을 정하고 과제를 설정하는 자는 막강한 권력을 지닌다.[154] 2008년 이래로 '금융위기'가 '기후위기'보다 훨씬 더 우선순위로 자리 잡았다. 금융위기가 터지기 전에는 수년 동안 G7 국가의 정상들이 기후변화의 영향에 주목했지만, 이제 많은 국가들은 금융위기의 소용돌이 속에서 우선순위를 바꾸어 — 먼저 은행을 구제하고 그 다음에 기후변화 대응 조치를 모색하는 순서로 — '위기관리 순서를 정했다'. 이슈의 선택에서 대중매체들이 중요한 영향력을 행사했다. 미디어 시스템에서 뉴스의 비중은 항상 '새로운 대 낡은', '단기적 대 장기적', '가시적 대 비가시적'과 같은 세 가지 관점에 따라 결정된다. 경기는 대중의 지갑과 관련된 문제이기 때문에 '빵과 버터'의 문제로 통하고, 기후변화는 대부분의 시민들에게는 아직 눈에 보이지도 체감되지도 않아 타지에서 재난이 발생할 경우에나 의식되기 시작하는 장기적인 문제로 간주된다. 따라서 기후변화 문제는 미디어의 주목도에서 뒤로 밀리는 것이다. 이 문제는 정책 결정자들과 언론인들이 주목해 시의성을 강조하면 다시 '뜰' 수 있다. 여론조사에 따르면, 일반 대중은 다수가 여전히 이 문제에 관심을 가지고 있기 때문이다.

2008년 유럽연합위원회와 유럽의회의 위탁으로 실시된 여론조사에 따르면, 총 2만 6천 명의 응답자 중 총 90퍼센트가 지구온난화를 '상당히 심각한 문제'(15퍼센트) 또는 '매우 심각한 문제'(75퍼센트)로 여기고 있다. 그리고 유럽인들의 65퍼센트는 기후변화의 중요성이 과장되었다고 주장하는 기후 회의론자들의 비판을 적절하지 않다고 여긴다. 독일에서는 심지어 75퍼센트 이상의 응답자가 기후변화의 중요성이 과장되지 않은 것으로 판단한다. 이런 결과는 2009년 독일의 여론조사 기관인 포르자(Forsa)에 의해서도 뒷받침된다. 포르자의 여론조사에 따르면, 환경에 대한 우려가 독일인들의 불안 중에서 핵심적인 위치를 차지한다. 응답자 가운데 여성의 61퍼센트와 남성의 48퍼센트가 '환경 상태가 나빠지고 있다'는 불안감을 느낀다. 독일인들이 기후변화를 얼마나 중요하게 여기는지는 다른 여론조사 결과와 비교하면 여실히 드러난다. 테러 공격에 대해서는 여성의 47퍼센트와 남성의 27퍼센트가 불안감을 느낀다고 응답했고, 실직에 대해서는 여성의 26퍼센트와 남성의 19퍼센트가 불안감을 느낀다고 응답했다(응답자 1,000명: ≪슈테른(Stern)≫지의 2009년 여론조사).

그런 결과를 반영하듯 유럽연합위원회의 2008년도 여론조사에서 1,534명의 독일인 응답자 중 65퍼센트가 경제성장에 지장이 있다고 하더라도 환경보호에 우선권을 부여해야 한다는 견해를 보였다. 그리고 2008년 독일 제2 공영방송(ZDF) 정치바로미터(Politbarometer) 프로그램이 위탁한 여론조사에서는 독일 유권자 1,268명 가운데 72퍼센트가 경제위기에도 불구하고 기후보호 목표는 고수되어야 한다는 견해를 보였다. 이러한 여론조사 결과를 놓고 보면, 독일 정부가 기후보호 노력을 줄이는 것은 유권자들의 실질적인 관심에 부응하지 못하는 일종의 '섣부른 굴복'으로 보인다. 유럽인과 독일인 응답자들 가운데 대다수는 앞서 인용한 유럽연합위원회와 유럽의회의 위탁으로 실시된 여론조사에서 특히 정부, 기업, 산업체들이 기후변화를 막아야 할 책임이 있다는 견해를 보였다. 독일인들의 다수는 정부가 환경보호를 위해서라면 새로운 법령과 규정을 만드는 데 주저하지 말아야 한다는 의견을 표명했다. 게다가 특히 재생 가능한 에너지에 대해 더 강력한 지원을 해야 한다는 의견도 있었다(응답자 2,034명: 『독일연방환경부(BMU) 2008년

백서』). 아울러 대다수의 응답자들은 새로운 개념의 교통 방안 마련과 에너지 절약을 위한 지원책을 지지하고 있다(응답자 1,004명: *Emotion 2008*).

마찬가지로 이 여론조사에서는 결론적으로 전체 응답자 가운데 독일인 87퍼센트와 유럽인 76퍼센트가 환경보호 및 기후보호를 위해 — 에너지 소비 절약과 쓰레기 분리 배출과 같이 — 개인적으로 기여할 자세가 되어 있다는 의견을 표명했다. 이 여론조사에서 주목할 만한 것은 개인적으로 환경보호 및 기후보호에 나서겠느냐는 질문에 독일인들이 다른 유럽인들보다 더 적극적인 자세를 보이고 있다는 점이다. 또한 특히 40세에서 54세 사이의 연령층이 환경보호에 적극성을 띠고 있다는 것도 주목을 끈다. 이 연령층의 응답자 30퍼센트가 최근 한 달 동안 '일상생활에서 여러 번 혹은 적어도 한 번 이상 환경보호를 실천했'고 말했다. 다만 염려되는 점은 가장 나이가 어린 계층(15~24세)의 환경보호 의지가 16퍼센트로 상대적으로 미약하다는 것이다. 어느 정당이 환경 문제에 대한 해결 능력이 있느냐는 질문에서는 '어느 정당도 해결 능력이 없다'는 응답이 가장 많았고, 그럼에도 굳이 한 정당을 선택하라고 했을 때는 기민련(CDU/CSU)과 녹색당의 비율이 높았다.

선거 전략과 여론조사 동향보다 더 중요한 것은 전환을 가로막는 제도적인 장애이다. 이러한 장애 요소로, 의회 내 정당 간 세력 분포와 기술과 재원이 있는 상황에서도 저탄소 사회로의 진입을 막는 각종 이익단체들의 복잡한 이해관계를 들 수 있다. 이와 관련해서는 사회과학에서 논의되고 있는 경로의존성의 문제가 중요하다.[155] 경로의존적인 과정과 진행은 정치와 경제에서 낡은 오류가 고착되고 학습 효과가 사장되는 결과를 초래한다. 정책 결정자들과 여론은 과거의 사례들과 표준 절차들에 방향을 맞추어 구태의연한 위기 극복책을 선택한다. 따라서 은행위기와 고용위기를 처리할 때는 성과가 불확실해 보이는 해결책들은 배제되었고, 그 대신 얼핏 검증된 것처럼 보이는 문제 설정 방식과 위기 대처 방식이 선택되었다. 하지만 경로 교체는 제도의 틀을 뛰어넘는 상상력, 여러 분야를 아우르는 네트워크 그리고 창의적인 행위자들이 있어야 가능하다.

이러한 보수주의는 입법 절차와 관할권 분담 그리고 정당들의 정치적인 의사 형성과 단체들의 이해관계 결집에도 지배적인 영향력을 행사한다. OECD 국가들의 위기관리는 일반적으로 위기 발생 이전과 같은 수준의 '정상 상태'를 회복하는 것을 목표로 한다. 하지만 기후친화적이고 자원친화적인 경제와 사회로 이행하기 위해서는 다양한 시각과 창의적인 위기관리가 필요하다. 정치는 다른 분야와 마찬가지로 관성에 따라 느긋하게 움직이고, 기존의 규칙, 관행, 모범 그리고 '우리의 머릿속에 든 전체 지형도'[156]에 대해 문제를 제기하는 것을 싫어한다. 정치가 기후변화의 도전에 제대로 대응하기 위해서는 훨씬 더 유연해져야 한다. 조직과 행위자는 흔히 새로운 도전과 불확실성에 대해 무시하는 태도를 취하며 오히려 기존의 행동방식을 완강하게 고수한다. 그렇지 않으면 이러한 도전과 불확실성을 선택적으로 받아들인다. 즉, 기존의 지식이나 해석 방식과 처리 방식으로 수용할 수 있는 요구만 받아들이는 것이다. 근본적인 혁신은 뛰어난 위기 진단과 원인 분석만으로는

이루어질 수 없고, 새로운 좌표 제시와 행동 방안이 마련되어야 가능하다.[157]

하지만 조직화된 자본주의에서는 낡은 산업적 이해관계가 주도권을 쥐고 있었고 또 현재도 그렇다. 여기서 광산업, 자동차산업 그리고 특정 화학산업이 핵심을 이루는데, 이들은 1945년 이후 '포드주의적인 대량생산'의 시대에 독일과 유럽에서 노사 간의 긴밀한 협조 속에 주도적인 산업으로 자리 잡았다. 태양광산업처럼 생산과 소비의 지속가능성과 에너지 효율성을 전면에 내세우는 생산·서비스 분야는 대체로 낡은 산업체와는 다른 조직 문화와 협상 문화를 지니고 있다. 낡은 산업체는 원하지 않는 사안에 대해서는 정치적인 의제로 부각되지 않도록 하고 여건이 불리해지면 일단 결정을 유예하려고 노력한다. 자동차업체들이 유럽연합의 기후변화 결의안을 무력화한 것이나 폐차보조금 지급을 관철하고 또 연장시킨 것은 브뤼셀과 베를린에서 이들이 벌인 로비의 성공 사례들이다.

따라서 위기는 다양한 조직세계들에 영향을 미친다. 자동차산업에서는 개별적인 이해관계가 자본과 노동의 공조 체제 속에서 ― 세계적인 자동차 부품업체 대표인 마리아 엘리자베트 쉐플러(Maria-Elisabeth Schaeffler)와 빨간 머리띠를 두른 금속노조 위원장 베르톨트 후버(Berthold Huber)가 나란히 텔레비전에 출연했던 장면을 생각해보라! ― 일반인들의 환경에 대한 관심보다 더 잘 조직되고 강력해졌다. 한쪽에는 정부나 의회 공청회에 자주 등장하는 독일자동차산업협회(VDA)가 있고, 다른 쪽에는 친환경적인 단체인 독일교통클럽(VCD)이 있다. 또

한쪽에는 자동차업체 사주들의 협의체가 있고, 다른 쪽에는 자기 만족적인 자전거 이용자들의 동호회가 있다. 과연 어느 쪽의 영향력이 더 클 것인가? 환경정책과 지속가능성 의제에서 상당한 평가와 인지도를 얻은 공익 지향적인 사안들이, 정작 위기 때에는 정치적인 성찰과 토론 과정에서 주목과 관심을 끌지 못했다. 협상 민주주의에서 공익 지향적인 사안들을 대중에게 어필하는 전략이 부족한 것은 명백하다.

행위자들로서는 자신들의 동의가 헌법상으로나 현실 정치적으로 필수불가결한데도 비토권을 행사하면, 필수적인 경로 변경과 혁신은 이루어질 수 없다.[158] '비토권을 행사하는 행위자'가 많이 등장하고 이들이 일치단결하여 행동할수록, 현 상태(status quo)의 변혁은 더 어려워진다. 이러한 행위자는 독일의 예를 들면 자신을 부각시키려는 욕구를 지닌 연정 파트너 정당들, 자신의 관할 지역을 배려하려는 주지사들, 그리고 연방헌법재판소나 유럽중앙은행과 마찬가지로 위임받은 권한은 없으나 높은 명성을 누리는 기관들이다. 금융위기가 한창일 때, 독일에서는 기민련과 사민당의 대연정이 붕괴되었지만, 다른 OECD 국가들에서는 연립정부들이 오히려 결속력을 유지했고, 특히 미국에서는 오바마 행정부가 강력한 리더십을 발휘했다.

독일의 대연정은 위기를 극복할 수 있는 자질을 보여주지 못했다. 정부와 원내 각 정파들은 정책의 핵심에서는 큰 이견이 없었지만 부차적인 사안 때문에 분열되고 말았다. 대연정으로부터 포퓰리즘과는 거리가 먼 이례적이고 과감한 조치를 기대했는데도 말이다. '위기에서 오히려 힘을 얻어 도약하자'는 요청이 있었지만, 전환을 위한 그 어떤 처

방이나 로드맵이 제시되지 않았고, 급한 불부터 끄고 보자는 식의 구제
금융과 경기부양 패키지만 발표되었다. 이로 인해 경제와 사회의 탈탄
소화라는 결정적인 목표는 완전히 시야에서 사라지고 말았다. 독일은
기존의 독일·프랑스 양자 간 협조 체제나 새롭게 재편된 대서양 양안
의 기후동맹에서 주도적인 역할을 수행하지 못했고, 2007년 독일 하일
리겐담(Heiligendamm)에서 개최된 G8 정상회담에서 획득한, 유럽의 기
후정책과 글로벌 기후정책을 선도하는 역할도 놓치게 되었다.[159]

주지사들도 비토권을 행사하고 나섰다. 주지사들은 낡은 산업체들
이 자리한 자신들의 관할 지역(오펠사는 4개 주에, 쉐플러사는 바이에른
주에 소재)의 이해관계를 대변하면서 이 업체들이 금융 혜택을 받을 수
있도록 '제도적'인 장치를 마련했다. 이로 인해 각 주들과 연정 내 사민
당 출신 장관들은 구제 노력을 총체적인 계획이 아니라 사안별로 진행
할 수밖에 없었고, 기민련은 국가의 과도한 개입에 반대하는 관행에 따
라 선택적인 정책만을 펼치고 말았다. 이런 정치 상황에서 기후정책과
관련해 적절한 대안을 찾을 수가 없었다. 연방과 주정부 사이의 얽히고
설킨 정치구조[160] 때문에 또다시 수평적이고 수직적인 자기 봉쇄로 이
어지고 만 것이다. 전 국가적인 금융 체제를 개혁할 방안 마련과 실행
은 무위로 끝났고, 막상 경기부양 프로그램을 실시했을 때는 나누어 먹
기 식 배분과 무차별 원칙이 지배하게 되었다.

애당초 시장의 실패가 벌어진 데다가 정치의 실패가 가세된 셈이다.
이런 사태 속에서 지난 10년에 걸쳐 정치 엘리트들은 홍보활동(PR)에
더 많은 노력을 기울였다. 현재의 정치 엘리트들은 커뮤니케이션에 더

많은 노력을 기울이고 있지만, 자신들이 무슨 일을 하고 있는지, 또 왜 이런 일을 하는지를 대중에게 전달하는 데 점점 더 어려움을 겪고 있다. 민주정치가 '미디어 민주주의'로서 존재하는 데는 미디어를 통한 전달, 특히 시각적인 전달이 관건이다. 하지만 현재의 미디어는 오락성을 띠면서 온갖 콘텐츠를 제공하고 있다. 정치는 이들의 경쟁 상대가 되기엔 역부족이다. 위기 역시 다른 경우와 마찬가지로 정형화된 악수를 나누고 무대 위에서 포즈를 취하는 판에 박힌 이미지를 양산했다. 기후에 관심을 가진 메르켈 총리조차도 이런 이미지에서 제외될 수 없다. 단순히 지켜보는 것으로 능동적인 참여를 암시하는 행위도 이런 이미지에 속한다. 오늘날 대중은 더할 나위 없이 많은 정보를 알고 있지만, 구경꾼으로 소파에 죽치고 앉아 텔레비전이나 보는 신세다. 하지만 '가슴에서 우러난 참여'가 그 어떤 참여보다 강한 법이다. 이러한 불편한 상황은 모든 일을 관장하고 있다는 정치가들의 허세로 인해 더 악화된다. 이런 기회를 틈 타 텔레비전을 잘 타는 좌파 포퓰리스트들뿐만 아니라 특히 우파 포퓰리스트들도 "자신들은 정치 엘리트들의 폐쇄적인 세계와는 차원이 다르고, 대중을 위하고 대중과 함께 하는 세력이라고 선전하면서, 현대사회의 중간층을 형성하는 무형의 대중에게 정체성을 부여하는 데"[161] 성공하고 있다.

따라서 안정된 것으로 여겨지는 민주주의에서도 '포스트 민주주의'로의 이행이 점진적으로 이루어지고 있다. 정치학자 콜린 크라우치(Colin Crouch)는 우리가 알던 민주주의 세계의 종말에 대해 다음과 같이 말하고 있다. "민주주의 제도는 형식적으로는 계속해서 온전하게 유지되고 있지만 (그리고 오늘날에는 심지어 계속 확대되는 측면도 있지만), 정치적인 절차들과 정부들은 점점 더 민주주의 이전 시대에 전형적이었던 방향으로 후퇴하고 있다. 특권을 누리는 엘리트들의 영향력은 늘어난다. 따라서 평등을 추구하는 프로젝트는 점점 더 무기력한 상태에 빠지고 있다." 현 상황을 안타까워하는 사회민주주의자인 크라우치가 여기서 말하고 있는 엘리트들은 바로 경제 엘리트들이다. 이들은 '염치없는 사람들'(*Der Spiegel*, 2009년 제8호)로서 신뢰를 크게 잃었다. 하지만 그렇다고 해서 정치 지도자들과 정당 지도자들이 이렇다 할 명성을 얻은 것도 아니다.

민주주의 이후에는 과연 무엇이 나타날까? "어떤 의미에서 우리는 민중의 지배라는 이념에서 점점 멀어져 왔다. 그래서 이제는 지배라는 이념 자체를 의문시하고 있다"[162] 이런 종류의 무정부주의는 우리의 취향에 맞지 않는다. 더욱이 무정부주의는 포퓰리즘에 기반하고 있다. 포퓰리즘은 경제 엘리트들의 대중 조작과 부패를 제한하지 못할 뿐만 아니라 ― 이탈리아 총리 실비오 베를루스코니(Silvio Berlusconi)의 재등장이 증명하고 있듯이 ― 빵과 오락거리로 대중에 어필한다. 나아가 베를루스코는 헌법까지 짓밟으며 국가를 자신의 사업처로 삼고 있는 상황이다. 당원도 없는 정당들이 텔레비전과 스포츠 경기장을 무대로 활동하고, 홍보 전문가들이 활개 치며, 로비스트들이 정치가들을 주무르고, 부패가 만연하고 있다.

유럽의 주변 국가들과 유럽연합의 핵심 국가들에서 나타나는 정치 엘리트들의 나태하고 이기적인 태도는 이와 같은 암담한 말로 묘사될 수 있을 뿐이다.[163] 하지만 흥미롭게도 크라우치는 자신의 비관적인 진단이 경제위기에 의해 수정되어 상황이 긍정적으로 변할 수 있다고 여긴다. "매우 위험한 순간이다. 하지만 신자유주의적인 모델의 헤게모니가 근본적으로 흔들리고 있기 때문에 흥미로운 순간이기도 하다. 따라서 정신 분열증적인 순간으로 볼 수도 있다. 더 활기찬 정치가 펼쳐질 가능성이 있다는 점에서 희망을 걸어도 되는 순간이기도 한 것이다."[164] 이미 이탈리아의 공산주의자 안토니오 그람시(Antonio Gramsci)는 혁명 직전의 상황에 대해 "낡은 세계는 아직 완전히 몰락하지는 않았고, 새로운 세계는 이제야 비로소 그 윤곽을 드러낸다"고 말한 바 있다. 이러한 상황은 사회의 지속가능한 개조를 위한 기회의 창을 연다. 하지만 기회의 창이 계속 열려 있기 위해서는 정치 행정 시스템을 이끄는 지능적인 행위자들이 시민사회, 특히 조심스럽고 선견지명 있는 경제 엘리트들 및 학계의 엘리트들과 연대해, '그냥 이대로'를 외치며 기회의 창을 가능한 한 빨리 닫기를 원하는 자들에 맞서 대항 세력을 만들어야 한다.

역사적으로 '대전환'의 단계는 항상 새로운 기술공학과 경제의 주도 부문에 의해 좌우되었다. 하지만 제도와 멘탈리티의 변화를 이끈 것은 상승하는 사회계급이었다. 이들은 전 사회적으로 그리고 초국가적으로 활동하며 처음에는 고립되어 있던 혁신 동기들에 '문화적 헤게모니'를 부여한다. 이런 행위자들은 '변화 관리자(change agent)'라고 일컬을 수 있다.[165] 이 '변화 관리자들'은 세계상을 뒤흔들고 기존의 태도와 행동 방식에 도전하며 타인에게 동기를 불어넣음으로써 역할 모델이 되어

179

혁신을 전파한다.

따라서 메타위기에서는 정치 공학뿐만 아니라 특히 시민사회의 민주적인 제도도 현대화되어야 한다. 통합은 구성원들에게 복지 혜택을 주는 것이 아니라 구성원들의 참여를 의미하며 ─ 현재의 추세와는 달리 ─ '더 많은 민주주의', 즉 혁신적인 형태의 직접적인 참여에 힘입어 강화된다. 거대 집단들이 구조적으로 배제당했다고 느끼거나 중산층조차도 '제자리를 잡지 못하고 동요하는' 상황을 피하기 위해서는 정치 참여가 진정한 효과를 낼 수 있다는 사실을 경험할 수 있어야 한다. 많은 경우, 선거에 참여하지 않는 것은 정치 교육으로 대처할 수 있는 지식 차원의 문제가 아니라, 정치의식이 있고 '무언가를 행하기'를 원하는 시민들의 정치에 대한 실망감의 표출이다. 이념과 관심사들이 구현되도록 하는 데에는 단지 '어떻게 실천할지에 대한 지식', 즉 민주주의의 실천적이고 도구적인 수행 능력이 부족할 뿐이다. '정치'는 불투명한 사회적 공간이 되었다.

대중에 기반한 독재적 권위주의

자유민주주의가 아직도 이런 힘을 가지고 있는가? 우리는 자유민주주의를 신뢰해야 한다. 왜냐하면 자유민주주의는 1945년에서 1990년 사이에 매우 다양한 형태를 띠고 여러 단계를 거치며 정치적 지배에 관한 세계 모델로서 자리 잡을 수 있었기 때문이다. 하지만 이 모델은 언제든 대체될 수 있다. ≪이코노미스트(The Economist)≫지는 2년마다 전 세계의 민주주의 발전 추세를 측정하고 있다. 민주주의 지표에는 선거 절차, 다원주의, 정부 행태, 정치 참여, 정치 문화 그리고 자유권 등이 포함된다. 스칸디나비아 국가들이 민주주의 발전도에서 상위를 차지하고, 헝가리, 베네수엘라 또는 캄보디아 같은 나라들이 중간 정도이고, 미얀마, 차드 또는 북한이 최하위에 있다는 것은 놀라운 사실이 아니다. 최근의 연구에서 연구자들은 민주주의 확산이 정체되고 있다는 진단을 내렸다. 여기서 주목할 만한 결과는 다음과 같다. 부시 행정부 기간 중에 미국의 민주주의가 특히 이슬람 세계에서 신뢰를 상실한 반면, 중국의 권위주의적인 자본주의가 특히 개발도상국에서 매력적인 모델로 간주되었다. 이는 금융위기가 서구에 대한 신뢰를 지속적으로 감소시켰기 때문이다.[166]

동유럽에서 민주주의가 후퇴하고 있는 것은 우려할 만한 일이다. 특히 그루지아, 키르기스스탄, 우크라이나에서는 민주적인 절차에 따라 선출된 정부가 강한 압박을 받고 있다.[167] 1989년에 큰 희망을 품고 출발했던 상황에 비추어 볼 때, 자유민주주의의 수준은 그 사이 28개국 가운데 19개국에서 2006년의 연구 결과에 비해 하락했다. 유일하게 체코 공화국만이 2년 전보다 개선되었다.[168] 서구에서는 정치 참여도의 하락, 정부의 무능 그리고 국내 치안을 강화하려는 조치에서 비롯된 자유권에 대한 제한이 나타나고 있다.[169]

이 모든 사실에서 알 수 있듯이, 상황은 결코 희망적이지 않다. 세계 전체에서 가장 넓은 의미에 비추어 민주주의 사회는 50퍼센트에 약간 못 미치는 상황을 감안하더라도, 민주주의가 전 세계적으로 후퇴하고 있다고 말할 수 있다. 따라서 발전 방향은 경제적인 성공에서 민주주의로 나아가는 것이 아니라, 경제적인 성공에서 생활수준의 향상으로 나아가는 것처럼 보인다. 주요 신흥국들은 대부분 이러한 발전 방향에 만족하고 있다.[170] 중국, 인도, 러시아, 브라질의 경제적 부상, 그리고 이란, 베네수엘라와 다른 남아메리카 좌파 정부의 서구식 리더십에 대한 도전으로 세계 정치의 지형도가 흔들리고 있다. 북대서양 양안의 서구 국가들은 지금까지 태평양 연안국들에 대해 일반적으로 압도적인 우위를 차지했지만, 이제는 경제와 정치에서 주도권을 상실하고 있다. 이제 더 이상 G7 또는 G8이 아니라, G20으로 확대되었다. 이러한 확대는 얼마 전까지만 해도 전혀 상상할 수 없었던 일이다.

　G8의 세계도 더 이상 우리가 과거에 알던 세계가 아니다. G20은 1999년 쾰른에서 개최된 세계경제정상회의에서 유래되었는데, 이때 세계 경제정책 및 통화정책에 관해 협의하기 위해 세계 주요 선진국과 개발도상국의 재무장관 및 중앙은행장들이 비공식적으로 모인 바 있다. G20 정상회의가 성사된 배경으로는, 1997년 아시아에서 외환위기가 발생하자 국제금융시장 안정을 위해서는 G7보다 폭넓은 협의체 구성이 필요하다는 인식이 확산됐고, 기존의 G7 선진국 외에 주요 신흥국을 포괄하는 국제 논의 체제가 필요하다는 인식이 제기된 점을 들 수 있다. 또한 2001년 9·11 테러 이후에는 돈세탁과 테러자금 지원을 막는 조치에 관한 협의도 필요했다. G20 회원국에는 기존의 G7인 미국, 일본, 영국, 프랑스, 독일, 캐나다, 이탈리아와 한국, 중국, 오스트레일

리아, 인도, 브라질, 멕시코, 인도네시아, 아르헨티나, 러시아, 터키, 사우디아라비아, 남아프리카 공화국 그리고 유럽연합이 포함된다. G20 국가들의 총인구는 전 세계 인구의 3분의 2에 해당하고, 20개국의 국내총생산(GDP)은 전 세계의 90퍼센트에 이르며, 전 세계 교역량의 80퍼센트가 이들 20개국을 통해 이루어진다.

2008년 이후 영향력을 넓히고 있고 조만간 G8을 대체하거나 그 의미를 상대화할 수 있는 G20 정상회의에서는, 세계금융 시스템의 복구를 둘러싼 경쟁과 ― 러시아식 권위주의적 자본주의나 중국 공산당 정치국이 주도하는 자본주의와 같이 ― 더 이상 서구식 모델을 따르지 않는 회원국들의 현대화 경로를 둘러싼 은밀한 경쟁이 펼쳐진다.

1989년 이후 '제4의 민주화 물결'이 거둔 초기 성과로 인해 세계가 조만간 거대한 서구로 변모할 것이라는 희망이 생겼다. 하지만 자본주의는 민주주의가 없어도 굴러간다. 번거롭고 오랜 시간을 끄는 여론 형성, 법안 청문회, 표결, 언론 자유나 헌법 소원과 같이 많은 시간이 소요되는 법치국가의 절차가 없다면, 자본주의는 심지어 더 빨리 진척될 수도 있다. 경우에 따라서는 앞뒤 가리지 않고 명령에 의해 현대화를 진행시킬 수 있는 것이다. 이를 테면 우리 서구 민주주의 사회에서 풍력발전소를 건설할 때는 수년 동안 사전 타당성 조사, 시민 여론조사, 법적 분쟁 그리고 감정 평가 등을 거치지만, 공산주의 국가에서 화력발전소를 건설할 때는 공산당 중앙위원회가 몇 주 만에 부지를 구해 일사천리로 건설 작업을 진행한다. 이런 식으로 진행되면, 비록 어제는 총체적인 오염원이었으나, 내일은 기술적으로 선진화되고 기후친화적인 시설로, 그리고 모레가 되면 재생 가능한 에너지원으로 변모하게 될까?

민주주의에 대한 포기는 이미 앞에서 말했듯이(79면 참조) 경제 발전의 걸림돌이 아니라 현대화의 가속기임이 증명되고 있다. 중국의 지도부가 빈곤의 완화와 무상분배를 통해 국민으로부터 체제에 대한 신뢰를 얻는 데 얼마나 고심하는지를 아는 사람은 이 체제가 민주주의가 아니라고 해서 실패한다고 장담할 수는 없을 것이다. 이러한 중국식 '성공 모델'은 선진국에서도 기술 만능주의적 계획경제의 환상을 불러일으키고 있다. ≪뉴욕 타임스(New York Times)≫지의 칼럼니스트 토머스 프리드먼(Thomas Friedman)은 미국이 단 하루만이라도 중국이 되면, 정부 차원에서 사회를 전부 녹색으로 개조할 수 있을 것이라는 희망을 피력한 바 있다. 물론 그다음 날에는 민주주의로 복귀할 수 있어야 하지만 말이다.[171]

현재 대략 전 세계의 5분의 1에 해당하는 국가들만이 OECD 국가들의 발전 경로를 따르고 있다.[172] 하지만 OECD 국가들 자체도 쇠퇴의 위험이 없는 것은 아니다. 나머지 5분의 4에 해당하는 국가들이 우리가 성공적이라고 여기는 경로를 아직 전혀 밟지도 못했다는 사실은 단지 수적인 면에서만 민주주의 사회들을 압박하는 것은 아니다. 다른 신흥국들에게는 서구에 대한 대안 모델이 더 매력적일 수도 있기 때문이다. 어쨌든 자유민주주의 국가는 프랜시스 후쿠야마(Francis Fukuyama)가 1992년에 예언했던 것과는[173] 달리 정치조직 역사의 최종적인 종말이 아니라, 항상 변이 형태를 만들 수 있는 역사적으로 상당히 건장한 집합체이다. 세계는 완전히 결함투성이인 민주주의로 가득 차 있고, 세계화는 지역화를 매개로 진행된다. 바로 이 때문에 세계화는 중국의 사회과학자가 언급한 대로 "반드시 단일화를 초래하는 것이 아니라, 분열을 초래할 수 있다. 분열의 잠재력은 세계화의 변증법으로 인해 방해받을 수 있지만, 또 한편으로는 일깨워지거나 촉진될 수도 있기 때문이다."[174] 싱가포르국립대 동아시아연구소 정융녠(鄭永年) 소장[175]은 중국 정부가 국가 행정을 서구식 모델에 맞추지 않고, 실용적인 관점에서 국내 여건에 맞추고 있다고 지적했다. 외국식 성공 모델은 활용 능력에 맞도록 채용되어 결국 중국 국가의 정통성을 높이는 데 일익을 담당한다.

권위주의적인 체제는 정통성을 확보할 능력을 인정받지 못한다. 권위주의는 민주 체제가 파생되어 나오는 '모태'로 간주된다. 민주 체제는 실패할 경우, 다시 이 권위주의로 복귀한다.[176] 볼프강 메르켈(Wolfgang Merkel)은 권위주의 체제를 '국민의 참여에 적대적이고, 폐쇄적이며, 융통성이 없고, 적응과 혁신에 태만한'[177] 체제로 특징짓는다. 권위주의 체제는 참여와 다원성을 제한하기 때문에,[178] 사회적·경제적·정치적 도전에 대응하기가 어렵고 끊임없이 붕괴될 위험에 처한다. 그런데 어떤 조건에서 권위주의 체제가 붕괴하는가? 또는 어떤 조건에서 권위주의 체제가 민주주의 국가들보다 더 성공적일 수 있는가?

중국은 스스로를 OECD 국가들에 대한 매력적인 대안 모델로 간주한다. 1976년 마오쩌둥(毛澤東)의 사망 이후 전체주의 체제는 독재 체제(Autokratie)로 전환되어, 한편으로는 경제 자유화를 추진하고 또 다른 한편으로는 시민의 자유를 엄격하게 제한했다. 1980년대 말 학생들의 저항운동과 부락 선거*의 도입은 민주화에 대한 희망을 키웠으나,[179] 톈안먼 광장에서의 대학살로 좌절되고 말았다. 1990년대 초에 이르러 확산된 지방 농민들의 시위는 일당 독재정권의 붕괴를 알리는 신호로 여겨졌지만,[180] 또다시 공산당 정권은 이러한 저항을 진압할 수 있었다.

중국식 독재 체제의 성공은 특히 공산당이 '성과'를 통해 — 무엇보다도 경제성장과 상당수 주민들의 생활수준 개선을 통해 — 정당성을 얻은 데서 비롯한다. 공산당 정권은 국내외의 도전에 대해 놀라울 정도로 유연한 개혁정책으로 대응했다. 이러한 개혁정책은 신속했고 대부분 성공적이었기 때문에 정치적인 자유화의 과정을 피할 수 있었다. 개혁정책은 유연하면서도 다양하게 전개되었는데, 발전 목표를 상황에 맞게 조절하는가 하면,[181] 민족주의적인 선전 공세를 펼쳤으며,[182] 강대국 외교를 당당하게 추구했다.[183] 중국은 2001년 세계무역기구에 가입함으로써 국제경제 무대에서 다른 나라들과 동등한 지위를 인정받았다. 중국이 민주주의 체제의 산업국가들과 협력하는 과정에서 갈등도 생겼는데, 중국의 양자 간 및 다자간 동맹정책과 자원정책을 그 예로 들 수 있다.[184] 미국의 보수적인 관측통들은 이런 권위주의적인 국가들과 맺는 목적 지향적인 동맹관계를, 자유민주주의 국가들이 권위주의적인 반대 모델과 동등한 관계를 이룰 수 있는 성공적인 시도로 여긴다.[185]

• 촌민위원회의 직선제 선거를 말한다. 중국식 풀뿌리 '민주주의'로 처음에는 1,000여 개 시범 촌에서 공산당 말단 조직인 촌당(村黨)위원회 선거가 실시되었고 이후 전국의 촌으로 확대되었다.

국가와 사회의 관계에서는 다양한 적응 사례들이 나타난다. 즉, 대의기관들(인민회의나 중국인민정치협상회의)에 참여할 수 있는 가능성들은 매우 지체되거나 느리게 확장되는 반면에, 부분적으로 자유화된 인터넷, 신문의 독자투고 같은 불만 처리 시스템은 중국 정부에게 다양한 주민집단의 문제점들과 분위기를 전달하는 채널을 제공한다.[186] 그 사이에 30만여 개의 등록된 사회조직이나 비영리단체가 출현했다. 등록되지 않은 협회의 숫자는 300만 개 이상으로 추산된다.[187] 이 조직들 가운데 상당 부분은 상대적으로 비정치적인 사회 및 환경 분야에서 활동하며 당과는 대부분 협력 관계를 맺고 있기 때문에, 국가는 사회 문제를 해결하는 데서는 한발 물러설 수 있다.[188]

정치 시스템에서도 중요한 변화들이 확인되는데, 예를 들면 정치 지도부의 나이가 젊어지고 전문화되고 있다.[189] 중앙과 지방의 관계는 제한적인 탈중앙화 정책에 힘입어 개선되었다. 이 정책은 지방 혁신을 촉진하지만, 사회정책과 경제정책에서는 중앙정부의 통제를 유지한다.[190] 중국 경제의 혁신 잠재력은 여전히 크고, 고등교육과 기술 교류의 확대에 따라 계속 커지고 있다.[191]

요컨대 중국은 흔히 권위주의 국가라거나 전체주의 국가라고 희화화되지만 사실상 그런 이미지와는 다르다. 하지만 중국은 경제적인 부흥과 더불어 민주화를 염원하는 사람들을 실망시키고 있는 것도 사실이다.[192] 중국은 서구와는 완전히 다른 길을 걷고 있다. 이러한 중국의 길이 민주주의의 미래에 어떤 의미를 지닐지는 불확실하다. 기후변화도 심각한 환경 파괴와 마찬가지로 장차 중국에게는 골칫거리가 될 것이다. 중국의 경기부양책에서 '녹색' 부문이 34퍼센트를 차지하고 이 수치는 유럽연합보다 훨씬 더 높다는 사실을 알게 되면, 중국 지도부가 기후정책을 등한시한다고는 말할 수 없을 것이다. 그리고 중국 정부가 상하이 인근 동탄 지구 충밍 섬에 2050년까지 50만 명이 거주할 수 있는 탄소 제로 신도시를 건설하는 장기 프로젝트를 추진하고 있다는 사실을 알게 되면 결코 그런 인상을 가질 수 없을 것이다. 이런 프로젝트는 유럽에서는 현재까지 유례를 찾아볼 수 없다.•

(어떻게) 민주주의가 기후변화를 극복할 수 있을까?

민주주의는 얼마나 친환경적이고, 기후변화는 또 얼마나 친민주주의적일까? 이 질문은 오랫동안 저절로 해답이 나오는 것처럼 보였다. 물론 자유민주주의 체제는 환경 문제를 통상적으로 독재 체제보다 더 잘 해결하고 있다. 서구 민주주의는 기후재난을 예방하고 기후 영향에 적응하는 데에도 독재 체제보다 뛰어나다. 환경정책에 대한 연구는 "민주주의가 권위주의보다 환경정책을 더 잘 펼칠 수 있다"[193]는 결론에

• '친환경 국가'라는 이미지를 겨냥한 이 국가전략 프로젝트는 전체 건물을 6층 이하의 저층으로 짓고, 건물 간 이동거리가 짧게 설계되며 옥상 녹화까지 계획하고 있다. 에너지도 풍력과 볏짚 등 바이오매스를 주로 활용하고, 대중교통은 태양광 수상 택시나 수소연료 전지 버스를 운용하는 등 다양한 환경 및 에너지 기술을 적용할 예정이다. 이 탄소 제로 신도시는 기존 도시보다 에너지 소비를 60퍼센트 이상 절감하고 오·폐수 배출이나 폐기물 배출도 크게 줄일 것이다.

이르렀다. 윈스턴 처칠은 1947년에 "민주주의는 지금까지 시도된 정부 형태를 모두 제외하면 최악의 정부 형태이다"라고 말한 바 있다. 다시 말해 민주주의는 최악의 정부 형태이지만, 그나마 다른 정부 형태보다는 낫다는 말이다. 이 말은 기후정책과 관련해서도 유효하지 않을까?

민주주의의 실천과 환경정책의 실천은 어떤 관련성이 있는지, 그리고 우리가 이 두 가지 실천에서 나오는 정치 시스템의 생산성을 어떻게 평가해야 하는지에 대해서는 아직도 연구가 부족하다. 이러한 연구 부족은 단순히 학술적인 차원의 문제만은 아니다. 왜냐하면 여기서 관건은 우리가 알던 민주주의에 기회를 부여하는 문제이기 때문이다. 다시 말해, 기후변화에 대처하면서 어떻게 민주주의의 민주화를 위한 잉여가치를 만들어낼 수 있는가가 중요하다. 한 연구에 따르면, 24개 OECD 국가들에서 민주주의에 대한 만족도는 환경의 질에 비례해서 상승한다.[194] 이 때문에 정치 지도자들은 재선되려면 지속가능한 환경정책과 기후보호정책을 추구해야 하는 것이다. 다른 한편으로 선거로 교체되는 민주정치의 짧은 정치 사이클은 장기적이고 지속가능한 문제 해결에 방해가 된다. 따라서 현재와 같은 경제위기의 시대에는 환경정책이 뒷전으로 내몰리는 치명적인 결과가 초래되는 것이다.

또 다른 연구에 따르면, 민주주의 국가들 사이에도 큰 차이가 있다. 기후변화에 대처하는 정도를 놓고 보면, 북유럽의 복지국가들이 가장 앞서 있다.[195] 이는 우리에게 흥미로운 질문을 던진다. 국가별로 차이가 나는 민주주의 성취도는 해당 국가 주민들의 뛰어난 자질 또는 참여 구조나 참여 기회와 일치하는가? 합의민주제에서는 지속가능한 '기후

문화'가 다른 곳보다 더 정착되어 있는가? 또는 국가의 기후 효율성과 사회적 정의 사이에는 밀접한 관계가 있는가? 민주주의 국가들은 대부분 사회적 내구력 테스트를 거쳐야 한다. 그리고 그들의 수행 능력은 여러 관점에서 볼 때 자신들이 직접 만들지 않은 전제들에 기반하고 있다 — 이러한 전제로는 입헌국가들의 법문화와 일정한 수준의 복지를 들 수 있다. 우리는 자유민주주의가 환경위기를 인식하고 대처하는 능력을 지니고 있는지에 대해서는 아는 바가 별로 없다. 환경위기가 기후위기만큼이나 심각하고 위협적인데도 말이다.

민주주의는 스트레스를 받고 있다. 특히 인구 변동('고령화')으로 생겨난 복지국가의 기능 장애와 정당성 문제, 테러 공격으로 촉진된 불안 반작용과 더불어, 온갖 종류의 '자연재난'에 따른 사회적 확실성과 안전의 지속적 상실이 나타나고 있다. 아마도 가장 큰 문제인 시민들의 신뢰 상실에 대해서 우리는 이미 언급한 바 있다. 이와 더불어 세 가지 문제가 더 있는데, 이것들은 민주주의 자체에 대한 위협이기도 하지만 민주주의 **자체 때문에** 생기는 위협이기도 하다.

- 요구와 현실 사이의 점증하는 불일치
- 주기적인 선거로 재편되는 짧은 임기
- 세계화의 딜레마

첫째, 지금까지 어떤 민주주의 형태나 정교한 선거법도, 국민의 의지를 충실하게 받들어 실행하는 대의민주주의의 과제를 다수 의석을 확보한 정부의 실제 행정과 조화시키지 못했다. 이러한 부조화는 불투명하고 불충분한 투표 방식 그리고 대안을 합리적으로 심사숙고하지 못하는 투표권자의 무능에서 시작되고, 연정 계약을 준수하는 데 따른 속박으로 인해 (또는 경쟁 민주주의에서 집권 여당의 의석이 근소한 우위를 차지할 때) 확대된다. 정책 프로그램을 실현하지 못하거나 이 프로그램과는 정반대의 정책을 펼치면 결국 여당은 지속적으로 불안정한 상태에 놓인다. 따라서 유권자나 정부가 기후정책을 추구할 수는 있지만, 실현되는 것은 항상 차선에 그칠 수밖에 없다.

둘째, 민주주의는 미래를 내다보는 체계적인 안목을 가지고 있지 못하다. 정치 진영들은 훨씬 이전의 역사적 구도 속에서 발전해왔으며, 과거의 정치 프로그램을 상징적으로 계승한다. 예를 들어 사민당은 '최저임금'이나 '부유세'와 같은 테마를 내세움으로써 '서민'의 정당을 표방하고 있지만, 실제로는 1990년대의 탈국가화 프로그램을 함께 진행했고 실행해오고 있다. 집권당들과 정치 엘리트들의 정치 사이클은 임기에 맞춰져 있다. 이 때문에 권력 획득과 유지라는 단기적인 전략이 우선시된다. 정책은 근시안적이고 즉흥적이며, 개혁성을 띠기보다는 기존의 것을 변형하는 데 급급하다. 신자유주의는 이런 단기성을 더 강화시켰다. 다시 말해, 장기적인 기후정책을 펼치고 심지어 산업사회의 구조 전환에 착수하려는 정치인들은 선거에서 이기기 어렵다. 더구나 막강한 로비스트들이나 연정 파트너들이 좀처럼 공공성이 없는 특수 이해관계를 위해 중장기적으로 영향력을 행사할 경우에는 더 말할 나위가 없다.

셋째, 민주주의 통치는 흔히 국민국가적인 차원에서 이루어지지만,

점점 더 초국가적인 차원에서 보충되거나 대체되는 경우가 늘어나고 있다. 이는 민주적인 정당성이 떨어지고 민주적 소통과 협상의 원칙에도 위배된다. 이러한 글로벌 행보는, 정치 행위자들로 하여금 국가적인 준거 틀(특히 선거나 대중 연설)과 글로벌 협상 과정(이러한 협상에 나서는 정치 행위자는 민주적인 대표권이 없거나 기껏해야 간접적인 대표권을 가질 뿐이다) 사이에서 끊임없이 갈등하게 만든다. 따라서 기후정책적인 조치들은 국가적인 무기력과 초국가적인 상황강제(Sachzwang) 사이에서 어려움에 처한다.

마지막 비상구 코펜하겐 기후회의: 글로벌 거버넌스의 어려움들

글로벌 문제들은 단지 글로벌 협력 속에서 처리되고 해결될 수 있다는 것은 상식이다. 이에 해당하는 전문용어가 **글로벌 거버넌스**(Global Governance)이다. 글로벌 거버넌스는 국가의 범위를 넘어선 통치를 말하며 — 개별 국가들이 참여하긴 하지만 — 공식적인 형태의 정부 없이 이루어진다. 국제정치의 모든 분야들이 글로벌 거버넌스의 방향으로 이행하고 있는데, 비정부기구(NGO)가 중요한 역할을 담당한다. 하지만 글로벌 거버넌스에서 어려운 점은 문제를 해결할 때조차도 정의롭지 못하고 민주성이 부족하다는 것이다. 게다가 규범적인 측면도 추가된다. 즉, 우리는 한 국가의 정부나 초국가적인 글로벌 행위자에게 '굿 거버넌스(Good Governance)'*의 이행을 강제할 수 없다. 왜냐하면 효과적인 제재 수단이 없기 때문이다. '굿 거버넌스'를 요구하는 정치 영역들은 군비 통제부터 인권 보호, 개발 협력, 노동기준 및 사회기준의 설정, 세계 정보질서의 확립, 세계 금융시장의 규제에 이르기까지 다양하다.

환경정책은 초국가적인 차원에서만 처리될 수 있는 고전적인 사례이다. 배출 물질은 국경이나 정치 스타일을 가리지 않으며 해당 국가들 모두의 현안이 된다. 「브룬틀란위원회 보고서」(1986)와 「리우 환경회의 선언문」(1992)[196)]이 발표된 이후 수십 년 동안 정확히 24번의 환경 체제가 출현했고, 이 중에는 개별 분야에서 개선 효과를 가져온 것도 있지만(가장 좋은 사례가 프레온가스 규제이다), 환경 상황의 악화를 막지 못한 경우도 있다(최악의 사례는 생물다양성의 감소이다). 글로벌 환경정책은 규범적인 합의를 이끌어내고, 사회적 추진 단체와 동조 단체뿐만 아니라 효과적인 통제 메커니즘을 동원할 수 있다는 점에서는 성공을 거두고 있다. 자금과 기술의 이전(Transfer)이 보장되는 것이 중요하고, 환경 단체와 비정부기구의 공식적인 압력 행사도 도움이 되며, 영향력 있는 환경기관과 구속력 있는 국제환경법도 필수적이다. 나아가 세계무역과 기후보호 같은 세계질서가 서로 보완되어, 어느 한쪽만 일방적으로 우선권을 지녀 서로 충돌하는 일이 없도록 하는 것이 중요하다.

기후보호와 관련된 초국가적인 협력의 전형적인 사례는 교토 의정

● 거버넌스가 어떠해야 하는지에 관한 규범적인 개념으로, 책임성, 투명성, 형평성 등이 지켜지는 이상적인 거버넌스를 말한다.

서이다. 교토 의정서는 1997년 일본 교토에서 개최된 유엔기후변화협약(UNFCCC) 당사국 총회에서 채택되었으며, 2005년 2월에 공식적으로 발효되었다. 주요 내용은 유럽연합과 일본 등 지구온난화에 역사적으로 책임이 큰 산업국가들을 대상으로, 국제법적으로 구속력 있는 온실가스 배출 목표치를 정하는 것이다. 이 산업국가들은 제1차 의무감축 기간(2008~2012년)에 1990년의 배출 수준과 대비하여 평균 5.2퍼센트의 온실가스를 줄여야 한다. 이 협약은 비판받고 있는데, 온실가스의 효과적인 감축이 전 세계적으로 현재까지 지체되고 있기 때문이다. 기후보호를 더 이상 늦출 수 없다는 절박한 상황에서 나온 협약이지만, 여기서 우리는 '코스모폴리턴적인 시각'을 엿볼 수 있다. 183개 국가들이 이 협약에 가입, 비준 또는 다른 형태로 동의를 표시함으로써 '공통적이지만 차별화된 책임'의 원칙을 승인했다.

이 협약으로 세계기후정부가 출범한 것은 아니지만, 이런 단계적인 협력에서 글로벌 거버넌스의 전형적인 특징이 나타난다. 글로벌 기후 거버넌스는 시장, 계층, 신뢰와 같은 조정 요소들을 초국가적인 네트워크로 결합하는 메커니즘이며, 세계정부가 존재할 수 없기 때문에 협상을 통해 합의를 도출해낸다. 교토 협약은 특히 「제2차 IPCC 보고서」(1995)에 나타난 과학적인 인식을 바탕으로 감축해야 할 유해 온실가스를 정했다. 금지 사항과 권장 사항을 이행할 단계별 공약 기간(의무감축 기간)은 당사국들의 서로 다른 발전 과정과 상태, 기후세계에서의 정치적 역학관계를 고려한 것이다. 당사국들은 의무감축 기간에 온실가스 감축을 위한 정책을 펼치고 필요한 조치를 취해야 하며, 에너지 효율

향상, 온실가스의 흡수원 및 저장원 보호, 신재생에너지 개발 및 연구와 같은 활동을 해야 한다.

온실가스의 효율적 감축을 위한 방안으로 **배출권 거래제**(Emission Trading: 126~128면 참조) 말고도 **공동이행 제도**(Joint Implementation)가 있다. 이는 선진국 기업이 다른 선진국에 투자해 얻은 온실가스 감축분의 일정량을 자국의 감축 실적으로 인정받을 수 있게 하는 제도이다. 아울러 **청정개발 체제**(Clean Development Mechanism, CDM)도 도입했는데, 선진국이 개발도상국에 투자해 얻은 온실가스 감축분을 자국의 온실가스 감축 실적에 반영할 수 있게 하는 제도이다. 이러한 부담 분담(Burden Sharing)의 메커니즘에 따라 협약국가들은 자신들의 감축 목표를 공동으로 달성할 수 있다. 독일은 온실가스 배출량을 21퍼센트, 영국은 12.5퍼센트 감축해야 할 의무가 있다. 프랑스는 1990년 수준으로 유지하려 했고, 스페인은 15퍼센트 정도를 더 배출해도 된다.

교토 협약은 기대했던 만큼 성과를 거두지 못했다. 많은 행위자들이 오래 전부터 의도했던 평균 기온 2℃ 이내 상승 목표를 사실상 '3℃' 이내 상승으로 조정했고, 협약을 피해갈 수 있는 허점이 노출되거나 거대 기술을 발휘하는 미래의 '구원자'가 나타나리라는 막연한 기대에 의존함으로써 협약의 효과가 떨어졌다. 기후보호의 집단적인 선도자인 유럽연합과 (분지와 숲도 계산에 넣어야 한다는 식으로) 예외 규정을 고수하며 제동을 거는 일본, 러시아, 미국, 캐나다 같은 나라들 사이의 갈등이 전 지구적으로 번졌다. 재정 부담과 관련해 이른바 부속서 I 국가들[197]과 G77 국가들 사이에 노선 차이가 존재하고, 미래 세대의 권리

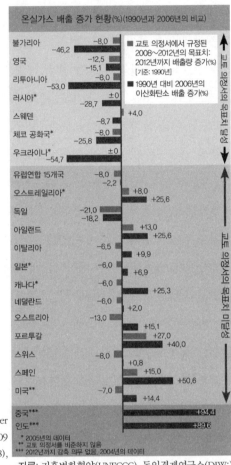

그림 4 교토 의정서의 목표—
현재치와 목표치

자료: Eva Berié u.a. (Red.), Der
Fischer-Weltalmanach 2009
(Frankfurt am Main, 2008),
715면.

와 관련해서는 개발도상국들도 '공동의 책임'에서 면제될 수 없다는 인
식도 있다.

　당시 앨 고어(Al Gore) 부통령이 교토 의정서에 직접 서명하기도 했
던 미국은 부시 정부 시절에는 국가주권이 침해된다고 우려해 협약 이

행을 완전히 거부했다. 미국은 버락 오바마 대통령 재임 중에도, 기후
정책 측면에서 일부 노선이 변경되더라도 여전히 교토 협약과 같은 형
태의 다자간 체제로는 복귀하지 않을 것으로 전망된다. 하지만 미국은
부시 정부하에서 잃어버린 8년의 시간을 보낸 후, 기후보호의 옹호자
로서 다시 다자간 협상 무대로 복귀 의사를 타진하고 있다. 오바마 대
통령은 개인적으로는 기후 및 에너지 전환에 찬성하면서 야심적인 기
후정책을 발표했다. 이로써 미국에서의 기후보호 활동은 이제 더 이상
일부 지역이나 개별 주 차원에만 한정되지 않으며, 캘리포니아 같은 적
극적인 주들의 선도적인 활동도 워싱턴으로부터 더 이상 방해받지 않
는다. 하지만 미국이 협상 테이블에서 실제로 변화된 태도를 보일지는
아직 더 지켜보아야 한다. 기후변화 특사인 토드 스턴(Todd Stern)의
발언들을 놓고 보면, 미국은 배출량을 2020년까지만 1990년 수준으로
되돌리고 그 이후부터 2050년까지는 다시 늘리려는 계획을 세우고 있
음이 드러난다. 이는 미국의 역량에 대한 현실주의적 평가의 결과일 수
도 있으나, 또다시 친환경정책을 연기하려 드는 의회 내 양대 정당의
저항에 대한 현실적인 평가일 수도 있다. 세계 제2의 온실가스 배출국
인 미국이 앞으로 수년 동안 실제 감축에서 면제된다면, 워싱턴은 세계
를 선도하는 위치로 나설 수 없게 될 것이다.

중국은 급속한 경제성장의 단계를 거친 후 세계 제1의 온실가스 배
출국으로 부상했다. 이로 인해 중국의 환경 문제는 극심해졌고, 일부
지역에서는 주민들의 저항이 생기기도 했다(대표적인 예로 황허강 유역
을 들 수 있다). 이 문제는 몇 년 전부터 공산당과 정부, 학술기관 등에

서 집중적으로 논의되고 있다. 배출량 감축과 에너지 절감을 목표로 제시한 정책 문건들도 (특히 2008년 베이징 올림픽 무렵에) 발표되었는데, 이 목표는 이미 부분적으로 실행되기도 했고 지방정부에도 시달되었으나, 그 효과는 기대 이하였다. 중국은 청정개발 체제(CDM)의 혜택을 많이 받은 나라이며, 총 청정개발 사업비의 거의 4분의 3을 얻었다. 2008/2009년에 중국은 재생 가능 에너지의 비율을 15퍼센트 이상으로 올리고 성장의 축을 지방 생산자들에게 넘기는 주목할 만한 녹색 경기부양 프로그램을 펼친 바 있다.

그동안 중국의 발전은 상부의 지시와 통제로 일사불란하게 진행되었지만, 이제 수천 건의 저항운동이 발생해 사회 불안이 조성되고 있다. 이러한 사회 불안은 저항운동에 연루되어 강제귀향 조치된 수십 만 명에 의해 더욱더 강화되고 있다. 2008년 겨울에는 또다시 민주화 요구가 터져 나왔다. 중국의 일당독재 폐지 및 정치 개혁을 요구하는 「08 헌장(Charta 08)」은 지식인 303명이 작성했고, 수만 명의 중국인들이 서명했으며 가늠하기 힘들 정도로 수많은 블로거들에 의해 전파되었다. 공산당 내부에서도 마오쩌둥의 노선을 탈피하려는 좌파들이 나타났는데, 이들은 지금까지 견지되었던 경제 현대화 노선을 사회 친화적으로 개선하고자 한다. 이러한 좌파적 입장은 서구 모델을 배제하는 민족주의를 표방한다. 그동안 서구 모델은 중국에서 특히 소비생활에 영향을 미치며 상류 중산층의 생활양식을 주도하고 있다. 하지만 계속되는 에너지와 자원 소비욕은, 경제위기와 환경위기를 극복하는 과정에서 중국의 협력적인 태도를 오히려 더 강화시켰다. 이제 중국은 자신을 미국과 대등하게 여기고 유럽과 일본은 이미 추월했다고 생각한다.

전체적으로 보면, 기후 막후 협상가들에게 협력과 조정의 압박 강도가 커지고 있다. 안정된 기후는 글로벌 공공재다. 이러한 공공재의 이용은 비독점적이고 비경쟁적이다. 다시 말해, 이 재화가 성공적으로 분배된다면, 인류는 어디서든 똑같이 이용할 수 있는 것이다. 자원경제학자 스콧 배럿(Scott Barrett)은 협력의 유형과 수단을 설명하는 4단계 분류법[198]을 고안했다. 1단계에서는(위협적인 소행성의 출현과 같은 경우) 모든 사람들이 한 나라 혹은 한 국제기구의 지도 아래 결집한다. 2단계에서는(전염병 퇴치의 경우) 연결고리 가운데 가장 취약한 부분에 집중한다. 3단계로는(기후변화의 경우) 다자간 노력이 필요하거나, 4단계로는(핵무기 폐기의 경우) 전방위적인 제한이 필요하다. 무엇이 각 나라들로 하여금 기후변화와 같은 글로벌 재난을 피하려는 노력을 멈추게 하는가?

이에 대해 스콧 배럿은 매우 설득력 있는 네 가지 이유를 제시한다. 첫째, 기후변화는 전체 인간 종의 말살을 초래하지 않는다. 둘째, 각 나라들이 입는 피해가 서로 다르다. (그리고 일부 나라들은 오히려 기후변화로부터 이익을 얻을 수 있다고 생각한다.) 셋째, 기후보호는 아주 비용이 많이 들 뿐만 아니라 다른 용도(예를 들어, 재난 보호)의 재원까지 끌어들인다. 넷째, 모든 사람들이 함께 참여해야 하는 분야에서는 무임승차자가 많이 생긴다. 일상생활에서도 잘 알려진 이런 '무임승차자(free rider)'의 문제는 지금까지 해결되지 않았다. 이 문제는 환경(여기서는 대기와 대양)이 '공유지'로 간주될 때 생기며, 지금까지 특히 산업국가들을 비롯해 모든 국가들이 지속가능성에 대한 배려 없이 이러한 공공재를 다양하게 이용해왔다. 이산화탄소 감축을 주도하는 가상적인 기후 패권국가가 있다고 가정해보자. 이 국가가 전체의 이익을 위해 공공재를 지키려 해도 이를 이용하려는 국가가 있다면 막을 수 없다. 따라서 무임승차자는 아무런 대가를 치르지 않고 배출량 감축으로부터 이익을 얻게 되는 것이다.

이 때문에 배럿과 동료 연구진들은 (더 이상) 온실가스의 감축을 선호하지 않고, 재난 보호와 적응 프로그램 그리고 거대공학에 집중한다. 하지만 이러한 선택은 치명적인 결과를 초래할 수도 있다. 기후가 최악의 상태가 된다면, 혜택을 보는 사람은 존재하지 않을 것이다. 따라서 무임승차는 결코 합리적인 전략이 될 수 없다. 게다가 기후보호 투자는 사회의 다른 분야들도 발전시킬 수 있다. 그리고 기후변화는 경우에 따라서는 전체 시스템을 위협할 수도 있다. 소행성의 접근이 모든 사람들의 참여를 이끌 수 있듯이, 기후변화도 이런 결집 효과를 거둘 수 있는 것이다. 지구 평균 기온을 2℃ 상승에서 그치게 하려는 새로운 노력을 이끄는 주요 모티브는 배출량 감축의 절박성이다. 이에 대해서는 기후 연구의 최근 결과들이 재차 강조하고 있다.

기후변화의 마지노선에 대하여

평균 기온 2℃ 한계는 2005년 유럽연합 기후정책의 주요 방침으로 선언되었고, 그동안 100여 개 이상의 국가들에 의해 자국의 기후정책을 위한 원칙으로 채택되었다. 2℃ 목표의 기준은 산업화 이전의 온도 수준이다. 산업화 이후 온난화가 0.8℃ 이상 진행되었다. 2009년 12월 코펜하겐 기후회의에서, 환경 연구가들이 마지노선으로 설정한 2℃ 목표의 달성을 위한 전기가 마련되었다. 이 마지노선을 넘어서면 기후변화의 치명적인 재난을 배제할 수 없는 지경이 된다. 2009년 3월 코펜하겐에서 열린 기후회의 준비회담에서 과학자들은 대기 중 이산화탄소 농도를 450ppm까지로 안정화해야 한다는 의견을 밝힌 바 있다. 이 수치는 기후정책적인 상한선이다. 미국항공우주국(NASA) 소속 세계적인 기후학자로서 의회 보고를 통해 기후변화의 위험성을 전 세계에 알렸던 제임스 핸슨(James Hansen)의 추산에 따르면, 현재 대기 중 이산화탄소의 농도는 385ppm이고,* 가능한 한 빨리 350ppm 이하로 낮춰 안정화해야 한다. 43개 섬 국가들의 입장을 대변하는 군소도서 국가그룹(AOSIS: Alliance of Small Islands States)은 최대 1.5℃ 온도 상승으로 더 강력하게 제한하도록 요구했는데, 이미 이들 나라는 해수면 상승으로 인해 문자 그대로 목까지 물이 차올랐기 때문이다.

따라서 2℃ 상승은 절대적인 최대치다. 코펜하겐 기후회의에서는 더 이상 온실가스의 현상유지 배출전망치(BAU)가 관건이 아니라, 목표치를 달성하려면 어떤 규모로, 어떤 시기에, 어떤 단계에서 그리고 어떤 행위자들에 의해 글로벌 배출량이 감축되어야 하는지 구속력 있는

---

* 2010년 열린 유엔 기후변화협약 당사국 총회는 이산화탄소의 농도 400ppm을 '경고 수치'로 삼았고, 2013년 세계기상기구는 지구의 이산화탄소 농도가 396ppm을 기록했다고 발표했다.

전략이 확정되어야 했다.

이산화탄소의 수치가 빠른 시기에 줄어들지 않으면, 앞으로 합의 가능한 모든 감축량은 비현실적으로 크고 엄격하게 설정될 수밖에 없다. 따라서 2050년 배출량이 전 세계적으로 1990년의 절반 수준이 될 때까지 단계적으로 감축량을 정하는 방법이 바람직할 것이다.

이와는 반대로 배출량 감축을 또다시 연기해 2020년에 가서야 비로소 전환점에 도달한다면, 똑같은 배출 총량을 유지하기 위해서는 연간 감축량이 3배 이상 높아져야 한다. 이렇게 되면 모든 당사국들은 목표 달성이 불가능해져 결국에는 배출량 관리에 소극적인 태도를 보일 수밖에 없을 것이다.

교토 협약은 이런 도전에 대비하고 있지 않았다. 배출량 감축의 시작은 2009년 코펜하겐 기후회의의 준비 단계부터 대부분의 협상가들에게 너무 큰 부담으로 여겨졌다. 인도네시아 발리와 폴란드 포즈난에서 열린 제14, 15차 기후변화협약 당사국 총회와 2009년 독일 본에서 열린 실무자 회의는 2℃ 상승 목표가 지켜질지에 대해 강한 의구심을 불러일으켰다. 기후 막후 협상가들은 지금까지 모두가 흔쾌히 동의할 만한 협상안을 마련하지도 못했고, 북반구 주요 산업국들의 배출량 감축을 위한 중재안을 만드는 데도 실패했다. 기본 데이터에 대한 정확한 정의조차 이루어지지 못한 실정이다. 말하자면 목표나 방법에 대한 합의가 전혀 도출되지 않은 것이다. 그 대신 또 다른 처리 방식만 고안되었다. 이것은 온실가스를 측정하고 보고하며 검증하는(MRV: Monitoring, Reporting and Verification) 방식을 뜻한다.[199] 이는 국제 외교에서 흔히 볼 수 있는 목표 지향적인 처리 방식이긴 하지만, 글로벌 거버넌스의 정당성과 평판을 높이지는 못했다.

유럽연합, 노르웨이, 칠레 그리고 일부 개발도상국들이 2℃ 상승이라는 한계선을 계속 유지하려는 반면, 중국과 인도 그리고 미국과 러시아는 이를 지키려는 의지가 명확하지 않다. 반대로 군소도서 국가그룹(AOSIS)은 야심적인 목표들을 위해 분투했고, 스위스, 한국, 멕시코 같은 환경건전성 국가그룹(EIG: Environmental Integrity Group)은 2020년까지 배출량을 크게 감축하겠다는 의지를 자발적으로 표명했다. 논란의 여지가 있는 것은 특히 북반구에서 남반구로의 기술 및 금융 이전의 규모와 방식이다. G77 국가들은 국내총생산의 1퍼센트까지를 공공재원에서 (부족할 경우, 개발원조 예산에서) 충당하는 반면, 해당 산업국가들은 주로 탄소시장에서 사적 금융을 끌어들이고자 한다.

기후 협상은 다른 국제협상과 마찬가지로 밀실에서 진행되는 정상외교라는 부정적인 이미지를 남겼다. 전체적으로 드는 인상은 마치 협상이 심지어 3℃ 한계를 둘러싸고 공전하는 듯했다. 하지만 계속해서 지연된 정책으로 인해 경제적으로 바람직하지 못한 결과가 발생했다는 반성의 분위기도 감지되었다. 즉, 만약 1992년 리우 기후회의에서 유엔기후변화협약이 채택된 때부터 배출량 감축을 시작했다면, 매년 1퍼센트보다 훨씬 더 적은 양의 감축으로 기후 문제를 해결할 수 있었을지 모른다는 아쉬움 말이다. "이제 더 이상 …… 기후 문제에 등을 돌릴 수 없다. 이러한 책들이 출간된 마당에 이제 그 어떤 정치가도 현 상황에 대해 알지 못했다고 말할 수는 없을 것이다"라고 슈테판 람스토르프

(Stefan Rahmstorf)는 심각한 상황을 요약하고 있다.[200]

왜 세계는 모든 위험을 막는 대책에 합의하지 못하는가? 단순하게 말하자면, 글로벌 협력은 다음과 같은 세 가지 형태로 이루어진다. 첫째, 한 나라가 해결책을 제시하고 선도하면서 다소 부드러운 힘을 발휘해 다른 나라들을 압박하여 따르게 한다(헤게모니). 둘째, 서로 의존적인 동등한 행위자들이 공동으로 문제 해결을 위해 협상한다(다자주의). 셋째, 나라별로 행위자들이 독자적인 방법과 지역 네트워크를 동원한다. 이런 시도들은 확신과 시너지 효과를 통해 총체적인 해결책으로 발전한다(융합). 첫 번째와 세 번째 형태는 협상 결과에 대한 이의 제기를 최소화하지만, 아웃사이더와 무임승차자를 위한 여지를 만든다. 두 번째 형태는 모든 국가들에 대해 최고의 구속력을 갖지만, 일의 진행이 번거롭고 비용이 많이 든다.

현재의 메타위기에서는 유감스럽게도 이 세 가지 형태 중 어느 것도 유효하지 않다. 현재까지 '유일하게 남아 있는 초강대국' 미국은 세계를 주도하기에는 '소프트파워'를 크게 상실했다. 또한 미국은 다른 나라들이 자신을 따르도록 강제할 수 있는 '하드파워'도 충분히 가지고 있지 않다. 이는 글로벌 테러와의 전쟁, 아프간 전쟁과 이라크 전쟁 그리고 북한과 이란과의 분쟁에서 백일하에 드러났다. 나아가 이러한 상황은 G20의 배타적인 클럽에서도 마찬가지로 나타나고 있다. 여기서 미국은 대규모의 유동성을 시장에 퍼붓는 케인스식 경제 프로그램을 관철시키지 못하고 있다. 세계는 초강대국 미국과 소련의 양자 간 경쟁 시기가 끝나고 한동안 미국의 일방적 지배가 있은 후, 다극화 방향으로 나아가고 있고, 경제와 정치 및 문화의 미국화는 강력한 경쟁 상대를 만나고 있다.

한때 복지국가형 대안이자 다자주의의 타고난 대변자였던 유럽연합은 각국의 개별 이해관계로 분열되어 무기력해졌다. 유럽연합은 중앙정부도 없고, 글로벌 차원에서 중요성을 띠는 금융기구도 없으며, 기후 정책적으로도 더 이상 중추 역할을 하지 않는다. 내부적으로 1950년대 유럽공동체(EC)의 산파 역할을 했던 석탄과 철강 중심의 역사적 프로젝트 이후에 '탈탄소' 공동체가 구성되지 않았다. 이 때문에 유럽은 별다른 주목을 끌지 못하고 있다.

무게중심이 서양에서 동양과 남반구로 이동했다. 중국은 헤게모니 역할을 수행할 만큼 성숙하지 못했지만, 다른 브릭스 국가들(BRICs: 중국을 포함해 2000년대를 전후해 빠른 경제성장을 거듭하고 있는 브라질·러시아·인도)과 공동으로, 그리고 특히 자신의 글로벌 기업을 통해 점점 더 자신 있게 국제 무대에 등장하고 있다. 이 모든 국가들은 경제적 자유와 정치적 자유를 결합한 자본주의적인 표준 모델을 따르지 않는다. 이들은 오히려 '대중에 기반을 둔 독재적 권위주의' 지배 체제를 G20에 도입하고 있다. 이러한 지배 체제에서는 공산당 엘리트, 올리가르히(Oligarch: 러시아 신흥재벌 세력) 또는 권력 가문이 (대개는 강력하게 집중된) 경제기업을 통해 지배력을 장악하고 국가의 이해관계를 아무 거리낌 없이 좌우하며 반대자들을 무참히 진압한다. 그런데 G20의 세계는 상호의존적인 관계가 형성되어 파트너로서 이 국가들을 회피할 수 없는 상황이다. 유감스럽게도 G20이 수행하는 금융경제적인 기능에 기후정책적인 기초를 깔고 2℃ 상승 목표를 세계경제의 개혁 프로그램에 포함시킬 수 있을지는 회의적이다.

지구온도 3℃ 상승의 세계는 **어떤 면에서 보더라도** 우리가 알던 세계의 종말이다. 3℃, 4℃, 또는 5℃ 이상의 기온 상승은 단순히 약간 더 따뜻해진다거나 추워지는 것이 아니라, 우리가 알지 못하고 또 알려고도 하지 않는 다른 생활 형태를 의미한다.

대안

새로운 자연의 위협으로 리바이어던이 필요해진 상황이 되었다고 말할 수도 있을 것이다. 시민이 안전과 보호를 얻기 위해 자신의 자유를 바치는 절대권력자 리바이어던 말이다. 생태적 비상사태는 생태 자원을 독재적으로 분배하는 일종의 생태독재를 초래한다. 하지만 생태독재를 원하는 사람일지라도, 첫째로 세계정부가 없는 상황에서는 세계 생태독재도 존재할 수 없다는 문제에 직면할 것이고, 둘째로 독재는 특히 너무 경직되어 역동적인 변화 요구에 대응할 수 없기 때문에 실패한다는 역사적인 교훈에 직면할 것이다.

따라서 유일한 대안은 '더 많은 민주주의'를 감행하는 것이다. 브루노 프라이(Bruno Frey)는 사람들이 민주주의에서 소중하게 여기는 것은 '절차의 효용성'이라고 지적한 바 있다. 사람들은 '결과의 효용성'을 순전히 성과 — 시민들이 지각할 수 있는 결과물로 나타나는 법률, 연금 인상, 낮은 인플레율 등 — 로부터 이끌어낸다. 하지만 이와 더불어 절차의 효용성, 즉 결과에 영향을 미칠 수 있을 때 누리는 관심과 만족이 존재한다. 이는 민주주의를 활성화하는 매우 중요한 원천으로서 "사람들이 결과와는 무관하게 결정 과정 그 자체로부터 얻는 주관적인 만족감이다."[201] 우리는 노동의 즐거움, 상급자로부터 받는 존중과 동료애, 운동경기의 페어플레이, 번뜩이는 아이디어 등에서도 이와 유사한 경험을 한다.

그런데 정치 참여라고 해서 왜 주관적인 만족감을 높이지 않겠는가? TNS의 한 여론조사에 따르면, 시청 당국의 서비스와 관청의 대민 친절도가 긍정적으로 평가될 때 지역의 민주주의 지수가 높아진다. 이 여론조사는 특히 민주주의 지수와 시민들이 지방정책과 발전에 영향력을 행사할 수 있다고 느끼는 감정 사이의 상관관계가 높다고 강조한다.[202] 이 때문에 민주정치의 규범적이고 자발적인 측면을 다시 한 번 더 강조할 필요가 있다. 이러한 측면은 현대 국가들이 복지와 안전을 제공하는 것과는 별개로 보장해야 할 자유의 실현이기도 하다. 민주주의는 시민에게 다른 지배 형태보다 더 많은 자유와 기회를 허용한다. 특히 민주주의는 원하지 않는 지배자를 유혈 사태나 극적인 사태를 동원하지 않고서도 쉽게 교체할 수 있도록 한다. 민주주의는 '대중의 지혜'를 신뢰함과 동시에 '다수에 의한 독재'의 유혹을 차단한다. 다시 말해, 열세에 있는 소수는 다수에 동의하고, 다수의 지원으로 다음 선거에서 승리할 수 있다. 전체적으로 민주주의는 다른 체제보다 '더 반응적'이고, 정치과정은 더 예측 가능하며, 여론은 정치가들을 지속적으로 통제하고 이

들에게 해명의 의무를 부과한다. 하지만 이 모든 과정은 시민들이 일상
생활을 하는 데 방해가 되어서는 안 된다. 제도적 안정성은 — 이와 관
련해서는 현대 대중민주주의에 앞서 형성된 법치국가와 입헌국가가 결
정적인 역할을 한다 — 누구나 자신의 사적인 영업 활동을 방해받지 않
고 계속 수행할 수 있도록 보장한다.

성공적인 기후정책은 '더 많은 민주주의'를, 다시 말해 새로운 참여
문화를 필요로 한다는 점은 해명되어야 한다 — 많은 중요한 사안들이
위험에 처해 있는 상황에서 민주주의는 왜 적극적인 시민 참여에 기대
를 걸어야 하는가?

제5장
거대한 전환

> 모든 붕괴는 지적이고 도덕적인 무질서를 동반한다.
> 최악의 상황에서도 절망하지 않고 어리석음에 빠지지 않는
> 냉철하고 인내심 있는 사람들을 만들어야 한다.
> 이성으로 비관해도, 의지로 낙관하라.
> 안토니오 그람시Antonio Gramsci, 『옥중수고』[203)

우리가 알던 세계가 낳은 문제의 지속가능한 해결은 바로 문화 혁명을 요구한다. 따라서 시민사회에는 우리 구성원들이 지금까지 받아들였던 것보다 훨씬 더 중요한 역할이 부여된다. 그리고 이러한 문화 혁명은 더 적은 민주주의가 아니라 더 많은 민주주의를 요구한다. 앞에서 이미 살펴보았듯이, 유감스럽게도 현재의 생활 형태와 지배 형태에 대한 신뢰는 크지 않다. 메타위기의 영향과 불공정이 점점 늘어나고 있다는 느낌으로 인해 자유민주주의에 대한 신뢰는 흔들리고 있다. 하지만 냉철하게 판단하면 시민들이 감성적으로 동조할 수 있는, 더 나은 삶의 문화 프로젝트를 펼칠 잠재력과 실험은 얼마든지 존재한다. 우리가 거대한 전환(große Transformation)을 무리한 변혁 요구가 아니라 변혁의 기회로 파악한다면, 이 전환은 사회를 여러 관점에서 현재의 모습보다 더 좋게 개선할 수 있는 본연의 프로젝트로도 이해될 수 있을 것이다.

인간은 포기를 원하지 않는다: 비정치적인 인간의 사전에서*

우선 몇 개의 의미론적인 장애물을 제거해야 한다. 기후위기에 대해 장황하게 비판한 후 사회 변화의 가능성을 모색하는 공개 토론에서, 한 사람이 나서서 변혁이 불가피하기는 하지만 '사람들이' 아무것도 포기하려 들지 않아 변혁은 전혀 현실성이 없다고 말한다. 그러자 다음 사람이 나타나서 그렇다면 포기하도록 타일러야 한다는 말인가라고 응답하면서, 우리가 어떻게 타인에게 해야 할 일과 하지 말아야 할 일을 지시할 수 있는가라고 비판했다. 이러한 반응은 겉으로 드러나는 것보다는 더 깊은 뜻을 담고 있다. 아마도 변혁을 포기와 무조건 동일시하려는 것이다. 왜냐하면 '포기'라고 말하는 순간, 현 상태(status quo)는 곧바로 최적상태(Optimum)처럼 보이기 때문이다. 이런 반사 반응은 주어진 상태를 높이 평가하고 있기에 가능하다. 하지만 다른 전제 조건하에서라면 현 상태는 격렬한 비판의 대상이 되기도 한다.

그다음에는 합리적인 현실정치를 대변하는 발언이 나온다. 기후 문제로 인해 '성장'을 포기하려는 자는 기껏해야 몽상가에 불과하고 나쁘게는 우리 경제의 무덤을 파는 사람이라는 것이다. 이런 입장은 '성장 없이는 아무것도 되지 않는다'라는 말로 요약할 수 있다. 포기에 적대적인 사람들은 이 말에 동의할 것이다. 그들에게 요구되는 포기의 총량

---

* 토마스 만의 책 『비정치적인 인간의 고찰(Betrachtung eines Unpolitischen)』에서 따온 표현이다. 문맥상 의미에 관해서는 이 책 121~122쪽을 참조할 것.

은 물론 제로 성장 또는 마이너스 성장으로 이어지기 때문이다.

이런 터무니없는 말을 하는 주체가 세 번째 유형을 이룬다. 토크쇼에서 누군가가 좋은 삶에 대해 이야기하자, 전문가가 나서서 '인간은 포기를 원하지 않는다'라고 응답한다. 누군가가 경제위기로 인해 사회적 불안이 조성될 수 있다고 말하는 것을 보고, 메르켈 총리는 '사람들을 불안에 떨게 해서는 안 된다'라고 말한다. 그리고 사람들은 민주적 참여를 할 만큼 성숙하지도 못하다. 민주적 참여란 단순한 투표 행위로 끝나는 것이 아니다. 공동체의 정치 주체인 시민들은 생명체의 생물학적인 범주인 '사람들'로 변신했다. 이들은 '정치'와 '경제'를 제대로 이해하지 못한다. 따라서 우리는 이들에게 정치를 전달하고 설명해야 한다.

이익으로서의 포기

포기의 수사학은 자기 변혁의 요구에 대항하는 방어 무기다. 따라서 이에 대해서는 쉽게 반박할 수 있다. 즉, 현재의 상태는 수많은 포기의 대가로 얻은 것이라는 점을 지적하기만 하면 되는 것이다. 교통량이 많은 도로변이나 비행장 이착륙로 주변에 거주할 때는 소음공해가 없는 쾌적한 생활은 포기해야 하고, 인체에 해로운 활동을 해야 한다면 건강을 포기해야 하며, 경력 관리와 잦은 이동으로 직업과 가정생활을 조화시키기 힘들 때는 자녀 양육을 포기해야 한다. 정도의 차이가 있고 분야도 다양하지만 이렇게 포기하는 것은 더 나은 대안이 없기 때문이다.

사람들은 합리적 선택의 모델에 따라 어쩔 수 없는 경우는 강제에 따른다. 일자리가 없는 것보다는 건강에 해롭더라도 일자리가 있는 것이 낫고, 돈이 없어 구입할 수 없는 조용한 집보다는 시끄러운 집이라도 있는 것이 낫기 때문이다.

그런데 포기를 해도 혜택이 돌아오지 않는 경우는 사정이 복잡해진다. 지나칠 정도로 텔레비전 시청을 많이 하는 사람들이 있다(미국에서는 월평균 151시간, 독일에서는 103시간). 하지만 이들은 그로 인해 고통받고 있다고 호소하면서, 원래는 바보상자 앞에 그렇게 죽치고 싶은 마음은 없다고 말한다.[204] 근래의 한 연구조사에 따르면, 장거리 통근자는 직장 근처에서 사는 동료들보다 더 불행하다.[205] 이는 비록 진부하게 여겨질지는 모르지만, 비용 대비 효과를 따지는 합리적 경제인(homo economicus)의 이론을 고려하면 매우 놀라운 사실이다. 왜냐하면 이 이론에 따르면 장거리 통근자들은 더 나은 보수, 더 매력적인 노동 조건, 양호한 승진 기회, 높은 고용 안정성과 같은 장점을 고려해 직장을 선택하기 때문이다. 따라서 이러한 직장을 선택할 때는 포기에 대한 계산도 이미 포함되기 마련이다. 이와 마찬가지로 어떤 직장이 썩 좋아 보이지는 않지만 집 근처에 있어 선택할 때도 포기에 대한 계산을 한다. 이 때문에 장거리 통근자는 이 이론에 따르면 직장 근처에 사는 사람과 똑같이 행복감을 느껴야 한다. 하지만 장거리 통근자가 행복하지 않다면, 따라서 이른바 통근자 역설*에 직면한다면, 왜 사람들은 자

---

* 거주지를 정할 때, 장거리 출퇴근과 주거 환경을 놓고 견주다가 결국 잘못된 선택

신들을 불행하게 만드는 일을 하는 것일까? (그리고 이러한 일을 계속 고집하는 이유는 무엇일까?)

이러한 역설은 자신의 행복에만 관심이 있고, 주어진 조건 아래서 언제나 최소의 비용으로 최대의 성과를 얻으려고 노력하는 사람들의 사고방식으로는 결코 이해될 수 없다. 이들의 사고방식은 인간이 자신에게 이익이 되는 결정을 내린다는 것을 전제하는데, 거꾸로 이 전제가 옳다는 것은 사람들이 실제로 이런 식으로 결정한다는 사실을 근거로 삼는다. 이러한 동어반복적인 사고 모델은 행위 갈등이나 역설적인 결정이 등장하면 무의미해지고, 인간의 행동을 제대로 설명할 수 없다. 오히려 '행동경제학(behavioral economics)'의 기본 발상이 경험상 더 설득력이 있다. 행동경제학은 사람들이 비용 대비 효과를 고려하면 도저히 해서는 안 되는 일을 하는 경우를 연구한다. 사람들은 결정을 내릴 때, 이를 테면 인맥을 만들거나 유지하기 위해, 자신의 자아상을 확인하기 위해, 그리고 인정을 상징화하기 위해 필요한 일련의 요소들을 함께 고려한다. 경제적으로는 별 이익이 없는 팁을 주는 행위가 바로 이러한 사례에 속한다.

행동경제학은 신뢰, 행복, 믿음과 같은 현상에 관심을 가지며 사람들이 자신에게 해가 되거나 자신을 불행하게 만드는 일을 하는 이유를 연구한다. 그런데 충족되기를 갈망하지만 그 과정에서 일련의 고통을 수반하는 욕망에 대한 연구는 훨씬 더 복잡해진다. 이에 해당하는 것이 여

을 하는 현상을 말한다. 멀리 떨어진 집이 마음에 들 경우, 통근의 고역을 잘 알면서도 멋진 집을 선택하는 경향이 있다.

러 형태의 중독 행위인데, 이러한 행위는 전 생애에 걸쳐 일어날 수 있고 당사자에겐 삶의 다른 모든 단면과 가능성을 지배하는 준거 틀을 형성한다. 우리는 마약 중독자나 도박 중독자와 같은 당사자들을 안정된 생활, 사회적 인정, 의미 성취, 건강과 같은 삶의 질을 포기한 사람으로 간주한다. 중독은 중독증에 걸린 당사자들에게는 너무나도 중요하다. 따라서 이들은 중독을 충족하기 위해 다른 모든 것을 포기하게 된다.

요컨대 텔레비전 시청자, 장거리 통근자, 마약 중독자의 경우, 자신들이 누릴 수 있는 다른 모든 것을 포기하는 행위를 그만두면 삶이 훨씬 편해질지도 모른다. 하지만 자신과 자신의 행동을 변화시키라는 요구에 대해 안색이 창백해지며, 자신의 변화를 완전히 불가능하게 만들 일련의 근거를 대기도 한다. 그러면서 그들은 자신의 상태가 더 나은 것(예를 들면, 여가 활동, 승진 기회, 순간적 만족)을 포기할 때만이 변화될 수 있다고 말할지도 모른다. 우리는 사고가 유연하지 못하고 의외로 생각이 막혀 있는 경우가 많다. 좋은 평가를 받지 못하는 행동을 습관처럼 몸에 붙이고 다녀 결국 불만이 커진다.

지금까지 다룬 포기 행위는 개인적인 문제와 관련된 것이다. 하지만 포기 모델은 사회적인 차원으로 확대될 수 있다. 사회는 발전 과정에서 일상화되는 행동 패턴과 습관 그리고 의식(Ritual)을 만든다. 이는 개인에게 강제와 포기를 부과하지만, 개인은 결코 강제와 포기로 느끼지는 않는다. 사회학자 노르베르트 엘리아스는 문명화 이론에서 사회적 변화 과정이 개인적인 태도에 어떤 결과를 낳는지, 다시 말해 지배 조직과 경제의 변화가 아비투스와 주관성의 변화에 어떤 영향을 미치는지를 연구했다.[206] 엘리아스는 사회 발전의 과정에서 행위의 연결고리들이 분업과 기능 분화(이를 테면, 종교와 정치, 정치와 경제, 경제와 친밀성 사이의 기능 분화)에 의해 점점 더 길어진다는 점에 착안했다. 이는 사람들의 상호의존성이 양적으로뿐만 아니라 질적으로도 점점 더 심화된다는 것을 의미한다.

우리는 이러한 예로 산업화를 들 수 있다. 산업화는 노동자들을 봉건적인 예속 관계로부터 해방시켜 개인으로 설 수 있게 했지만, 결국 노동자들을 시간과 노동의 체제 속에서 다시 사회화시켰다. 산업 생산관계에서 추상적인 시간 체제로 움직이는 노동일(Arbeitstag)*은 개개인의 행동과 행동 가능성을 농업 생산관계에서보다 훨씬 더 강력하게 표준화한다. 엘리아스는 이러한 표준화의 기본 원칙을 다음과 같이 설명한다. "점점 더 많은 사람들의 태도가 서로 조율되어야 하고, 행동도 점점 더 정확하고 엄격하게 조직되어야 한다. 이렇게 해서, 개인의 행위는 사회적 기능을 감당하게 된다. 개인은 자신의 행동을 점점 더 차별적이고 균일하며 그리고 안정되게 조절하도록 강요받는다."[207]

그런데 이러한 과정에 참여하는 개개인은 그 과정을 전혀 의식하지 못한다. 이러한 조절은 어느 누구도 직접적으로 의도하지 않은 사회적 실천의 측면인데, 이는 아비투스의 변화로 나타난다. 이러한 변화는 문명화 과정에서 인간의 내적 상태의 변화도 초래한다. 외적 강제는 사라지지만, 그 대신 자기 강제가 늘어나는 것이다. 이러한 자기 강제는 권

---

* 노동자가 하루 중에서 일하는 시간의 합계를 말한다.

력에 직접적으로 종속되지 않는데도 이 권력에 따르는 조절을 의미한다. 이 과정도 다시 산업 생산관계에서 노동일의 관철을 통해 설명할 수 있다. 즉, 노동자들은 산업화 초기 단계에서 몽둥이와 채찍으로 12시간씩이나 공장에서 일하도록 강요받았다. 특히 월요일에 일터로 나오지 않는 노동자는 매질을 당하는 일이 비일비재했다.[208] 이후 노동일은 오랜 투쟁 끝에 하루 8시간으로 정착되었는데, 8시간씩 동일하게 진행되는 시간 리듬은 어린아이로부터 은퇴자에 이르기까지 모든 사회 구성원들의 기상, 휴식, 취침의 리듬에 맞추어졌다. 외적 강제가 자기 강제로 전환되었지만, 그렇다고 강제성이 더 줄어든 것은 아니다. 후기산업 단계에서 노동 리듬이 깨지고 노동 경력의 '유연성'이 높아지기 때문이다.

사회구조의 변화로 인해 심리적으로 **다른** 사람들이 등장한다. 자기 강제의 증가로 포기 수준도 높아진다. 이를 테면 공격성이나 성적인 열정 그리고 수면 욕구 등의 표출을 포기하게 되는 것이다. 이런 의미에서 문명화는 인간에게 개인적인 자유와 안전을 부여하지만, 그 대가로 상당히 많은 포기 행위들을 요구한다. 그리고 그것들은 의식하지 못한 상태에서 이루어진다. 왜냐하면 이러한 포기 행위들은 자명한 전제에, 단순히 있는 그대로의 기정사실에 속하기 때문이다.

이러한 배경에서 사회 발전에 따른 포기 압박이 작용하는데 ― 이는 각종 심리치료가 제공하는 정보를 통해 드러나고 있다 ― 사람들은 이러한 포기 압박을 압박 그 자체로 느끼지 않는다. 이와 정반대로 오히려 그것을 예를 들어 공격적이고 무자비한 아버지에 대한 사랑이나 악랄한 상사에 대한 종속성과 같이, 어떤 경우에도 포기할 수 없는 것으로 간주한다. 특히 북대서양 연안의 서구 국가들처럼, 개인화의 특수한 형태 — 개인을 자기 행복의 창조자로, 또 이러한 행복을 자신의 능력에 따른 결과로 여기는 — 를 통해 엄청난 수행 능력을 끌어낸 사회는 수많은 애정 어린 종속성과 강제를 보여준다. 이러한 종속성과 강제의 예는 신경증적인 정확성에서 일 중독에 이르기까지 매우 다양하다. 또는 안전을 위해 자유를 자발적으로 포기하거나 단기적 효용을 위해 지속가능성을 포기하는 현상도 나타나는데, 이 모든 것은 비록 분명히 자신에게 해로운데도 불구하고 추구할 만한 가치가 있다고 여겨져 포기되지 않는다. 여기서 문제가 되는 것은 관습화된 포기 행위이다. 당사자들은 이런 포기가 없다면 살아갈 수 없다고 믿는다. (예를 들어 그린란드 바이킹들이 교회를 위해 지출했던 엄청난 비용을 생각해보라. 이 비용은 성공적인 생존 전략의 포기를 의미했다.)

반대 반향으로: K 부인의 가사 마인드

따라서 '포기하라!'고 외치는 자는 주어진 조건에서 도대체 무엇을 포기해야 하는지 자문해야 한다. 승용차 이용의 제한이 화제가 되는 경우를 들자면, 원활하지 않은 공공교통망은 곧 강요된 포기 — 다시 말해 편안하고 친환경적이며 저렴한 이동 수단에 대한 포기, 노약자들에게는 집 밖으로 이동할 자유에 대한 포기, 그리고 독일에서는 연간 4,000명 이상의 교통사고 사망자에 대한 포기 — 를 의미한다고 지적할 수 있을 것이다. 우리 사회에서 자동차를 이용한 이동의 상당 부분이 일터와 쇼핑의 집중화에 따른 원치 않은 이동에서 비롯한다. 우리가 이 포기 개념을 탈이데올로기화하고 단순한 현 상태(status quo)를 넘어서서 준거점을 마련할 때라야 비로소 변화 잠재력을 찾을 여지가 생긴다. 즉, 근거리 교통의 예를 들자면 자전거 타기, 카 셰어링(car sharing), 재택근무 등의 다른 이동 형태가 가시화되는 것이다.

아이들을 태워 학교까지 보내주는 운전사로 전락하고 싶지 않은 K 부인은 참고할 또 다른 사례가 있다. 바로 독일 철도공사 같은 교통 시스템을 혁신하는 것이다. 독일 철도공사는 고객이 아니라 가상의 주주들에 초점을 맞춰 수익이 나지 않는 철도 노선을 폐쇄해왔다. 자동차가 아니라 비행기의 경쟁자로 여긴 것이다. 독일 철도공사의 비판자들은 잘못된 방향으로 나아가고 있는 이 교통 시스템이 어떤 잠재력을 지니고 있는지, 그리고 이 승객 수송용 교통망을 확충했다면 어떤 경제적 활력이 나타났을지를 설득력 있게 입증했다.

출근 이동이나 교외에 있는 슈퍼마켓으로의 이동 또는 고속도로를 이용해 놀이공원으로 이동하는 것은 강제적인 이동성을 의미하며 온실가스 배출의 주범 중 하나이다. 전 세계적으로 이러한 이동성으로부터의 탈피, 즉 동원 해제가 요구되며 또 이는 가능한 일이기도 하다. K 부인은 이를 가정에서부터 실천하려 한다. K 부인은 가족이나 친구들 사이에서 기본 권리가 된 데다가 저가 항공에 의해 붐이 일고 있는 장거리 여행에 대해 생각한다. 물론 그녀는 오래 전부터 번거로운 절차를 거치는 비행기 여행이 신경에 거슬렸다. 화장품이나 위생용품을 투명

비닐백에 넣어 안전요원들에게 검사를 받고, 이들 앞에서 허리띠와 신발까지 벗고 양말만 신은 채, 흘러내리는 바지춤을 양손으로 쥐고 신체 검색을 당하는 사람은 더할 나위 없는 굴욕감을 경험한다. 하지만 이를 특이하게 여기지 않고 정상적인 일로 묵묵히 받아들이는 이유는 이런 절차가 이미 오래 전에 자기 강제로 변했기 때문이다. K 부인은 비행기를 타면 일단 '승객'이나 서비스의 소비자로서가 아니라 의심받는 주체가 된다. 이런 무례한 요구는 '포기'라는 범주가 아니라 '안전'이라는 범주로 인지된다. 하지만 안전요원 앞에서 양말만 신고 검색당하는 것보다는 자전거나 기차로 떠나는 휴가 여행이 자유의 획득이자 삶의 질의 획득으로서 빛을 더하는 것은 분명한 사실이다.

물론 K 부인은 현재의 비행기 여행은 예전의 높은 상징적 가치를 지녔던 시절의 그것과는 다르다는 점을 알고 있다. 1950년대인 그 시점에는, 승객들이 친절한 루프트한자 항공 여승무원의 안내로 탑승동을 지나 대기 중인 비행기까지 가면 기장은 머나먼 세계의 매력을 풍기며 반겨주었다. 그 당시의 비행기 여행은 삶의 질이자 지위를 상징하는 것이었지만, 오늘날에는 특히 기후에 미치는 위해성 때문에 삶의 질에 대한 포기와 마찬가지다. 여행을 멋지게 만드는 것, 즉 낯선 경험과 모험의 스릴, 일상으로부터의 탈주, 그리고 추억과 기념품의 수집 등은 이제 기껏해야 극히 절제된 형태로 체험될 수 있다. 마감에 임박해서 판매하는 땡처리 항공권이 인기를 끌고 있는 것은 여행 그 자체보다는 싼 가격이 더 중요하며 여행의 가치가 떨어졌음을 보여준다.

경제적인 이유 때문에라도 장거리 여행과 저가 항공에 대한 포기가 나타날 것이다. 여행업은 근래에 또다시 심각한 손실을 기록했다. 하지만 '호텔 발코니 휴가'와 이보다 드물기는 하지만 더 편하게 쉴 수 있는 여름 리조트형 휴가가 다시 르네상스를 맞았고, 생태관광이 붐을 이루고 있다. 생태관광은 관광산업으로 먹고 살아야만 하는 나라들에서는 문화 단일성이라는 황폐화를 초래할 수도 있다. 고급 상품으로서의 비행기 여행은 침체될 것이다. 주의 깊게 검토하고 본질적인 것에 집중한다면, 개인 여행과 비즈니스 여행은 상당 부분 취소할 수 있고, 또 이렇게 하는 것이 더 바람직하다는 사실을 확인할 수 있을 것이다. 그리고 15분 더 걸리긴 하지만 승용차가 아닌 대중교통이나 자전거를 이용한다면, '기후변화를 막는 영웅'[209]이 될 수 있다.

이제 식생활이나 주거생활과 같은 기후에 해를 끼치는 또 다른 활동들에 대해 생각해보자. 열대에서 생산된 이국적인 과일이나 채소를 먹는 것에 찬성하는 이유는 무엇인가? 이런 것들은 우리 서구인들이 에티오피아로부터 초록색 완두콩을 수입한 이래로, 재배 계절과는 무관하게 1년 내내 유럽 전 지역에서 소비될 수 있다. 이런 과일과 채소는 희소가치가 있어 사치품이었을 때는 차별적 가치를 지녔지만, 일상화된 이후로는 진부한 먹거리에 지나지 않는다. 뉴질랜드산 사과가 유럽산 사과보다 더 적은 탄소 발자국을 남긴다는 것을 증명하는 생태 대차대조표가 있지만, 이는 사과를 계절과 무관하게 신선한 상태로 소비할 수 있어야 한다고 생각할 때에 한해서다. 만약 초봄에 수확하는 아스파라거스를 1년 내내 먹을 수 있다면, 과연 사람들이 아스파라거스에 관심을 가질까?

이를 너무 엘리트적이라고 여기는 사람, 그리고 슬로푸드 운동이 너무 배타적이라고 생각하는 사람일지라도 자신이 섭취하는 음식물의 기후 대차대조표에 대해서는 관심을 가질 수 있다. 식료품의 생산, 처리, 저장, 가공, 거래 등의 전체 사이클은, 특히 소고기의 소비에서 나타나는 이동성에서 보듯이 마찬가지로 커다란 탄소 배출 결과를 초래한다.[210] 과잉 섭취는 알다시피 비만을 초래하며, 기후변화 때문이 아니더라도 비만을 원치 않는 사람이라면,[211] 자신의 개인적인 건강을 위해 무언가를 할 수 있고 더 건강한 식생활로 자신의 생태 발자국을 **부수적으로** 줄일 수 있다. 이와 더불어 공정무역과 종사자들의 노동 조건 개선에 기여할 수도 있다.

온실가스를 만들어내는 세 번째 주범은 주택과 난방인데, 이 부문에서 온실가스 감축 잠재력은 매우 크고 이는 환경정책과 경제정책적으로 특별하게 장려되어야 한다. K 부인의 가족은 자연 속에서 생활하기 위해 한때 도심에서 떠났다. 하지만 기쁨은 잠시뿐이고 시골 생활에서 어려움에 봉착했다. 시골에서는 인프라가 원활하지 않았고, 가족들이 지속적으로 그리고 점점 더 자주 자동차에 의존하게 되었다. 반면에 '자연'도 도시에서 이주하는 사람들이 늘어남에 따라 결국 도시와 상당히 비슷해졌다. 그리고 집에 기후 기술적인 장치가 설치되자, 모든 거주민에게 개별 비용이 청구되었다. 이 분담금은 인구가 많은 도시에서라면 매우 적게 책정되어 부담이 크지 않을 것이다.[212] 마침내 아이들도 다시 도시로 돌아가자고 보채는 상황이 벌어졌다.

유럽연합 집행위원들, 녹색당 소속 시장들 그리고 경기부양 정책 담당자들이 추진하는 프로젝트인 제로 에너지를 목표로 한 에너지 정책은 '자신의 가족과 집'[피에르 부르디외]만 혼란스럽게 하는 것이 아니다. 이 정책은 '사람들'에게 자유의 획득을 약속했지만, 뜻하지 않은 자연의 탈자연화와 도시의 황폐화를 초래하는 무지막지한 공간 이용의 역설을 드러낸다. 도시 변두리의 전기망 구축은 물자와 서비스를 공급하는 물류비용을 증가시켜 실질적인 도움이 되지 못한다. 이전에는 필요한 물품이 많지 않았고 대부분 바로 코앞에서 조달할 수 있었다. 북반구의 축소되고 있는 도시들과 남반구의 미어터질 듯한 메가시티 도시계획 그리고 기후친화적인 공간 이용 계획과 에너지 공급을 위해서는 그 과제와 비용이 엄청나다. 하지만 이는 더 나은 미래를 가능하게 하고 전문가와 일반인의 창의성을 자극한다.

이동과 수송을 피하거나 줄이기 위해서는 결국 노동을 탈중심적인 방향으로 새롭게 조직하는 것과 기후친화적인 영양 섭취, 농업경제와 세계무역의 근본적 개혁, 에너지 절감형 주거 생활, 대안적 주거 모델과 도시에 대한 새로운 이해 등이 필요하다. 녹색 자극제는 경기부양 프로그램에는 포함되지 않았지만, 소비자 상담과 정치 교육의 '소프트한' 영역으로 확장되어야 하며, 앞에서 언급한 세 가지 핵심 영역에서 실질적인 전환을 유도해야 한다. 이러한 전환을 위해서는 예를 들면 재생 가능한 에너지를 이용하는 교통수단의 확대, 공간계획과 도시계획의 총체적인 구상, 지속가능한 지역기반형 순환경제의 지원 등이 필요하다. 이는 확실히 복잡하고 혼란을 초래할 수도 있지만, 생활양식이나 일상문화에서는 얼마든지 실행 가능하고 삶의 질을 크게 향상시킬 수 있다. 즉, 자동차에서 무의미하게 보내는 시간이 줄어들고, 풍경은 더욱더 멋있어지며 사회적인 네트워크는 더 많아지고 소음이 줄어들며 땅을 콘크리트로 덮는 일도 줄어들 것이다. 지구계 전체의 안정화라는 추상적인 개념은 이제 갑자기 구체성을 띤다. 몇 가지 일들은 심지어 더 단순해지고, 우리 스스로도 예를 들면 이동 수단의 선택과 소비 결정에서 더 자율적으로 바뀐다. 이러한 변화는 새로운 역할 모델을 만든다. 지금까지 대세를 이루어온 포기생태학(Verzichtsöko)은 스포츠유틸리티차량(SUV)을 몰고 활개 치는 사람과 마찬가지로 갑자기 시대에 뒤떨어진 구시대의 유물이 된다.

저항의 즐거움: 새로운 세상을 구매할 수도 있을까?

사람들이 모여 즐겁게 이야기를 나누고 있는 자리에서 성장의 한계를 지적하며 세계 구제에 동참할 것을 호소해 분위기를 망치는 자가 쓰레기 분리 배출자로, 그리고 따분하게 잡곡 선식만 먹는 사람이라고 조롱받던 시절이 있었다. 좀 더 나이 든 사람들은 자본주의에 대해 비판하는 사람이 귀족 공산주의자로 조롱받던 시대의 정서를 알고 있다. 우리가 알던 세계는 두 번의 정치적이고 도덕적인 저항의 물결—68세대의 사회문화적 반항과 86세대*의 생태적 전환—을 겪었다. 사실 그

---

* 1986년에 일어난 체르노빌 원전 사고 이후의 세대.

당시에 품었던 의혹은 생산 방식과 생활 방식이 지구 행성에 몰고 온 재앙과 비교해보면 해로운 것이 아니었다. 하지만 이러한 생산 및 생활 방식은 1989년 이래로 더 이상 고칠 필요가 없는 것으로 간주되었다. 이제는 더 나은 다른 삶에 관한 이야기를 들으면 기껏해야 입가에 미소만 머금고 마는 상황이 되었다. 반면에 클라우스 춤빙켈(Klaus Zumwinkel)* 같은 사람들은 온갖 비리를 저지르고도 자신의 호화로운 안식처에서 편안한 생활을 하고 있고, 요제프 아커만(Josef Ackermann)** 처럼 최고 연봉을 받는 이들은 계속 자리를 옮겨가며 승승장구하고 있다.

머지않아 이런 상태는 끝날 것이다. 우선 북유럽의 용감한 아이슬란드인들과 라트비아인들은 자신들의 정부를 쫓아냈고, 파리, 로스앤젤레스, 아테네 외곽에서도 끊임없이 거센 항의시위가 이어지며 자신들을 망가뜨린 것들을 무너뜨리고 있다. 또 다른 시나리오는 수동적인 소비자를 다시 상징적인 바리케이드로 향하는 적극적인 시민으로 만드는 평화적 혁명이다. 그런데, 한번 생각해보자. 카페에서 라테 마키아토를 마시는 사람을 저항의 아방가르드로 생각할 수 있는가? 또다시 늙은 혁명가의 얼굴에는 조롱 섞인 비웃음이 스쳐 지나간다. 이들은 소비의 전

---

* 독일의 민간 우편기업인 도이체포스트(Deutsche Post)의 최고 경영자였다. 탈세로 유죄를 선고받았지만, 2,000만 유로의 연금을 지급받아 논란이 벌어졌다.
** 도이체방크(Deutsche Bank)의 최고 경영자였다. 도이체방크의 수익률을 비약적으로 끌어올려 찬사를 받았지만, 대량 해고와 일자리의 대거 해외 이전으로 독일의 노조로부터 비난을 받았다.

224

당이 불타는 모습을 보고 싶어 했을 뿐, 도덕적인 교육장으로 변화시키려고 한 것은 아니었다. 처음에는 프롤레타리아, 그다음에는 히피족, 체르노빌의 어머니들 그리고 제3의 길을 추구하는 모든 이들이 이런 변화를 모색했지만, 모두 실패로 끝나고 말았다. 그렇다고 하필이면 자본주의적인 경기부양 프로그램의 마지막 희망으로 부상한 소비자가 혁명의 주체가 될 수는 없다. 풍족한 상태에서도 또다시 구매에 열을 올리는 소비자인데 말이다.

상상하기는 힘들겠지만 한번 가정해보자. 유엔은 '지속가능한 소비'를 불가능하다고 규정하고 있다. 즉, "인간의 기초적인 욕구를 충족시키고 삶의 질을 높이는 상품과 서비스를 이용함과 동시에, 미래 세대의 욕구 충족을 위협하지 않도록 자연자원과 독성 물질의 투입을 최소화하고, 쓰레기와 유해물질의 배출을 지속적으로 감소시키는"213) 소비가 실현된다면, 왜 혁명이 필요하겠는가? 개혁가들은 이런 소비는 매우 부유한 노르웨이 같은 나라에서나 생각해볼 일이며, 세계는 그렇게 단순하지 않다고 이의를 제기한다. 그러나 인류가 계속 이 세상에서 살아가고자 한다면, 세계는 그렇게 되어야 한다. 이제 지속가능성이라는 이상에 초점을 맞추어 기후변화의 영향을 줄이기 위해 필수불가결한 '정치화된 소비'214)의 기회에 대해 논의해보자.

'진보' 운동에서와 마찬가지로 정치화된 소비에서도 소수의 사람들이 선구자적인 역할을 하며 모범을 보인다. 이들은 할인 체인점 알디(Aldi)의 고객들과는 달리 저가상품 광고에 현혹되는 수동적인 소비자층이 아니며, 구매 행위를 통해 생산 결정에도 영향을 미쳐 결국에는

225

알디 고객들의 의식 전환을 유도하고자 한다. 이는 다행히도 별다른 잡음 없이 진행되고 있다. 이런 소비자들은 양심의 가책을 받지 않기 위해 대안적으로 소비하는 것이 아니라, 먼저 자신을 위하고 부수적으로 세계를 구하고자 그렇게 한다.

하지만 이는 결코 쉬운 일은 아니다. K 부인은 기업이 제공하는 미화된 '제품 정보'를 믿지 않고, 윤리적인 생산 조건과 거래 조건(예를 들어, 공정한 임금), 에너지 대차대조표와 탄소 배출량을 종합해 제품과 서비스의 '탄소 발자국'을 계산한다. 그녀는 해당 정보를 중립적인 기관에서 얻는다. 지금은 지식의 대중화와 디지털 미디어의 도움으로 정보 획득과 평가가 한결 쉬워졌다. 이 정도의 분별력과 판단력이 있는 구매자라면 결코 질과 스타일을 포기하지 않는다. 오히려 정반대이다. 이러한 구매자들은 환경 금욕주의자(Öko-Askese)를 표방하지 않는다. 이들에게서는 포기의 수사학과 더불어 포기 아비투스도 찾아볼 수 없다. 인터넷 사이트 www.utopia.de를 한번 살펴보라. 이 사이트는 변화된 소비 행태를 문화 프로젝트로 안착시키고 있는 플랫폼이다. 이 사이트에서는 미래의 생활양식과 새로운 '우리 감정'의 실마리들이 나타난다. 이러한 현명한 구매자들이 '좋은 언론'과 만난다면 대중의 주목을 끌 것이고, 구매 결정이 있기까지의 '계산' 과정이 낱낱이 드러난다면 이들의 설득력도 더 커질 것이다. 그리고 기후와 환경과 관련된 사안에서 어리석게 행동하지 **않는** 것이 갑자기 **쿨하게** 여겨질 것이다.

이전에는 아무 생각 없이 그저 가장 값싼 상품이라면 덥석 손이 갔던 구매 패턴이 이제는 꼼꼼하게 따지는 쪽으로 바뀐다. 예를 들어 K

부인은 옷가지를 구입할 때, 기존의 체인점에 가지 않고 할인점(최근에는 '바이오 상품'도 비치되어 있다)에서도 구매하지 않는다. 그녀는 다음과 같은 세 가지 조건을 충족하는 소규모 라벨을 선호한다. 환경보호를 위해 철저히 유기농법으로 재배된 면제품을, 건강을 위해 피부에 해가 되지 않는 의류를, 그리고 저개발국의 발전을 위해 공정무역 제품을 구매하는 것이다. 이런 제품을 찾아내고 또 자신이 세운 원칙에 어긋나는 구매를 하지 않는 것은 매우 힘든 일이고 값싼 제품을 사는 것보다 비용도 많이 든다. 하지만 이런 구매할 경우, 옳은 일을 했을 뿐만 아니라 무엇보다도 트렌드에 맞는 일을 했다는 자부심과 심지어 트렌드를 자신이 만들고 있다는 자부심마저도 느낄 수 있다. 우리는 이를 세련된 소비문화라고도 말할 수 있을 것이다. 이러한 발전 과정을 선도하는 흥미로운 예가 영국의 제이미 올리버(Jamie Oliver)나 독일의 자라 비너(Sarah Wiener) 같은 요리 연구가들의 바른 먹거리 운동이다. 패스트푸드를 배제하고 친환경 식품을 권장하는 이 운동은 식생활의 질과 관련하여 큰 주목을 받으며 일선 학교에서 방과후 요리교실 프로젝트로 실행되고 있다.

사려 깊은 소비는 개인에게는 반성적인 소비 행태를 강화시킨다. 이러한 소비자들은 대체로 구매력이 강한 그룹이기 때문에 생산자들의 결정에도 영향을 미친다. 따라서 생산자와 소비자의 상호작용이 강화되는 것이다. 기업 스스로 증명하거나 법률로써 인증하여 재화와 서비스의 생태 발자국(ecological footprint)을 표시하는 에코 라벨링은 유용할 뿐만 아니라, 그 자체로도 독립적인 비영리단체들이 소비자에게 정보를 제공하도록 해준다.[215] 이러한 노력은 여피(yuppie)* 행세로 폄하되는 경향이 있긴 하지만 소비자 주권과 소비자 책임이 구현되는 실마리를 제공하기도 한다. 소비자 주권과 소비자 책임이 온전히 구현될 때, 개인적으로는 반성적인 구매를 할 뿐만 아니라 개인적인 소비양식과 나아가 집단적인 소비양식도 발전시키고 확립할 수 있는 것이다.

이처럼 시장경제에서 조용한 혁명이 일고 있긴 하지만 이에 대해 타당성 있는 비판도 존재한다. 또한 이러한 혁명만으로는 시장경제에 영향력을 행사할 수 없고 또 그 혁명에만 의존해서는 안 된다. 즉, 전략적 소비의 시장점유율은 현재로서는 너무 미미하고, 생태적 올바름(ökologische Korrektheit)의 부작용이 종종 은폐되며, 지속가능한 소비는 소비 자본주의라는 경제 시스템과도 명백히 충돌한다. 따라서 진정한 변혁을 이끌 수 있는 것은 소비자가 아니라 '정치', 즉 법제화뿐이다. 그러나 이러한 이의 제기를 고려하면 오히려 소비의 또 다른 정치화가 필요해진다. 생태적 또는 유기농적인 소비는 지금까지 전 세계적인 규모에 비추어 볼 때 구매력이 그리 크지 않기 때문에[216] 틈새시장만을 채우고 있다는 것이 맞는 말이다. 그러나 넓은 의미에서 바이오상품 시장의 소비자는 독일만 해도 3천만 명에 이를 수 있으며, 이른바 **피라미드 하층**(Base of the Pyramid)에 속한 소비자들, 즉 전 세계 인구 중에서 연간소득 1,500유로 이하인 40억 명도 혁신 사업 모델과 소비 패턴의 변화에 힘입어 지속가능한 소비를 할 수 있다. 할인 체인점 알디 같은 곳에

---

* 도시에 사는 젊은 전문직 종사자.

서 구매하는 것이 돈을 가진 사람들한테도 멋진 일일 수 있다면, 돈이 별로 없는 사람들이 친환경 상품을 구매하는 일도 가능할 수 있을 것이다. 이와 같은 스타일 변화 모델을 형성하는 이들이 저개발국가의 상층 소비자들인데, 이들은 부유한 국가의 소비 행태를 모방하며 점점 더 많은 돈과 높은 수준의 교양을 갖추면서 스스로를 환경과 기후변화에 주의하는 사람으로 의식하고 있다. 이런 현상들은 이미 아시아의 대도시들에서 관찰할 수 있다. 따라서 결정적인 것은 '글로벌 소비자 계급(Global Consumer Class)'이 어느 편에 서느냐이다 — 낭비하는 주류 문화로 편입되느냐, 아니면 스마트한 혁신의 편에 서느냐가 관건인 것이다.

두 번째 이의 제기는 구매 결정으로 생겨나는 원하지 않는 부작용에 관한 것이다. 즉, 사람들이 제3 세계에서 생산된 상품의 구매나 그곳으로의 여행을 포기함으로써 농산품 수출과 관광 수입에서 생기는 제3 세계의 발전 기회를 악화시킬 수 있다. 또는 사람들은 절약에 나서지만 결국 더 많은 소비를 하고 만다. 이러한 예는, 지금까지는 직장으로 출근할 때 대중교통수단을 이용해왔지만 이제 '환경 보상금'이 지원되는 연료절약형 소형차를 이용하는 경우이다.

세 번째 이의 제기는 쇼핑 이데올로기('나는 소비한다. 고로 나는 존재한다')의 과시효과와 관련된 것이다. 아무리 친환경적인 의식을 지닌 선의의 소비자라도 이런 이데올로기의 영향을 받지 않을 수 없다. 자신은 올바른 소비생활을 해도 다른 사람들이 동참하지 않으면 효과가 떨어질 수밖에 없다. 이는 '불꽃놀이 대신 빵'이라는 구호에서 잘 드러난

229

다. 불꽃놀이에 대해 온갖 비판이 쏟아지고 부상자가 속출해도 불꽃놀이는 해마다 벌어진다. 이보다 더 심각한 것은 보조금 제도로 인해 생기는 폐단이다. "전략적인 고려를 하며 소비하는 일부 사람들이 지출하는 푼돈이 유럽연합의 500억 유로에 이르는 농업지원금에 비하면 무슨 소용이 있겠는가? 이 농업보조금은 세금에서 갹출해 주로 다른 (지속 가능하지 않은) 농업의 ― 땅과 지하수 그리고 생물다양성에 해를 끼칠 뿐만 아니라 유기농법보다 두 배 이상의 이산화탄소를 배출하는 '재래식' 농업의 ― 지원에 투입되고 있다. 우리는 납세자로서 매년 2,000억 유로를 기후에 해를 끼치는 갈탄 채굴에 투입하고, 연료 소비가 많은 차가 계속해서 관용차로 판매될 수 있도록 5억 유로를 투입하며, 원자력발전소의 가동을 위해 총 24억 유로를 지원하고 있다. 또한 면세 혜택이 주어지는 등유로 대기를 데우는 비행기에 87억 유로를 투입하고 있다."[217]

하지만 ≪지오(GEO)≫지에 실린 '친환경 소비'에 관한 이러한 비판은 소비 행위를 개인적이고 비정치적인 것으로 이해할 때만 타당성을 지닐 뿐이다. 소비자는 일개인으로는 어떤 일도 할 수 없지만, 전략적인 소비자로 나서면 갑자기 정치적인 영향력을 행사할 수 있게 된다. 또한 이렇게 하면 고삐 풀린 자본주의에 대해 제동을 걸 수도 있다. 이는 한 정치 자문가가 제안한 다음의 언급에 정면으로 배치된다. "기후 정치 면에서 자원 순환의 바람직하고 근본적인 변화는 수적으로 여전히 소수에 지나지 않는 생태 선구자들의 자발적인 행위에 의해서가 아니라, 생태적인 관점에서 폭넓은 시민층의 비의도적인 행위에 의해서만 초래될 수 있다."[218] 올리버 게덴(Oliver Geden)은 비판적인 소비자들을 동원하는 대신 에너지공급법과 탄소배출권 거래제의 독창성, 기술적인 혁신과 백열전구의 사용 금지에 기대고 있다. 이러한 입장은 시민으로서의 소비자 역할을 '전문화된 정치권의 한 구성 요소'에 불과한 투표권자 역할에만 한정시킨다. 폭넓은 시민층을 '비의도적'이라고 단정하는 자는 민주주의의 가능성을 제한적으로만 이해하는 사람이다.

인간에서 시민으로

민주주의는 성, 종교, 신분, 수입 등과는 무관하게 공동체를 형성할 수 있는 동등한 구성원으로 이루어진다는 특징을 지닌다. 민주주의는 이념적으로 구성원들의 관심과 참여를 발판으로 하는 능동적인 체제이다. 이러한 민주주의의 높은 이상은 다양한 사회적 불의와 문화적 차별, 그리고 정치의 전문화로 초래된 치명적인 분업체계에 제동을 건다. 정치적 분업체계는, 정치는 정치가가 하고 시민은 투표하는 역할에만 그칠 때 형성된다. 암암리에 전개되는 정치의 탈민주주의화로 인해 공동체의 정치적인 주체는 불특정 다수인 '인간'으로 바뀐다. 이로써 민주적인 위기 극복을 가로막는 최악의 용어가 드러난 셈이다.

이 '인간'이라는 말은 독일의 총리였던 헬무트 콜에게서 유래했지만, 정당정치적인 관점에서 볼 때 '정치가 작용하기 전(前)의 장(場)'이라는 널리 퍼져 있는 관념과 일치한다. 우리는 고대 이래로 정치이론이 자율

적인 주체를 근대적인 국가의 기본 전제로 삼아왔다는 사실을 기억해
야 한다. 예를 들어, 이마누엘 칸트(Immanuel Kant)는 능동적인 정치
참여를 위한 필수적인 전제로 시민적인 독립성을 내세웠다. 이는 이를
테면 선거의 경우에서 잘 드러난다.[219] 자율적인 계약 당사자들 사이
의 타협 과정은 서구 민주주의에서 정치적인 여론 형성과 이해 조정 그
리고 갈등 극복의 모델로 통한다.[220] 따라서 사회적 실천운동에는, 운
신의 폭이 점점 더 좁아지고 있는 정당정치의 토대를 넘어서서 놀라울
정도의 규모로 시민이 참여하게 되었다. 시민이라는 유형은 근대의 정
치이론에서 부각되었고 '인간'이라는 개념과는 정반대 의미를 띠게 되
었다. 이 '인간'은 바로 위기 상황에서 납세자, 소비자, 부양의 대상 그
리고 사회 평화의 방해자로서만 정치 전문가들의 주목을 받는다.

그러나 누가 자원 낭비와 환경파괴 기술 그리고 무절제한 소비와 같
은 사회 문제에 관심을 기울였는가? 그것은 바로 시민단체나 환경단체
또는 의식화된 소비양식을 선택한 집단이었다. 독일 정부가 1999년에
처음으로 실시한 '자발적 참여도 설문조사(Freiwilligensurvey)'에 따르
면, 2004년에는 14세 이상의 모든 독일 국민 중 36퍼센트가 협회나 단
체 또는 프로젝트에 자발적으로 참여했다(이는 1999년보다 2퍼센트가
늘어난 수치다). 또 다른 34퍼센트(1999년에는 32퍼센트였다)는 비교적
규모가 작은 조직이나 그룹의 회원이었다. 따라서 독일 국민의 3분의 2
가 자신의 직업이나 사적인 이해관계와는 무관하게 자발적으로 참여한
셈이다. 이는 일부 예외를 감안한다 해도, 독일과 같은 현대적인 사회
는 적십자사나 자원소방대 그리고 각종 청소년 조직이나 자선기구 등

에서 행하는 폭넓은 참여 활동이 없다면 제대로 굴러갈 수 없다는 것을

독일의 자발적인 참여

독일에는 거의 600,000개의 협회가 있다. 이 중에서 대략 반 정도가 공익단체이며 다음과 같은 분야에서 활동하고 있다.

- 스포츠(38퍼센트)
- 여가 활동, 향토 문화의 보호, 미풍양속 보존(18퍼센트)
- 복지, 종교, 저개발국 지원(13퍼센트)
- 문화와 예술(12퍼센트)
- 직업단체 및 경제단체 그리고 정치(10퍼센트)
- 이익단체와 시민단체(8퍼센트)
- 환경과 자연보호(1퍼센트)

여기에다 비공식 단체와 클럽, 노동조합, 재단, 사회적 기업과 협동조합 등에서도 참여가 이루어지고 있다.

참여도는 14세 이상의 국민 가운데 자발적으로 참여한 사람들의 몫을 의미한다. 1999년에는 참여도가 34퍼센트였다가 2004년에는 36퍼센트로 상승했다. 동시에 자발적인 참여의 강도도 상승했다. 한 가지 역할이나 기능 이상을 담당한 자들의 몫은 37퍼센트에서 42퍼센트로 증가했다.

14세에서 24세까지의 청소년 그룹이 가장 활발하게 참여하는 연령층에 속한다. 이 연령층의 자발적인 참여가 활성화되는 데다가 다른 연령층에 비해 참여 잠재력은 매우 높다. 청소년층에서는, 이미 참여 활동을 펼치고 있는 36퍼센트 말고도 2004년에는 또 다른 43퍼센트가 자발적으로 참여할 의사를 표시했다.

자료: Zweiter Freiwilligensuvey (Bundesministerium für Familie, Senioren, Frauen und Jugend/TNS Infratest); www.dfrv.de (Deutscher Fundraising Verband)

분명히 말해주는 놀라운 수치다.

하지만 한 은행광고*가 표방하고 있듯이 이기주의가 최우선 가치인 사회에서, 이렇게 많은 사람들이 자발적으로 사회활동에 참여하는 것은 어떤 이유에서인가? 자명한 사실이지만 협회나 단체에 가입해 참여 활동을 펼치는 사람이라고 해서 모두가 이타적인 동기를 지닌 것은 아니다. 하지만 사람들이 자신의 이익을 추구하는 경우에도, 물질적이거나 순전히 이기적인 이익이 아니라 타인에게 인정을 받을 수 있는 목표를 좇을 수 있고, 타인과 더불어 중요하고도 더 나아가 세계를 움직이는 일을 추구할 수 있고 위대한 이념을 실현할 수도 있다. 명예직을 맡거나 자원봉사를 하는 일은 제도적으로 주어진 길과는 다른 길을 걷거나 다른 결정을 내리는 것을 의미한다. 즉, 자원소방대에 가입하는 것은 국가 차원의 재난 보호에만 의존하지 않겠다는 의지를 나타낸다. 예술협회에 가입하는 자는 국립박물관이 제공하는 전시회에 만족하지 않고 적극적으로 예술 활동을 펼치고자 한다. 생명의 전화 상담원으로 활동하는 자는 외로움이나 절망감이 관계 기관의 노력만으로는 극복될 수 없다는 사실을 잘 알고 있다. 이들은 저마다 나름대로의 방식으로 행동반경을 넓혀 사회적인 연대감을 표시하려고 한다.

---

* "중요한 건 나야(Unterm Strich zähl ich)"라는 독일 우체국은행(Die deutsche Postbank)의 광고 슬로건을 말한다.

역량 강화와 회복탄력성

이제 지금까지 설명한 내용을 환경위기를 능동적으로 극복하는 데 핵심 역할을 하는 두 가지 개념으로 정리하고자 한다. 첫 번째 개념은 역량 강화(Empowerment)이다. 이는 자신의 관심사를 스스로 정해 독자적이며 책임감 있게 실행해 나가는 역량을 키우는 것을 의미한다.[221] 시민단체나 자조(self-help) 모임 그리고 스포츠 동호회 등에 가입하는 자는, 기존의 단체들이 제공하는 서비스에 만족하지 않고 새로운 단체를 만들거나 기존의 단체를 개혁해 사회와 정치를 변화시킨다. 이렇게 함으로써 자신도 성장해 결국 직업이나 국가 정책 면에서 생기는 조직의 한계를 극복하게 된다. 이런 적극적인 활동을 원하지 않는 자는 여가 시간에 청소년 축구팀의 트레이너로 일하면 된다. 정당의 강령을 모를지라도 장애인들이 일하는 공방에서 자원봉사하는 일은 얼마든지 할 수 있다. 이러한 잠재력은 직업 활동이나 사회 활동에서 요구되는 능력과는 다르고 정치성을 띠지도 않는다 — 사회는 '하위 정치적인', 다시 말해 정치와 언론의 문턱 아래 있는 자치 조직이 파급력이 있다고 판단하지 않는다.[222] 하지만 사전에 관심을 가지고 적극적으로 보호운동에 참여한 사람들만이 환경과 관련된 가격 조정, 조세 산정과 세율 인하 그리고 규제 등에 영향력을 미칠 수 있다.[223]

역량 강화는 '아주 평범한' 시민들의 참여와 자치에 초점을 맞추는 반면, 회복탄력성(Resilience) 개념은 사람들이 문제를 어떻게 해결하고 저항을 어떻게 극복하는지에 집중한다. 전기와 소설 그리고 영화는 주

인공이 어려운 여건에서 어떻게 긍정적인 결과를 얻어내는지를 묘사한
다 — 이를 테면, 주인공은 역경 속에서도 긍정적인 면을 찾아내거나
위기를 기회로 받아들여 절망적인 상황도 반전시킨다. 이는 극단적인
조건에서도 (이를 테면, 나치의 집단수용소에서도) 통제력을 잃지 않
고 차분하게 상황을 파악하며 기회를 찾아내 역경을 헤쳐 나가는 사람
들이 있기 때문에 가능하다. 이러한 '불굴의 인물들'[미하엘라 울리히
(Michaela Ulich)]은 트라우마와 씨름하는 것이 아니라 트라우마를 극복
한 경험에서 장래의 도전을 위한 새로운 힘을 얻는다.[224] 여기서도 관
점의 전환이 이루어진다. 즉, '불굴의 인물들'을 분석하는 건강심리학
자들이 관심을 가지는 것은 사람들을 병들게 하는 요인이 아니라 사람
들이 역경 속에서도 건강을 유지하는 비결이다.

주의 문화

  경로의존적 태도나 집단 위주의 희망 섞인 사고방식은 불확실성을
체계적으로 외면한다. 예기치 않은 사건이 불편한 결과뿐만 아니라 대
형 참사를 유발할 때라야 비로소 불확실성을 고려하게 되는 것이다. 원
자력발전소나 잠수함, 소방대, 그리고 인질극에 투입되는 위기대책반
등에서 이러한 관행이 되풀이된다. 이 기관들은 재난이 일어나지 않도
록 하는 데 초점을 맞춘다. 이 때문에 다른 기관들에서는 소중하게 여
겨지는 일련의 특성들이 여기서는 오히려 부작용을 유발할 수도 있다.

통상적인 대응은 예기치 않은 일에 대해서는 반응도가 떨어질 수밖에 없어 문제가 된다. 경험에 입각한 대응은 어떤 일이 발생할 경우 이를 이전에 있었던 일로 속단해 기존의 방식대로 처리하게 만들기 때문에 문제가 되는 것이다. 조직심리학자인 칼 웨이크(Karl Weick)와 캐슬린 서트클리프(Kathleen Sutcliffe)는 자신들이 연구한 고신뢰 조직(High Reliability Organization)에 대해 다음과 같이 말한다. "경험을 쌓는다고 해서 전문 지식을 얻을 수 있는 것은 아니다. 왜냐하면 사람들은 동일한 경험을 반복해도 어떤 새로운 것을 발전시키려고 하는 경우가 매우 드물기 때문이다."[225] 1979년 미국 펜실베이니아 주 해리스버그와 1986년 소련 체르노빌의 원전 사고는 핵발전소 요원들이 자신들의 경험에만 의존해 판단착오를 했기 때문에 발생했다.

우리는 앞에서 바이킹족이 다른 곳에서 성공적이었던 것과 동일한 전략으로 문제를 해결하려 한 사례를 살펴보았다. 이는 실패로 끝난 사회나 공동체에서 나타나는 특징이다. 유럽 유대인들은 나치를 수세기 전부터 익히 알아왔던 유대인 증오자들과 동일한 부류로 생각함으로써 치명적인 판단 실수를 했다. 미국의 대테러 정보기관들은 온갖 종류의 폭탄 공격에 대비하고 있었지만, 테러리스트들이 비행기를 납치해 가공할 위력을 가진 폭탄으로 탈바꿈시킬 줄은 상상도 하지 못했다. 경험이 도움이 되는 경우는 이전에 경험했던 것과 동일한 일이 발생할 때이다. 하지만 전례가 없는 사건을 적확하게 판단하는 데에는 오히려 경험이 혼란을 불러일으킬 수도 있다.

이는 국가의 정책을 계획하는 부처가 품고 있는 희망에도 적용된다.

"계획과 연구를 통해 끊임없이 미래 목표를 예측하려는 노력은 위험한 결과를 초래할 수 있다. 불확실하고 역동적으로 변화하는 상황에서는 목표 달성이 불가능해질 수 있다는 사실을 외면하게 되는 것이다. 또한 이러한 목표 추구 노력은 당사자들에게 자신들이 상황을 장악하고 있다는 환상을 갖게 해 판단 실수를 유발한다."[226] 이는 기후변화와 관련해서 말하자면 기존의 관례적인 조치나 소비 장려 그리고 기술적인 개선과 같은 조정 나사로 돌려 문제를 해결할 수 없다는 것을 의미한다. 낡은 사고체계로는 해결할 수 없는 **새로운** 문제가 제기되기 때문이다. 금융위기도 주기적으로 반복되는 체제의 동요가 아니라 체제 자체의 기능에 한계가 있다는 것을 알려주는 신호이다.

문제를 제대로 파악하기 위해서라도 주의(注意) 문화가 필요하다. 주의 문화는 이미 확보된 지식에만 의존하지 않고 이 지식을 지속적으로 검토하고 보완해 나가며 발생할지도 모르는 실수와 이변에 대해서도 주의를 기울이는 자세, 즉 끊임없이 변화하는 환경에서 지속적으로 배워 나가는 자세를 요구한다. 경험이 장애가 되고 계획이 문제를 불러일으킬 수 있듯이, 실수도 이제 나쁜 것으로만 여겨지지 않고 사태 진행에 대해 중요한 정보를 제공하는 요소로 통한다. 흔히 실수는 피하려 했고 실수가 발생했을 때는 가능한 한 은폐하려고만 했다면, 이제는 실수도 소중하게 취급되는 것이다. 이 때문에 실수를 지적하는 직원은 고신뢰 조직에서는 따돌림당하는 것이 아니라 오히려 높이 평가받는다.

회복탄력성을 배우다

현대 세계는 첨단기술과 분업 체제 그리고 복잡한 조직으로 가동되지만, 그 대가로 극도로 취약한 면을 지니고 있다. 컴퓨터 바이러스를 통해 비행기를 추락시키거나 의도적으로 전염병을 퍼뜨려 파국적인 재난을 불러일으키는 일이 지금처럼 쉬운 적은 없었다. 첨단기술 문화가 얼마나 취약한지는 허리케인 '카트리나'가 뉴올리언스를 강타한 이후 나타난 사회질서의 붕괴에서 잘 드러났다. 역사학자 그레그 뱅코프 (Greg Bankoff)는 '재난 문화'에 대해 연구하며 필리핀의 주민들이 자신들의 건축물을 어떻게 개발해왔으며 재난을 당해 재산을 잃은 이웃에게 도움을 줄 때 어떤 방안과 규칙을 세워왔는지를 조사했다. 지진, 화산 분출, 태풍, 홍수, 가뭄, 산사태, 쓰나미 등은 필리핀에서는 흔히 나타나는 현상이지만 그렇다고 해서 필리핀 사람들은 자신들이 사는 주거지를 포기한 적은 없었다.

그레그 뱅코프는 마닐라 시의 도시 발전을 연구하며 마닐라 시가 재난을 당해도 버텨낼 수 있는 건축 형태와 양식을 개발해왔음을 밝혀냈다. 16세기에는 목조건축물만 지었는데, 이는 인구가 급격히 증가하면서 숲이 사라지고 토양이 침식되는 결과를 초래했다. 마닐라 시는 여러 번 대형 화재를 당하자 17세기에 이르러 석조건축물로 전환했다. 그런데 석조건축물은 지진이 일어나는 지역에서는 목조건축물처럼 지각변동에 유연하게 대처할 수 없는 단점을 지닌다. 따라서 17세기에 수차례 지진이 발생하자 '지진 바로크(Earthquake Baroque)' 양식이 발전했다.

교회 건물은 바로크 양식을 받아들였지만, 유럽의 교회보다는 높이가 낮고 벽과 종탑은 더 두꺼워졌다. 이와 반대로 일반 주거지는 전통적인 요소들이 가미되었는데, 지붕을 무겁게 짓는 대신 가볍고 유연한 형태가 선호되었다. 마닐라와 같은 도시는 다양한 재난을 겪으며 터득한 적응 모델로 간주될 수 있다.[227]

이와 동시에 공식·비공식적인 자구책과 이웃 지원에 의한 역량 강화도 중요하다. 특히 교회 조직을 통한 역량 강화 공동체가 형성되었는데, 이는 재난을 당했을 때뿐만 아니라 일상적인 주택 건축에서도 상호부조의 형태로 지원된다. 도움을 주는 행위에는 호혜성에 입각해 언젠가 이러저러한 형태로 보답받을 수 있다는 기대가 작용하고 있다. 농촌지역에서 아직도 찾아볼 수 있는 이러한 원칙은, 20세기에 이르러 필리핀에서는 활성화되어 소요 사태가 발생했을 때도 효력을 발휘했다. 지진이나 태풍 그리고 여타의 재난이 가장 빈번하게 일어나는 곳에서 시민단체들이 가장 많은 것은 우연이 아니다.[228] 이와 반대로 리스크가 관리되고 예방조치가 공식적인 조직과 보험기관에 맡겨지는 사회에서는 자발적으로 조직되는 단체의 비율은 상대적으로 낮다. 역경에 대처하는 역량 강화 공동체는 자발적인 참여도가 높다. 따라서 시민 참여는 국가 차원에서 조직되는 재난 예방이 효과를 발휘하는 데 중요한 전제가 된다.[229]

파국적인 재난을 초래할 수 있는 기후변화와 급격한 사회변화에 대처하는 데에는, '국가와 시장 그리고 기술'과는 별개로 역량 강화와 저항력이 결정적인 능력으로 작용하는 것처럼 보인다. 이 때문에 재난 연구는, 외부로부터 극단적인 변화의 압력을 받을지라도 자신의 핵심 기능을 유지해 나갈 수 있는 사회 체제를 회복탄력성 있는 체제로 정의한다.[230] 이는 선진국과 후진국의 관계에서 다음과 같은 의미를 지닌다. 선진국은 지진이나 허리케인과 같이 자주 나타나는 환경재난에 대처할 수 있는 건축 형태와 주거지 형태를 발전시킨 사회로부터 배울 수 있다. 후진국에서는 환경변화에 대해 더욱 민주주의적인 방식으로 대처하는 법을 배울 수 있다.[231]

셀프-헬퍼(Selbst-Helper)

우리는 앞에서 **바탕 교체**(shifting baselines) 현상, 즉 점진적으로 변화하는 현실에 대한 지각의 적응 현상을 살펴본 바 있다. 이와 같은 현상은 학습 과정에도 도움이 된다. 구동독 사람들이 서방의 소비 수준과 행동 방식을 마치 자명한 사실로 받아들인 것이나 실내 흡연 금지령이 내려진 후 공개적인 장소에서 일어난 변화를 생각해보라. 시간이 별로 지나지 않았는데도, '이전에' 식당에서 자신의 자리에 음식이 차려지고 있을 때 바로 옆 자리 손님들이 담배를 피웠던 것은 상상조차 할 수 없는 일로 여긴다. 하지만 이 '이전'은 불과 몇 달 전에 지나지 않는다.

사람들의 인생 행로는 경우에 따라서 상황이나 행동 방식이 조금만 달라져도 큰 변화를 겪을 수 있다. 단 한 번 평상시와는 **다른** 결정을 한 것이 삶 전체의 방향을 바꿀 수 있는 것이다. 나치 독일과 같은 전체주의 체제 속에서도 타인을 돕거나 생명을 구했던 사람들의 행동을 연구하는 프로젝트를 통해, 우리는 딱히 반체제 인사나 저항운동가라고 말할 수도 없는 사람들이 진정한 구원자로 행동한 사례를 볼 수 있다.[232] 신념을 지닌 것도 아니고 사회적 지위 면에서 타고난 구원자도 아닌 사람들이 수년 동안이나 자신에게 닥칠지도 모를 위험을 무릅쓰면서까지, 위협받는 사람들을 숨겨주고 음식을 제공하며 아픈 사람을 치료해주는 일이 어떻게 가능한가?

잠재적인 희생자가 직접 요청하거나, 우리가 조사한 사례 중 하나에 따르면 상관이 잠시 동안 한 유대인 소녀를 숨겨주도록 지시했기 때문에, 타인을 도와야 하는 상황에 놓인 사례들이 많다. 제아무리 타의에 따른 것이긴 하지만 이러한 행동을 하기로 결단을 내리게 되면 도움을 주는 사람의 사회적 상황은 단번에 변화된다. 왜냐하면 이러한 결단으로 인해 도움을 요청한 사람들이 피신할, 설령 가택수색을 하더라도 찾기 어려운 공간을 집안에 마련해야 할 뿐만 아니라 생활필수품까지 제공해야 하기 때문이다. 생활필수품 구입은 비상시에 국가가 통제할 경우 매우 어려워진다. 피신자가 어린 아이라면 어려움은 훨씬 더 크다. 가택수색이 벌어질 때 이 아이들이 어떠한 소음도 내지 않도록 단속하는 일은 정말 힘들기 마련이다.

이런 행위를 하는 순간부터 도움을 주는 사람의 사회적 처지는 급격하게 달라진다. 다수 집단 속에서 안정된 자리에 있다가 극도로 위험한 소수자 처지로 돌변하는 것이다. 그는 파렴치한 행위를 한 것이 아니라 동시대의 기준에 따라 어쩔 수 없이 범죄 행위를 한 것이고 잠재적인 희생자가 되고 만다. 하지만 바로 이로 인해 희생자들이 당하는 불의가 훨씬 더 분명하게 인식되고 이제 편이 갈린 마당에 더더욱 행동을 확대할 명분도 얻게 된다. 유대인 구출자로 유명한 오스카 쉰들러(Oskar Schindler)의 경우도 이와 유사했다. 그는 처음에는 반체제 인사나 인도주의자가 결코 아니었다. 사치를 일삼고 술을 좋아했으며 돈을 벌기 위해 혈안이 되었던 사람에 불과했던 것이다.

현실의 상황이나 행동 방식의 변화가 행위자로 하여금 이전에는 전혀 생각할 수조차 없었던 길로 들어서게 한다. 이러한 '실제적인 것의 규범력'에 견준다면 행위의 동기 부여 면에서 계몽이 하는 역할은 지극히 미약하다. 왜냐하면 정보를 제공받아도 이를 자신의 의사결정 과정에 반영하지 못하게 하는 여러 이유들이 있기 때문이다(제2장 참조). 또한 지식은 항상 사회적인 맥락 안에서만 중요성을 띨 수 있지 추상적일 수 없다. 환경을 의식하는 행위가 미치는 긍정적인 효과에 관한 지식은 어선에서 일하는 사람들보다 교양 있는 중산층에게 더 큰 호응을 얻는다. 어부는 자신의 주변 환경을 중산층과는 완전히 다른 시선으로, 이를 테면 수입의 원천으로 보기 쉽다. 지식의 활용은 지식 그 자체와는 완전히 다르다.

우리가 독재 체제에 저항하는 행동 방식을 영웅시하기보다는 그러한 행동으로 발전해가는 과정에 주목한다면, 이러한 행동 방식은 이전에는 불변하는 것으로 여긴 현실을 조금씩 변화시키고 새롭게 만들어 나가는 비판적인 소비자나 사회사업가의 활동과 유사한 점이 있다. 이는 실천적 학습이며 기존의 행동양식 자체를 변화시키는 학습의 한 형태이다. 이러한 학습 형태는 계몽이나 인지적 지식 습득의 고전적인 개념에 속하는 모든 것보다 더 파급력이 있고 효과적이다. 지식만으로는 현실이나 행동의 방향을 변화시킬 수 없다. 지식을 활용하게 될 때야 비로소 그 지식이 행위자에게 어떤 가치를 지니는지가 드러난다. 이러한 학습에는 프로그램도 교육 과정도 그리고 규칙도 필요없다. 주어진 자유 재량권의 여지를 보통 때와는 다르게 해석하고 활용하는 것으로 충분하다.

풀뿌리운동이 어떻게 기후정책을 변화시키는가

정치가에게 나쁜 관행을 바꾸어달라고 제안하면, 그는 의례적으로 다음과 같이 말한다. "그렇습니다. 옳은 말씀입니다. 하지만 그건 관철시킬 수 없습니다. 제가 그 제안을 한다면, 다음 번 선거에서 뽑히지 않을 것입니다." 이렇게 말하는 정치가가 있다면 우리는 그를 뽑아선 안 된다. 왜냐하면 그는 얼마 전 미국의 대통령 선거에서 '변화'를 슬로건으로 내건 후보자가 당선된 사실을 모르고 있음이 분명하기 때문이다. 독일에서도 과거 역사에서 일어난 대부분의 문화적 변화는, 정치가들에 의해 촉발된 것이 아니라 개인이나 소집단의 이니셔티브에 의해 — 흔히 기득권 세력의 완강한 저항을 뚫고 — 관철되었고 한참 후에야 비로소 이들이 사회의 주류가 되었다. 그 예로 들 수 있는 것이 바로 환경 정책이나 기후정책이다.

이는 기념 문화에서 가장 뚜렷하게 드러난다. 추모지, 경고 추모비, 학교 역사연구동아리, 증인 포럼, 기념일, 시민역사강좌 등은 국가기관의 주도로 생긴 것이 아니라 희생자들과 이들의 단체들이 역사의 교훈을 얻기 위해 마련한 것이며, 이러한 활동에 자극받아 작가와 역사학자, 대학생, 교사 등을 중심으로 시민운동이 이어졌다. 이로 인해 독일의 (역사) 문화는, 작가 마르틴 발저(Martin Walser)나 바덴뷔르템베르크 주 총리였던 귄터 외팅거(Günther Oettinger)가 나치 역사와 관련해 도발적인 발언을 해도 여론이 거센 반발을 할 정도로 성숙해졌다.* 또한 이러한 경각심은 독일이 이라크 전쟁 때 '자발적 의지의 연합체(coalition of the willing)'**에 가입하지 않도록 하는 데 기여했다. 일부에서는 이러한 거리두기를 통일 이후 독일 사회의 우리-정체성을 세우는 데 기여한 중요한 결정으로 여기고 있다.

대규모 시위와 시민운동을 통해 독일과 유럽의 이미지를 더 높인 환

---

* 마르틴 발저는 1998년 독일서적협회 평화상 수상 연설에서, 매스컴이 쉬지 않고 유대인 학살에 대한 독일 국민의 죄를 강조하는 것이 특정한 목적 때문이며 일부 세력이 그 목적을 이루기 위해 독일 국민의 수치심을 도구로 삼고 있다고 말했다. 언론도 유대인 대학살을 양심의 가책을 강요하는 '도덕적 몽둥이'로 남용해서는 안 된다고 강변했다. 귄터 외팅어는 2007년 한스 필빙거(Hans Filbinger) 전 주 총리 장례식에서 조사를 통해 "그는 나치주의자가 아니었다. 필빙거의 판결로 목숨을 잃은 사람은 없다. 그는 나치에 반대했으며 당시 권력의 압력에 굴복할 수밖에 없었다"라고 발언하면서, 군판사로 재직하는 동안 나치에 적극 협력했으며 심지어는 직접 살해에 가담하기도 했다는 주장까지 제기된 필빙거를 옹호했다.

** '자발적인 국가들의 연합' 또는 '의지의 동맹'이라고도 한다. 미국의 부시 정권이 이른바 '악의 축'에 대항해 내세운 안전보장 전략의 중심 개념으로, 구체적으로는 아프가니스탄 전쟁과 이라크 전쟁 때 미국의 편에 섰던 동맹국들을 일컫는다.

경운동도 이와 유사한 효과를 발휘했다. 또한 여성운동은 남성과 여성의 관계에 변화를 몰고 와, 국가가 양성평등법을 통해 여성도 군복무를 할 수 있게 하고 배우자인 남성에게도 육아휴직을 허용하는 데 기여했다. 독일에서 오랫동안 국가 행정과 동일시된 정치도 시민사회를 성숙시켰다. 시민들의 자발적인 이니셔티브를 통해 시민운동가 집단이 형성되었고, 이들은 환경보호를 위해 그린피스(Greenpeace), 독일환경 및 자연보호연합(BUND), 세계야생생물기금(World Wildlife Fund: WWF), 아탁(ATTAC: 시민지원을 위한 국제금융거래 과세연합)과 같은 유명한 단체로부터 각종 소그룹에 이르는 비정부기구(NGO)에서 활동하고 있다. 이들은 국가 기관을 견제하거나 파트너 역할을 수행하기도 하며 소비자 보호의 차원에서 기업을 감시한다. 나이키(Nike)와 갭(GAP) 같은 회사는 아동 노동으로 상품을 생산하고 있다는 사실이 알려지면서 혹독한 비판을 받았다. 다국적 석유회사인 셸(Shell)의 경우도 마찬가지였다. 셸은 원유저장 및 적재 플랫폼인 '브렌트스파(Brent Spar)'의 폐기물을 처리하려는 계획을 세웠다. 그린피스가 브렌트스파를 점거하고 북유럽 대부분의 지역에서 불매운동이 일기 시작하면서, 셸은 이미지 손상은 물론이고 매출에도 치명타를 입었다. 셸이 오늘날 기업의 사회적 책임(CSR: Corporate Social Responsibility) 활동을 강화하고 있는 것은 비정부기구가 행사하는 이러한 압력 때문이다.

던바의 수. 새로운 투명성

진화인류학자 로빈 던바(Robin Dunbar)는 개인이 안정적으로 사회적 관계를 유지할 수 있는 집단의 규모는 진화의 전 단계에 걸쳐 놀라울 정도로 일정했다고 밝혔다. 우선 가장 작은 내집단은 3명에서 5명 사이로 이루어진다. 이 내집단에 속한 사람들은 어려운 상황에서 서로 도움을 주고받을 수 있는 절친한 사람들이며 모든 관계의 핵심이다. 다음 단계의 집단은 15명, 그다음 단계의 집단은 약 50명으로 구성된다. 이 50명이라는 숫자는 평균적으로 친척의 규모와 일치한다. 집단적인 목표를 추구하기에 가장 적합한 구성원 수는 약 150명이다. 이 숫자는 한 개인이 맺을 수 있는 사회적 관계의 최대치이며 이 정도의 규모에서는 각 개인이 상대방을 파악하고 자신과 어떤 관계인지도 가늠할 수 있다. 이 숫자로 구성된 공동체는 형식적인 위계질서와 규칙이 없어도 유지되고, 각 구성원들은 필요할 경우에는 언제든 서로 소통할 수 있다. 진화론적으로 볼 때 호모사피엔스의 강점 중 하나인 협동 능력은 이 150명 규모의 단계에서 원활하게 발휘될 수 있다. 이 숫자를 넘어서면 위계질서와 관리 시스템이 필요하다.[233]

150명으로 구성된 집단은 변화를 수용하면서 개선해 나갈 수 있는 사회를 위해서는 최적의 모델이 될 수 있으며, 국민투표나 선거권 및 의회 개혁을 통해서나 가능한 민주주의의 현대화에도 모델 역할을 할 수 있다. 기후변화와 같은 중대한 문제도 국가나 경제 또는 세계공동체의 시스템 차원에서만 해결될 수 있는 것은 아니다.[234] 정치적으로 실행할 기회는 소규모의 사회 연결망에서 시작되며, 여기서부터 초국가적인 협상 무대에 이르기까지 다양하게 펼쳐진다. 이러한 협상 무대에 참석하는 숫자는 합리적인 규모에 그칠 수밖에 없다. 하지만 수천 명이 참석하는 코펜하겐과 유엔의 대형 컨퍼런스에서 열리는 기후협상은 이 규모를 훨씬 초과한다. 소규모 그룹의 마이크로 정치는 일반 대중이나 정치 엘리트에 의해 과소평가된다. 하지만 사회 개혁을 위한 문화적인 프로젝트를 지역적인 특성을 감안해 함께 기획하고 추진하는 데에는 무엇보다도 이러한 소규모 집단의 경험적 지식이 중요하다. 왜냐하면 이미 말했듯이 기술, 시장 그리고 법은 '사용자'에 의해 내면화되어 이용되어야 하기 때문이다.

에너지 분야에서 소규모 집단이 자발적으로 행동에 나선 경우는 독일 슈바르츠발트(Schwarzwald)의 작은 마을인 쇠나우(Schönau)에서 벌인 '전기 반란'이다. 이 마을의 주민들은 전기 상업화 이후인 1995년에 풍력 에너지와 태양열 에너지 그리고 열병합 및 바이오매스 에너지를 생산하는 운동을 추진했다. 그렇게 해서 생겨난 쇠나우 전기회사(Elektrizitäts Werke Schönus, EWS)는 75,000개에 이르는 독일 전역의 개인과 회사 및 산업체에 전기를 공급하고 있으며, 그 수익은 지속가능한 에너지 공급 시설을 확충하는 데 사용하고 있다. 우리가 보기에 흥미로운 것은 이 회사가 '태양 센트(Sonnen-Cent)'라는 후원금으로 작은 전력 생산시설과 열병합 난방기, 그 외 바이오가스 장치를 마련하고 있다는 점이다. 이렇게 해서 지금까지 3천 개 이상의 소규모 재생에너지 발전소가 건설되어 12메가와트의 전기가 공급되었다. 이 덕분에 매년

1만 톤 이상의 이산화탄소 배출이 줄어들었고 이 추세는 점점 더 강화되고 있다.

이 사례에서도 회복탄력성과 역량 강화가 중요한 역할을 한다. 자발적인 활동이 '더욱 큰' 변화를 위한 에너지를 발산하는 것이다. 이는 1999년 학교 건물을 에너지 이론에 따라 체계적으로 개축한 프라이부르크의 슈타우딩어 학교(Staudinger-Gesamtschule)의 사례에서 잘 나타난다. 연대 행동이 학교에서 변화된 분위기를 만들었다. 모범적이고 성공적인 것을 실천한다는 감정, 즉 새롭고 의미 있는 일에 일익을 담당한다는 감정이 학생들에게 '우리-정체성'을 각인시켜 능동적인 참여를 이끌어냈다. 절약 캠페인이 벌어졌고 상급생들은 저학년 학생들을 이끌었다. 가정에서도 절약 캠페인이 이어져 학부모들은 전기기구들을 대기 모드에 두는 일이 없어졌다. 또한 학부모가 자동차로 학교까지 태워주는 일을 거부하는 학생들이 늘어나기도 했다.

슈타우딩어 학교의 예는 다른 학교의 모델이 되었다. 베를린 자유대학에서는, 대학생들이 자발적으로 기금을 모아 태양열발전기를 설치한 우니솔라 베를린(UniSolar Berlin) 운동으로 이어졌다. 수많은 학생들이 '미래 아카이브(Archiv der Zukunft: AdZ)'란 타이틀을 내걸며 학교를 미래 지향적으로 만들기 위한 운동을 추진하고 있다.[235] '책임 포럼 (Forum für Verantwortung)'은 지속가능성이라는 주제를 널리 전파하기 위한 책을 시리즈로 출간하고 이를 영어판으로도 발간했으며, 학교와 평생학습관 그리고 환경보호 활동가를 위한 지침서도 배포하고 있다.[236]

이렇게 활발하게 펼쳐지고 있는 시민운동 차원의 프로젝트들을 보면, 시민들이 변화에 관심이 없다는 말이 얼마나 허위인지가 드러난다. 변화를 이끄는 가장 강력한 동기는 항상 실천이다. 구체적인 경험을 하는 사람만이 생활세계를 계속 변화시키고, 같은 생각을 지닌 사람들과 네트워크를 만들며, 생각이 다른 사람들은 설득하려는 의욕을 가지게 된다. 약 100여 개의 태양열 에너지 및 바이오 에너지 협동조합을 예로 들 수 있는데, 이들은 자체적으로 전력공급 장치를 운영하는 청정에너지 생산자로서 독점적인 전기 콘체른으로부터 독립했다. 점점 더 많은 가구들이 태양광 발전기와 소형풍력 발전기 그리고 열병합 발전기를 이용함으로써 전력을 독점으로 공급하는 전기공급회사로부터 독립하고 있다.[237] 협동조합 경제의 부활은 사용자를 활동가로, 개별적인 기후 영웅에서 집단적인 기후 동지로 탈바꿈시키고, 편하고 유리하게 보이는 거대 서비스 제공업체의 가격에 더 이상 종속되지 않는 방법을 제시한다.

시민운동에 참여할 실천적인 토대가 흔히 생각하는 것보다 더 폭넓고 창의적이라면, 그리고 인식이 실행으로 옮겨지고 앞에서 몇 가지 예로 제시한 참여 문화가 활성화된다면, 기후변화와 관련해서 사회의 정치력은 이전과는 다르게 나타난다. 국민의 대표자와 로비그룹 그리고 비정부기구의 회원들 이외에 지역적으로 조직된 시민운동가들이 "제3의 세력"[238]으로 자리 잡는다. 이들은 비록 제도적인 측면에서는 두드러진 위치를 차지하지 않음에도, 또는 바로 그렇기 때문에 기후정치와 환경정치에서 핵심적인 역할을 한다. 이들의 활동은 비정치성을 띤다.

즉, 그들의 협상력은 주변부에 미칠 따름이다.. 하지만 변화된 생활양
식과 소비 행태는 효과적인 환경 관련 입법과 행정의 토대가 되고 있
다. 이들은 논쟁을 불러일으키고 언론 보도를 구체화하며 기업가들에
게 영향을 미친다. 결국 이들은 생활세계에서 전문가를 육성한다.

기후보호운동에 동참하는 특이한 파트너

유럽과 미국에 있는 기후동맹들 가운데 세속적인 환경보호 단체에
비해 좀 더 엄격하고 때로는 당혹스러울 만큼 교회적인 데다가 밀교적
인 종교단체들이 있다. 이 단체들의 환경보호운동은 '천지창조의 보존'
이 기본 모티브이다. 이 단체들 가운데 일부는 이 기본 모티브를 자연
환경에만 한정하고, 다른 단체들은 그것을 우주론적으로 해석하며 또
다른 단체들은 태아까지 포함한 포괄적인 생명보호로 확대한다. 이러
한 기독교 단체의 신자들은 오래 전부터 새로운 사회운동과 시민단체
에서 활동하며 심지어 여론을 주도하기도 하고 자신들이 소속된 교회
의 조직과 자금을 동원하기도 한다.

이 단체들의 활동을 보여주는 예는 2001년에 시작된 운동인 '시작—
보다 나은 다른 삶(Aufbruch—anders besser leben)'이다. 이 운동은 역
량 강화의 구상을 염두에 두고 사람들에게 용기를 주며 개인적인 생활
방식을 변화시키고 '풀뿌리 운동'을 통해 지속가능한 정치를 추구하고
자 한다. 이 '시작' 운동은 전문적인 환경운동 단체와 비정부기구와는

달리 '아래로부터', 다시 말해 소비자와 사적인 일상생활에서부터 변화를 이끌고자 한다.

미국의 기후보호운동에서는 종교적인 단체가 중요한 역할을 한다. 이 단체들은 로비그룹으로 등장하기도 하는데, 그 가운데 성경에 충실한 복음주의 교파는 미국의 개신교 신자들 중 20퍼센트 이상을 차지해 선거에도 큰 영향을 미친다. 하원의원 선거나 상원의원 선거 그리고 대통령 선거에 나서는 후보자는 이 단체들의 영향력으로부터 자유롭지 못하다. 버락 오바마와 힐러리 클린턴도 2004년에는 선거를 좌우할 수 있는 '온건한 복음주의 교인들'에게 경의를 표한 바 있다.

당시 복음주의 단체들은 정치적 우파와 긴밀한 유대를 맺었고 비록 공화당 내에서 수적 열세이지만 현안에 대한 의결을 저지할 만한 소수파로서 영향력을 행사할 수 있었다. 하지만 레이건에서부터 아들 부시에 이르기까지 미국의 대통령들은 자유주의적인 낙태법의 폐지와 같은 이 단체들이 원하는 바를 들어준 것은 아니었다. 이 단체들은 이제 이러한 좌절을 겪지 않으려고 적극적인 움직임을 보이고 있다. 태도 변화의 중요한 이유는 아들 부시 대통령이 환경과 기후 문제를 등한시했기 때문이다.

전미복음주의협회 부회장인 리처드 시직(Richard Cizik) 목사 같은 기독교 로비스트들은 의회에서 지구온난화를 막기 위한 법안을 통과시키고자 활동하면서 생명을 위한 포괄적인 어젠다인 '프로 라이프(pro life)'*를 펼친다. 이 어젠다는 태아의 보호를 요구할 뿐만 아니라, 생명체와 자연이 손상되고 있고 더 나아가 미국 대기업들의 파괴적인 활동으로 큰 피해를 입고 있다는 이유로 창조질서의 보존을 주장한다. 그러는 동안 동성애자들에 대한 전쟁과 에이즈에 대항하는 수단으로서 성생활의 절제를 호소하는 캠페인은 이전보다 중요하지 않게 되었으며, 이제 신의 명령은 확실히 환경보존에 있는 것처럼 보인다. 관건은 종교적인 우파의 일부가 오바마 대통령의 기후정책에 호응할지 여부이다. 이전보다 우파 성향이 더 강해진 공화당이 의회에서 오바마의 기후정책에 대립각을 세우고 있는 상황이기 때문이다.

이상과 같은 독일과 미국의 사례들을 살펴보면 사회 개혁을 위한 문화 프로젝트를 펼칠 때 뜻밖의 연대 파트너를 구할 수도 있음이 드러난다. 연대 파트너는 보수 성향이 강한 세력에서도 찾을 수 있고 이와는 정반대 성향인 저항 세력에서도 찾을 수 있다.

기후 때문에 바리케이드로?

왜 나라가 조용한지 또는 왜 머지않아 소요사태가 생길 것이라는 소문이 도는지에 대해 질문을 받으면, 우리는 우파 포퓰리즘의 정치가 비난이나 좌파 포퓰리스트들의 노동절 집회를 생각하기보다는 '전기(電氣) 반란'과 '기후 데모'를 머리에 떠올린다. 일반적인 선입견에 따르면, 이런 문제는 사람들의 관심을 끌 수 없는 것이 상식이다. 사회학자 유

● 태아의 생명을 존중하자고 주장하며 낙태에 반대하는 운동을 말한다.

타 알멘딩거(Jutta Allmendinger)는 다음과 같이 말한다. "사람들은 50년
은 고사하고 10년 앞도 내다보지 못한다. 에너지 위기나 지구온난화가
코앞에 닥쳐야 진지하게 받아들인다.…… 사람들은 경각심을 불러일으
키는 글을 보고도 대수롭지 않게 받아들인다. 말로는 개혁을 원한다고
하지만 개혁에 적극적으로 동참하지는 않는다." 이는 심지어 자신들이
직접 경험하는 사회적 불의에 대해서도 마찬가지다. "사람들은 사회의
불의를 인식해도 주변의 수많은 사람들이 이를 묵인하고 있는 것을 보
고는 체념하고 만다."[239]

이제 이러한 자기 면역은 서서히 와해되고 있다. 왜냐하면 사람들이
기후보호를 위해 거리로 나서거나 '관행과는 다른 참여'의 형식을 택하
고 있기 때문이다. 이러한 참여는 선거나 언론 활동이 아닌 원외운동과
원외조직에서 활동하는 것을 말한다. 1970년대에 시민단체들은 시위
나 자조 활동을 통해 자신들의 주장을 펼쳤지만, 오늘날에는 이보다 훨
씬 더 전문화된 비정부기구들이 조직되어 정부에 압력을 가하거나 국
제기구에 호소하기도 한다. 게다가 사전 신고를 하지 않은 시위나 봉쇄
행동에 참여하거나 사보타지와 같은 시민불복종도 행해진다. 우리는
앞에서 비판적인 소비자운동과 소비자보호운동을 이 범주에 넣은 바
있다.

평화적인 거리시위부터 서명운동 그리고 국민투표와 법적 소송에
이르는 이러한 '관행과는 다른 참여'는 이제 기후정치적인 운동에서도
활발하게 펼쳐진다. 2007년 12월에 처음으로 수천 명이 기후보호를 위
해 시위를 펼쳤고, 12월 8일은 항의시위의 날로 정해 해마다 모이기로

결의했다. 2008년 12월에는 수백 개에 이르는 환경보호단체들의 연합체가 주최한, 거대 에너지 대기업에 항의하는 시위에 수만 명이 참가했다. 특히 스웨덴의 전력회사인 바텐팔(Vattenfall)은, 스웨덴의 한 핵발전소에서 원전 사고가 일어나자 이와 관련된 정확한 정보를 제공하지 않아 큰 비난을 받았음에도, 오히려 대규모 광고를 통해 친환경 기업으로 홍보하려 했다. 바텐팔의 베를린 지사가 동화주간(Märchentage)*의 스폰서를 맡게 되자 베를린의 지사 건물 앞에서 이를 패러디하는 '동화시간'이 열렸다. 이 패러디 행사는 주목을 끌지 못했지만, 2008년 9월에 약 4,000명이 하나우와 옌슈발데에 모여 펼친 석탄 화력발전소 건설에 항의하는 시위는 큰 반응을 얻었다. 시위 참가자들 중 절반은 인근 지역의 주민들이었고, 나머지 절반은 1980년대부터 핵발전소 건설에 반대해 시위를 펼치고 있는 저항운동가들이었다.

　기존의 환경운동은 이러한 규모에는 미치지 못했다. 물론 2009년 3월 28일 런던에서 G20 정상회의가 개최되자 베를린과 런던에서 '당신들의 위기에 우리는 돈을 낼 수 없다'라고 적힌 플래카드를 내걸며 수만 명이 시위에 나서기도 했다. 2009년 4월 초에 열린 나토 정상회담에 항의하는 시위대는 이보다 숫자는 적었지만 훨씬 더 과격했다. 함부르크 시정부가 모르부르크에 석탄 화력발전소를 건설하기로 결정하자 극좌파 시위대가 시정부에 참여하고 있던 녹색당을 비판하며 기후 캠프

● 　동화의 아버지라 불리는 안데르센을 기리며 전 세계의 동화인이 참여하는 글로벌 축제로 매년 11월에 18일 동안 베를린에서 열린다. 주로 극장, 서점, 도서관, 카페, 박물관 등 사람이 모일 수 있는 곳은 언제든 행사장이 된다.

를 차리고 시위에 나섰다. 다른 지역에서도 시위대가 조직되어 석탄
운반열차의 운행을 가로막고 석탄 화력발전소의 건설지가 점거되었
다. 2008년 7월에 독일 환경지원협회(Deutsche Umwelthilfe: DUH)는,
석탄 화력발전소를 건설하고 핵발전소의 사용 기간을 연장하거나 새
롭게 건설하려는 계획(스칸디나비아 국가들과 영국에서는 핵발전소 건
설이 확정되었다)에 반대하는 캠페인을 적법한 절차에 따라 벌였는
데,[240] 화력발전소는 '전기 부족'을 근거로 내세우며 새로운 르네상스를
맞이하고 있다. 현재 화력발전소의 건설을 승인받으려는 신청서가 약
25건 제출되어 있다.[241] 독일 에너지·물경제협회(Der Bundesverband
der Energie- und Wasserwirtschaft: BDEW)에 따르면 2008년에 6개의
석탄 화력발전소가 건설 중인데, 그중에 두 개는 노이라트와 라우지츠
지역의 논란의 여지가 많은 갈탄 화력발전소이다.[242] 화력발전소 건설
과 관련해 마인츠에서는 6만 건 이상, 그라이프스발트에서는 약 3만 건
의 이의신청서가 접수되었다. 브란덴부르크 주에서는 시민단체 '갈탄
채굴 중단'이 갈탄 화력발전소의 가동을 중단시키려는 법안을 청원하
기 위해 2만 6천 명의 서명을 모았다. 이에 대해 주 총리 마티아스 플라
첵(Matthias Platzeck)은 완전히 무시하는 태도로 다음과 말했다. "우리
의 화력발전소를 폐쇄하는 것이 세계 기후에 미치는 영향은 마치 중국
에서 쌀 한 포대가 땅바닥에 쏟아지는 것과 마찬가지다." 탄소포집 및
저장(CCS) 기술을 이용해 이산화탄소 배출을 줄이는 '청정한' 화력발전
소들도 논란이 되고 있다(150면 이하 참조). 이 화력발전소들은 온실가
스를 포집해 파이프라인으로 수송하여, 땅속 지층이나 바다 깊이 저장

한다고 알려져 있다. 화력발전소 건설을 반대한 자를란트 주의 주민들은 주민투표로 루르 전력(RWE)의 프로젝트를 무산시켰다. 2008년 10월 2일에는 마침내 환경단체 '석탄 대신 미래'가 석탄같이 검게 색칠한 공룡을 총리 공관 앞으로 운반했다가 석탄 화력발전소 건설지로 보내는 상징적 시위를 했다.

현재 경제위기를 고려할 때, 저항 부문에서는 사회정책 테마와 계급투쟁 테마들이 더 중요해지고 있는 것처럼 보인다.[243] 부유한 북반구에서든, 가난한 남반구에서든 사회적 저항운동이 일어나지 않는 곳은 거의 없다. 이러한 저항은 흔히 생태학적인 원인 때문에 벌어진다. 2008년만 놓고 볼지라도, 세계의 각 지역에서 기아 봉기가 일어났다. 이 봉기의 주된 원인은 에너지 가격의 상승과 바이오 연료 생산으로 인한 식량 가격의 급등 때문이다. 북반구의 대도시에서는 '기후 난민'으로 특징지을 수 있는 불법 이주민들의 항의가 있었다. 블라디보스토크와 러시아의 다른 도시들에서는 중산층이 외국 자동차의 수입 금지에 항의하는 시위를 벌였다. 중국에서는 1989년의 톈안먼 사태를 잇는 민주화운동이 일어났고 그리스에서는 과격한 '청소년 시위'가, 프랑스에서는 극좌파 그룹의 르네상스가 일어났다. '새로운 5월'이라는 말이 언론에 오르내리고 있다. 물론 저항운동에 동참하는 사람들이 실질적인 사회변혁보다는 현상 유지에 관심이 있다는 진단이 있는 것도 사실이다.

우리가 체제위기에 대한 반응을 더 이상 대중매체의 눈으로 보지 않는다면, '사회 불안'[244]은 이미 존재하고 있다는 사실을 알 수 있다. 불안이 훨씬 더 커져야 하고, 기후 영웅들과 기후 동지들이 더 정치적이고 과격해져야 한다. 이들은 그러한 일이 자신들을 위해서가 아니라 사회를 개선하기 위해서라는 것을 더 명확하게 말해야 한다. 지역 운동단체들은, 1980년대 이래로 정당에 빼앗기고 전자매체의 위력에 눌린 민주주의의 역량을 시민들이 어떻게 회복하는지를 보여주어야 한다.

Utopia.de

환경보호와 기후보호는 정치가 부활하는 데 더할 나위 없이 좋은 발판이 될 수 있다. 인터넷과 웹 2.0은 뛰어난 전파 수단이다. 앞에서 이미 언급한 인터넷 플랫폼인 utopia.de와 포털사이트 campact.de는 기후보호, 인권, 소비자 보호, 조세 정의, 평화, 세계화 등에 관한 온라인 캠페인을 펼친다. 연방정치교육원(Bundeszentrale für politische Bildung)의 웹사이트 Wahl-O-Mat도 2002년부터 놀라운 성공을 거두고 있다. 이 웹사이트는 단순한 콘셉트를 바탕으로 하고 있는데, 연방의회 선거와 지방의회 선거가 있기 전에 정당들의 정치 프로그램을 30가지 항목별로 분석한다. 이 웹사이트의 방문자들은 이 항목들에 찬성과 반대 또는 무관심이라는 입장을 밝히면 된다. 방문자가 모든 항목에 응답하면 자신의 정치 성향 또는 '투표할 정당'이 답으로 제공된다.

인터넷 플랫폼은 '고전적인' 참여 방식보다 더 쉽고 직접적이며 빠르게, 자신의 행위가 미치는 영향력을 인지할 수 있게 하며 능동적인

시민의식을 위해 필수적인 정치적 자신감을 부여해준다. 따라서 젊은
층에서 널리 퍼진 '그래 봐야 큰 차이가 없다'는 자괴감이 줄어든다. 성
공적인 개입은 다른 시민운동가들과 연대도 가능하게 하지만, 실패한
다고 해도 중대한 현안에 참여해 일익을 담당했다는 느낌을 가질 수
있다.

웹 2.0은 최신의 대중 소통 방식으로, 대중 오락의 엄청난 확산과 활
발한 공유를 가능하게 하는 특징을 띤다 — 중요한 것은 개개인들이 관
습적인 대중매체를 우회하여 전달하는 정보, 즉 '사용자 콘텐츠'이다.
따라서 웹 2.0은 정당이나 의회 같은 정치기관들뿐만 아니라 대중매체
의 영향력으로부터 자유로울 수 있다. 이는 인터넷이 만든 정치 혁신이
다. 물론 이러한 변화는 양면성을 지닌다. 버락 오바마 대통령이 인터
넷 사이트 www.recovery.gov와 유튜브를 통해 자신의 풀뿌리 지지자
들에게 직접 연설을 하는 것은, 미국의 대통령 중심제 정치 문화에서만
가능한 웹 2.0의 변이 형태이다. 이는 미국 민주당 전국위원회의 '미국
을 준비하는 모임(Organizing for America)'이 펼친 선구운동을 재현한
것이었다. 이러한 웹사이트를 이용한 소통은 2009년 2월 풀뿌리 지지
자들이 3,500회에 걸쳐 이웃들과 친구 그리고 동료들과의 모임에서, 오
바마의 경기부양 프로그램에 대해 의견을 교환함으로써 효과가 더 커
졌다. 오바마는 다음과 같이 약속했다. "우리는 미국의 꿈을 계속 키워
갈 것입니다. 하지만 이는 사람들이 정말로 이 꿈의 실현을 원할 때에
만 가능합니다." 의회가 자신이 야심차게 추진한 '녹색 회복' 프로그램
의 예산을 대폭 삭감해 쓰라린 경험을 한 바 있는 오바마로서는 대중에

게 직접 호소하는 연설이 권력을 행사하는 중요한 수단이었다. 오바마는 로비스트, 언론, 일련의 여론조사 기관, 사익을 추구하는 각종 이익단체 등의 영향을 받는 수도 워싱턴의 정치를 상징하는 '벨트웨이(Beltway)'*에 대항해 자신의 지지세력을 규합했다. 백악관이 모은 스마트몹(smart mob)**은 보수적인 의원들에게 이메일을 보내고 이를 거의 실시간으로 블로그에 게시했으며, 인터넷을 통해 전국적으로 타운홀미팅(town hall meeting)***을 개최했다.

이러한 새로운 참여민주의로 인해 환경 문제에 대해 관심을 보일 뿐만 아니라 기후 개선에도 효과적인 도움을 줄 수 있는, 지속적이고 책임감 있는 제5의 권력이 생기고 있다고 볼 수 있는가? 이 과정에서 인터넷은 카리스마 있는 대통령이 자신의 메시지를 대중에게 전파하는 대중매체로 처음 등장하고 있다. 오바마는 다음과 같은 주목할 만한 말을 했다. "여러분은 여러분의 돈이 어디로 흘러가는지를 보게 될 것입

• 원래는 미국의 수도 워싱턴의 외곽 순환도로를 말하지만, 흔히 워싱턴 정치계를 뜻한다. 미국에서는 대선과 총선이 치러질 때마다, 이 벨트웨이 바깥 지역에 있는 정치인이 안쪽에서 기득권을 누리고 있는 부패한 정치인들을 타도하고 개혁하기 위해 변화와 개혁을 외친다. 버락 오바마 대통령도 기득권 세력으로 가득 찬 워싱턴을 변화시키고 개혁하겠다는 '희망'을 외치며 새로운 정치인의 이미지를 심는 데 성공함으로써 최초의 흑인 출신 대통령이 될 수 있었다.

•• 뜻을 같이 하는 사람끼리 인터넷이나 휴대전화로 서로 연락하여 자발적으로 모인 군중.

••• 공동체의 문제를 자율적으로 해결하는 미국식 공개토론 방식으로 정책 결정권자 또는 선거 입후보자가 지역 주민들을 초대하여, 정책이나 주요 이슈에 대하여 설명하고 의견을 듣는 방식을 취하며 미국 참여민주의의 토대로 평가된다.

니다. 여러분이 우리의 눈이자 귀입니다." 따라서 오바마는 지지자들에게 '녹색 회복' 프로그램이 어떻게 펼쳐지는지를 지켜보고 지속적으로 개입해달라고 요청한다. 이로써 그는 판도라의 상자를 연 셈이다. 왜냐하면 정보를 '네트워크 속으로' 유입시킬 뿐만 아니라 사용자들이 이 정보를 공유해 단체 행동에 나설 수 있도록 하는 플랫폼이 생겨났기 때문이다. moveon.org와 같은 네트워크들이 결국에는 오바마의 선거 자금을 모으는 역할을 했다. 시민들이 자신의 거주지에서 '녹색 회복' 프로그램의 지출과 건설 계획을 사실상 통제하게 된다면, 이는 '승인'의 수단이 됨과 동시에 대중의 지혜가 직업정치가들 및 행정가들의 전문성과 동등한 위치에서 결합되어 위키피디아식 '공동 지식 관리'의 수단이 될 수 있다. 하버드대학 니먼 재단(Nieman Foundation)에 소속된 인터넷 베테랑 댄 프룸킨(Dan Froomkin)은 다음과 같이 진단했다. "오바마가 위키피디아 문화를 받아들이면, 중요한 입법 절차는 사람들이 협력할 수 있는 공개적인 장소에서 처리될 수 있을 것이다."[245]

물론 회의적인 시각도 있다. 왜냐하면 빌 클린턴과 특히 엘 고어가 이와 유사한 비전을 가졌을 때인 1990년대 이래로, 인터넷은 민주주의를 부활시킬 것이라는 희망을 실현할 수 없었고 텔레비전 민주주의의 단점인 '감정에 휘둘리는 참여'를 개선할 뾰족한 대안을 제시할 수도 없었다. 시민은 텔레비전을 보며 모든 것을 경험하고 어느 곳에서 벌어지는 일이든 한눈에 볼 수 있지만, 소파에 앉은 채로 베를루스코니 같은 인물들이 하는 일을 수수방관한다. '신미디어들'은 여러 가지 면에서 '구미디어들'의 모방과 조작을 답습할 뿐만 아니라 심지어 이를 능가하기도 한다. 정보의 홍수 속에서 검증할 수단이 없기 때문이다. 네크워크에서 돌고 도는 정보가 옳은지를 누가 보증할 수 있다는 말인가? 네크워크 미디어는 선거전과 같은 이례적인 정치 상황이나 권위적인 체제의 예외적인 상황에서 강한 면모를 보였고 지금도 이러한 상황이 도래하면 마찬가지 양상을 보인다. 이란과 중국 또는 베네수엘라에서 검열을 피해 표현과 언론의 자유를 수호할 때가 그렇다. 이와 반대로 이미 미디어 민주주의가 확립된 곳에서는, 베르톨트 브레히트(Bertolt Brecht)가 이미 자신의 유명한 라디오 이론에서 말한 바 있듯이, 시민들의 상호 능동성은 광고 기관과 무관심한 대중 사이에서 흔히 나타나는 상호 수동성으로 전락하고 만다. 이렇게 되면 전자 포퓰리즘이 민주적인 아고라를 내쫓는다. 결국 후기 민주주의적인 조짐 속에서 포퓰리즘적인 선동가들만 득세하고 마는 셈이다.

하지만 인터넷이 항상 부정적인 역할만 하는 것은 아니다. 버락 오바마의 제안은 즉흥적이고 때로는 혼란스럽기조차 한 캠페인을 정치적인 일상 속으로 끌어들여 정착시키려는 데 있다. 인터넷 플랫폼이 상호 능동적이고 기후정치에서도 중요성을 띠게 되는지 여부는, 그 미디어적인 특성에 따라 좌우되는 것이 아니라 컴퓨터 화면에서 눈을 돌려 실제 세계에서 활동하는 시민들이 어떤 힘을 발휘하느냐에 달려 있다. 웹사이트 자체만으로는 기후변화에 대항하는 수단이 될 수 없다. 냉정하게 판단한다면, 기후변화에 맞서는 웹사이트를 만든다고 나서지만 이 웹사이트를 만들고 운영하는 것도 온실가스를 배출한다.

물론 새로운 커뮤니케이션 기술은 이웃과 소규모 집단을 넘어서는 기후 캠페인을 벌일 가능성을 제공한다. 두 개의 초지역적인 기후보호 단체를 예로 들 수 있다. 하나는 주로 기독교 그룹이 주도하고 있으며 약 100개의 환경보호 및 후진국 원조 단체들이 결성한 기후연맹 (Klima-Allianz)이고, 또 다른 하나는 유럽의 도시들이 열대 원주민들과 맺은 기후동맹(Klima-Bündnis)이다. 이 기후동맹에는 약 1,400개의 도시와 자치구들이 협력하고 있다. 이 두 단체들은 2℃라고 하는 철저한 기후보호 목표에 초점을 두고 주로 지역 차원에서 활동하며 무대를 넓히고 있다. 이 단체들은 '긍정적인 행위'를 선호하며 회원들에게 효과적인 실천 사례와 국가 및 유럽의 지원 수단에 대한 정보를 제공하고 다른 구체적인 행동 지침을 제공한다. 바로 이러한 점에서 이 단체들은 반핵운동과 구분된다. 기후연맹은 기부금과 프로젝트 운영비로 유지되며 석탄 화력발전소에 반대하는 운동에 참여한다. 기후동맹은 참여 자치구의 주민 일인당 0.006센트의 회비를 받고 있으며 '어젠다 21' 프로젝트의 전통을 계승하고 있다.

K 부인은 선택의 여지가 없다

K 부인은 유럽의회 선거와 독일의 연방의회 선거에서 어느 당을 뽑아야 하는가? 그녀는 진지한 국민이긴 하지만 투표장에 갈 마음이 없다. 기후보호운동에는 열성적으로 참여하지만, 독일의 현실 정치 시스템에는 실망이 크다. 그녀에게 투표하지 않는 행위란, 자기 만족이나

게으름이 아니라 세계 기후보다 은행이나 오펠 기업(Opel AG)을 구제하는 일에만 관심을 기울이는 기성 정치에 대한 근거 있는 불만의 표시다.

놀랍게도 하필이면 위기가 첨예화된 2009년 여름에, 2005년의 선거에서 집권하지 못한 기민련(CDU/CSU)과 자민당(FDP)의 연정이 여론조사에서 앞섰다. 이들은 유권자들에게 도발적으로 보였고 K 부인에게는 2008년에 들이닥친 두려운 사태, 즉 신자유주의의 범람을 떠올리게했다. 기민련의 메르켈과 자민당의 베스터벨레(Westerwelle)가 2010년부터 신자유주의적인 정부를 구성할 수밖에 없다는 말인가? 이 커다란 위기에 처하여 좌파 성향의 유권자들이 다수를 이룰 수 있었음에도 불구하고, 독일의 주 정부들에서는 이미 기민련과 자민당의 연정이 들어서 있다. 정치는 교과서적인 산술계산으로 진행되는 것은 아니다. 이는 흥미진진하긴 하지만 우려되는 전개 과정이다. 우리는 이러한 현실을 정당 시스템의 대표성 상실이라는 말로 해석할 수 있다. K 부인이 실망하는 것은 기후위기에 초점을 맞출 때 적절한 연립정부를 구성할 가능성이 보이지 않는다는 점이다. 모든 정당과 진영에는 전문성을 갖춘 기후정치가들이 있기는 하지만, 연립정부를 구성할 경우 이들은 설 자리를 잃게 되는 것이다.

2009년의 선거에서 사민당(SPD)은 위기에 처한 근로자들의 대변자로 나섰다. 지금까지 경제위기가 닥쳤을 때는 거의 모든 근로자들이 사민당의 편에 섰다. 하지만 현재의 사민당은 빌리 브란트(Willy Brandt) 총리 시절과는 완전히 다른 정당이다. 사민당은 이제 더 이상 사회정의

의 보루도 아니고 서민들의 대변자도 아니며 지위 상승을 바라는 저소
득층의 보호자도 아니다. 사민당은 수년에 걸친 자기 해체 과정을 겪으
며 이런 역할을 더 이상 감당할 수 없게 된 것이다. 게르하르트 슈뢰더
총리는 자본주의와의 개혁적 타협 — 이는 사민당의 역사적 사명이었
다 — 을 전반적으로 성사시키겠다는 '어젠다 2010'를 단념했다. 슈뢰
더 총리는 집권 기간에 재정적으로나 문화적으로 대기업 친화적인 정
책을 펼쳤고, 이에 화답하듯 대기업들은 사민당에 대한 적대감을 일시
적으로 누그러뜨렸다. 기후정책 면에서는 환경부 장관인 지그마르 가
브리엘만이 돋보일 뿐이었다. 그는 산업자본주의와 생태적으로 계몽된
계획국가를 화해시켜 수렁에 빠진 산업자본주의를 건져낸다는 발상으
로 '3차 산업혁명'을 주장했다.

사민당의 추락은 전 유럽에서 대중정당들이 겪고 있는 운명을 대표
적으로 보여주고 있다. 유럽의 대중정당들은 당원과 열성적인 당 관료
들이 줄어들고 있고, 노동조합과 기업인연합회 같은 당의 지지 기반이
되어온 조직과도 원만한 관계를 유지하지 못하며, 심지어 여론을 주도
하는 능력도 상실했다. 이 현상은 기민련과 같이 '중도적인 거대 대중
정당'의 경우에서도 나타난다. 구동독 출신으로 환경부 장관을 역임한
바 있던 앙겔라 메르켈 총리는 녹색당과 기념비적인 타협을 할 기회를
놓치고 말았다. 메르켈 총리는 오히려 경기부양 프로그램의 성패에 모
든 것을 걸고 있는 형편이다. 침체된 기독교사회당(CSU)은 환경정책과
관련해서는 언급할 가치가 없다. 기독교사회당은 바이에른 주의 경쟁
력을 강화시키는 데만 신경 쓰고 있고 세상이 어떻게 돌아가든 현상 유

지 정책만 공격적으로 펼친다. 대표적인 예로 기독교사회당의 반대로 독일연방정부가 추진해온 통합 환경법 제정이 실패로 끝난 것을 들 수 있다. 기독교사회당이 정권을 잡고 있는 바이에른 주가 장거리 출퇴근자를 위한 교통비 원조와 세금 인하 그리고 유전자 변형 옥수수 재배 금지조치를 일괄 처리함으로써, 독일 전체에 적용되는 환경법이 무력화된 것이다.

결국 환경 문제에 대해 큰 관심을 기울이지 않는 소규모 정당들이 수혜자가 되었다. 녹색당은 한때 환경 문제의 대변자로 각광을 받았고, 자신들의 생태학적이고 근본적인 핵심 정책으로 돌아가 성장의 한계를 인식하고 그들의 장점을 뒤바꾸는 순응적이고 혼란스런 연정의 한계를 깨달으며, 환경을 보존하고 기후를 살릴 정치를 한다면, 앞으로 빛을 발할 수도 있을 것이다. 하지만 녹색당은 '한 가지 정책 캠페인'만을 펼치는 정당으로 퇴색할지도 모른다는, 다시 말해 환경정당으로서는 대중정당이 될 수 없다는 두려움을 안고 있다. 사실은 이 '한 가지', 즉 기후변화 정책이야말로 오늘날 다른 모든 정책들을 좌우할 수 있다. 녹색당은 집권 능력을 보여주기 위해 ― 우유부단한 형태의 ―생태와 경제의 조화를 추구하는 '적녹 프로젝트*'라는 장벽에 갇히게 되었다.

따라서 자민당(FDP)이 위기의 수혜자가 되었다. F. D. F.라는 세 개의 약자야말로 자본주의의 위기를 요약하고 있다. 이제 은행과 산업의

• 사민당을 상징하는 색깔이 적색이라서 사민당과 녹색당의 연정은 적녹 연정으로 불린다.

국유화에 대다수가 찬성하는 나라에서 자민당은 기민련과 연정을 구성해 에너지정책과 기후정책을 가로막는 '다수'를 만드는 역할을 하고 있다. 자유주의자들은 근래 사회 분위기가 '자유주의적'으로 바뀌어도 별 혜택을 누리지 못했는데, 이제 국가 규제에 반대하는 기업가와 중산층의 입장을 대변하고 있다. 이들은 무엇보다도 대규모 연구와 핵발전소 건설을 통해 기후 문제를 해결하려 한다.

자본주의의 메타위기는 원래 좌파의 활동이 기대되는 시기다. 하지만 좌파당(Die Linke)이 항상 '괴물'이라 부르며 공격해왔던 자본주의가 사실상 괴물로 입증된 이래로, 좌파당은 세력이 크게 약화되었다. 좌파당은 구동독의 지역 정당이자 독일 전역의 저항 정당에 머무르고 있고, 구동독에 대한 향수와 현 독일 체제에 대한 거부감을 키우며 외국인에 대한 적대감도 꺼리지 않는 보호무역주의에 빠져 있다. 이런 상황에서 극우파가 득세할 수도 있지만, 세력을 규합할 수 있는 인물이 없어 극우파의 영향력은 크지 않다. 하지만 오스트리아와 구동독 지역의 젊은 남성 유권자들에게서 극우파의 인기는 높은 편이다.

하지만 투표에 참가하지 않는 무당파가 압도적인 다수를 이루고 있다. 이는 국민을 대표하는 기관을 통해 국민 의사를 표출하는 정치적인 대의제도가 제대로 작동하지 않음을 보여준다. 정치학적으로 말하자면, '주권자(국민)'와 '대리인(의회 정부)' 사이의 거리가 점점 커지고 있다. 따라서 기후변화와 관련해서도 민주주의의 또 다른 문제가 발생한다. 즉, 세대 간의 불공정을 유발하는 문제로서 투표권이 없거나 아직 태어나지 않은 세대를 위한 민주주의적인 대의 시스템이 필요하다.

특히나 부족한 것은 미국의 정치학자인 제인 맨스브리지(Jane Mansbridge)가 말한 '대체 대의제도'이다. 환경 주제에 적용해볼 때, 이 제도는 선거 공약을 지키거나 자신의 재선만을 염두에 두는 정치가 아니라, 자신의 선거구 외부, 다시 말해 전 세계의 유권자와 미래 세대의 유권자들을 향한 정치를 말한다. 오늘날 근시안적인 안목으로 결정된 정책은 의사를 물을 수 없는 미래 세대들에게도 구속력을 갖게 되어 돌이킬 수 없는 부담을 지울 수 있다. 어떠한 정책이든 결정될 때에는 앞으로 어떤 결과가 초래될지는 불확실하다. 하지만 민주주의는 미래의 이해관계와 선택지를 주의 깊게 고려하는 것이 필요하다. 아이들에게도 선거권을 주자는 제안도 이런 맥락에서 나왔다. 하지만 이는 저출산 문제뿐만 아니라 실행 가능성 면에서도 현실성이 떨어진다. 부모의 배려나 그들에 대한 위임을 반드시 신뢰할 수는 없기 때문이다. 현행 의회제도와는 별개로 민주주의를 어떻게 현대화시킬 수 있는지가 관건이 될 것이다.

원외야당 2.0: 바리케이드로!

새로운 원외야당, 즉 APO(Außerparlamentische Opposition) 2.0을 위한 기회가 있는가? 이러한 투쟁이 현재처럼 침체기를 겪고 있는 세계경제 상황에서 어떤 결과를 초래할지는 확실하지 않다. 1930년대의 유럽 대륙에서와 같이 반민주주의적인 결과를 초래할 수도 있고, 정당들의 장악력에서 벗어나 열린 시민사회를 이것이 오히려 자극하여, 정당들로 하여금 헌법에 충실한 과업을 맡아 정치적인 의사 형성에 동참하고 미래를 만들어 나가게 할 수도 있다.

대중이 거리로 나가 항의 시위를 함으로써 정부를 쫓아낸 아이슬란드, 그리스, 라트비아에서는 원외야당 운동이 펼쳐졌다. 하지만 이러한 원외운동의 모호성에 대해 환상을 품어서는 안 된다. 라틴아메리카에서는 좌파 포퓰리스트들이 정권을 잡았고, 미국에서는 대통령이 투기업자들과 기업인들에 대한 국민의 분노를 잠재우기 위해 노력하고 있다. 이로써 오바마는 우파 성향을 나타내는 **폭스 뉴스**의 진행자 글렌 벡(Glenn Beck) 같은 인물들과 경쟁하고 있다. 글렌 벡은 방송을 통해 수백만 명의 시청자들에게 이주민들과 비기독교인들을 향한 적개심을 선동하며 새로운 '티파티 운동(Tea Party)'*을 외친다. 소비자가 자신들의 소비 행태와 **소비**의 의미에 대해 전반적으로 의문을 품게 되면, 이러한 의구심은 외국인 혐오의 조짐과 연결되어 '국산품 애용!'이라는 구호로 쉽게 전환될 수 있다.

포퓰리즘은 항상 계급투쟁과 원한 사이를 오가며 일반인들의 의식을 자극할 수 있다. 포퓰리즘은 19세기 이래로 주류를 형성한 좌파와 우파라는 도식을 무너뜨린다. 물론 이 도식은 기후위기의 해결을 위해서는 더 이상 유용하지 않다. 가치보수주의자들과 극좌파들의 포퓰리

• 정부의 건전한 재정 운영을 위한 조세저항운동을 펼치는 미국의 보수단체. '극우 반정부 운동'을 뜻하기도 한다.

즘적인 동맹으로 시작한 녹색당은 이후 사회운동에서 정당으로 전환해 "좌도, 우도 아닌 앞으로!"라는 구호를 외쳤다. 녹색당의 한 당원은 초기의 모습을 다음과 같이 기억한다. "우린 환경보호와 관련해서는 보수주의자였고, 시민권과 관련해서는 자유주의자였으며, 사회 분배와 관련해서는 사회주의자였다."[246] 산업사회의 분열과 갈등 노선에 얽매이지 않는 자라면 '앞으로'라는 구호를 외칠 수 있었고 지금도 외칠 수 있다. 하지만 녹색당의 '좌파적' 열정과 유토피아는 어디로 갔는가?

"바리케이드로! 우리는 모든 것이 쇠퇴해가고 무기력한 정치가들이 이 나라를 망치는 것을 가만히 둘 수는 없다. 모든 독일인들은 '우리가 바로 그 인민이다!'라는 구호를 외치며 거리로 나섰던 구동독 사람들을 모범으로 삼아야 한다." 이 호소문을 2002년 ≪프랑크푸르터 알게마이네 차이퉁(Frankfurter Allgemeine Zeitung)≫지에 발표한 포퓰리스트는 68 학생운동가도 아니었고 구동독의 '바로 그 인민'도 아니었으며 오히려 정반대이다. 자민당에 가까운 인물로서 조세에 저항하던 퇴직자*이다.[247] 이 호소문은 되새겨볼 가치가 있다. 우리에게 닥친 현재와 미래의 문제들을 놓고 보면 저항문화가 다시 살아나지 않고서는 필수적인 변화는 이루어질 수 없다.

동·서독을 가로막았던 장벽이 무너지면서 이전의 체제 경쟁이 사라지고, '우리는 어떤 삶을 원하는가?' '우리가 **결코 원하지 않는** 삶은 어떤 것인가?' 같은 주요 테마들이 정치적인 논쟁에서 자취를 감추는 동

● 전직 교수이자 노언론인인 아르눌프 바링(Arnulf Baring)을 가리킨다.

270

안 사람들의 의식 속에서는 치명적인 분업이 자리 잡았다. 즉, 정치는 정치가가 하는 것이고, 일반인들은 각자 자신의 일을 하면 된다는 것이다. 금융위기를 수습하는 정책에 대해서도 궁금증을 풀어줄 논평은 찾아볼 수 없다. 정부의 (의료개혁 프로그램이나 중·고등학교의 학업 기간 단축과 같은) 조치들에 대해 불만을 토로하면서도 ─ 고작 〈안네 빌〉*과 같은 텔레비전 토크쇼를 보며 화를 삭일 뿐 ─ 이의 제기나 대안을 찾으려는 시도는 하지 않는다. 이제 시민사회는 텔레비전 시청자의 '감정에 휘둘리는 참여'를 지양하고 자의식을 갖춘 능동적인 행위자의 역할을 되찾아야 한다. '전기 반란'을 일으킨 쇠나우 마을사람들이나 슈타우딩어 학교의 학생들이 이미 모범을 보인 바 있다.

이들의 실천 행위는 정치의 변화와 민주주의의 현대화를 위해 결정적인 자극을 주고 있다. 바로 이 때문에 다양한 활동들이 기존의 상황과 차단벽에 대한 저항으로 표출되어야 한다. 오늘날에는 혁명이 일상의 문화 혁명으로만 가능하다. 그래서 사적인 것이 정치적이라는 말이 나왔다.** 하지만 이 말은 이제 더 이상 교육이나 성적인 자유 그리고 가부장제와 같은 문제만이 아니라 일상의 삶 전반에 해당한다. 특히 시민 참여를 통한 소통은 보다 더 정치적인 성격을 띠어야 한다. 다시 말해, 시민의 참여는 보다 나은 사회를 만들기 위한 것이라는 점이 명확하게 부각되어야 한다. 이를 위해서는 분노와 열정이 필요하다.[248] 책임이 있

• 독일의 텔레비전 앵커우먼 안네 빌(Anne Will)이 진행하는 프로그램.

•• '개인적인 것이 정치적인 것이다'라고도 하는 이 말은 페미니즘 운동의 구호가 되기도 했다.

는 자가 자신의 본분을 다하지 않을 때는 불만도 표출해야 하는 것이다.

언론에서는 '배드뱅크(bad bank)'*에서 처리되어야 하는 '유독성 부채'와 같은 애매한 개념이 정치적 수사로서 관철되고 있다. 닐스 밍크마르(Nils Minkmar)는 공동체의 유지를 위해서는 위기가 닥쳤을 때 그 위기를 유발한 자들이 도덕적이고 재정적인 책임을 지는 것이 중요하다고 지적한 바 있다.[249] 경영자의 경우, 경영 실패에도 불구하고 엄청난 액수의 보상과 합의금을 받는 일이 비일비재하다. 왜 지금까지 어느 한 사람도 법의 심판을 받은 적이 없는지 의문이 생길 정도이다. 따라서 자신의 '정상적인 급여'를 받고자 고집하는 경영자라면 이 급여를 기후보호 프로그램을 지원하는 '굿뱅크'에 입금하는 것도 좋은 방안이 될 것이다.

'교육과 돌봄'을 위한 투자 프로그램 (유치원 등) 2003~2009년	'배드뱅크'에서 처리되어야 하는 '부실 채권'
40억 유로	2,580억 유로

우리는 아르눌프 바링이 외친 시민혁명을 진지하게 받아들여도 된다. 원외야당 2.0에서는 특히 엘리트 계층의 책임이 더 크다. 이들은 언론의 편집부나 통신사, 관청, 대학, 이사회 등에서 활동하며 운신의 폭이 크고 실행력도 충분히 갖추고 있다. 이들은 아이디어를 내고 이를

● 부실자산이나 채권만을 사들여 전문적으로 처리하는 기관을 말하며 이와 반대되는 개념이 우량 채권·자산만을 확보한 굿뱅크(good bank)이다.

실험하면서 정치적으로 소통할 여력도 있다. 우리가 앞에서 몇 가지 예를 통해 소개한 인물들은 자신들의 재량권을 이용했고, 단순히 아이디어를 내는 데 그치는 것이 아니라 행동으로 옮겼다. 이는 독일 사회 전체에 적용될 수 있다. 아무것도 할 수 없다는 무기력한 핑계나 변명과는 달리 우리는 자유롭게 행동하며 재량권을 발휘할 수 있다. 왜냐하면 우리는 민주적인 법치국가에서 살고 있고 사회보장 시스템이 갖추어져 있어 누구나 자신의 기본 권리를 누릴 수 있기 때문이다.[250]

원외야당 2.0은 68 학생운동 때나 1989년에 볼 수 있었던 소요사태나 변혁과는 근본적으로 다르다. 원외야당 2.0은 모두에게 행복을 약속하는 사회 모델을 제시할 수는 없다. 20세기에 시도된 전체주의적인 유토피아들은 이러한 사회 모델이 구현될 수 없다는 점을 여실히 입증했다. 원외야당 2.0은 생산력의 발전에만 의존하지 않는다. 1968년에는 국가로부터, 1989년에는 시장으로부터 이러한 생산력의 발전을 기대했지만 모두 실패로 돌아갔다. 또한 원외야당 2.0은 '기득권층'에 대항하는 고전적인 '아래로부터의' 계급운동이 아니라(1968년의 학생운동은 영향력에 한계가 있었다) 전 세계의 모든 네트워크를 이용한다. 오늘날의 '위대한 거부'[251]는 지배에 대한 반항이 아니고 계급 구조의 변혁도 아니며 심미적 제스처도 아니다. 원외야당 2.0은 국민의 대표자에게 자신의 본분을 다하고 혁신을 도모하려는 압력을 가할 뿐만 아니라, 국민들이 '아래로부터' 집단적인 학습 경험을 쌓아 바로 그 정체성 감정을 갖도록 해준다. 이는 어떤 종류의 미래 사회가 존재하기를 바라는지에 대하여 분명히 해준다.

1989년 이래로 미래에 대한 질문은 현실 세계자본주의에서 추방되고 말았다. 마지막 유토피아주의자로 나선 사람은 위기가 없는 성장의 전도사들과 35세에 '현역에서 물러나' 백만장자로 은퇴하는 인생 계획을 세우는 자들이다. 전 세계를 행복하게 만들겠다고[252] 약속한 현실 세계자본주의는 신자유주의의 벽에 막혀 실패로 돌아갔고, 경제 문제에만 집중하느라 결국 정치적인 상상력까지도 마비시키고 말았다. 1990년대는 무엇보다도 증권방송의 실시간 주식 시세 보도와 핸드폰을 통한 즉석 통신, 이 두 가지 성과로 기억에 남을 것이다.

중대한 미래 문제들에 대해 적절한 해답을 찾고자 하는 사회는 10년 후 또는 25년 후의 세계가 어떤 모습이 되어야 하는지를 고민할 수밖에 없다. 암담한 금융자본주의를 답습하지 않으려면, 미래 세계의 좋은 삶의 조건에 대한 구체적이고 이상적인 전망이 설 때 정책에 우선권을 부여하기 위한 기준이 마련된다. 현재를 만들어가는 것은 미래의 모습을 결정짓는 기능을 한다. '지금 이대로가 더 좋다!'라는 상상력 없는 슬로건은 이제 아무런 인상도 주지 못한다. 정치 공동체가 바람직한 미래상과 공동체에 속한 시민들이 원하는 삶에 대해 고민하지 않는다면, 위기에 처했을 때 치명적인 결과가 드러난다.

원외야당 2.0은 책임 있고 지속가능한 사회를 향한 긴급한 문화 변혁에 기여하는 모든 사람들의 연합체이다. 이러한 연합체의 예로 들 수 있는 것이 시민단체가 끈기 있게 벌이는 각종 운동, 대규모로 열리는 저항 축제, 정치적인 의사를 표현하는 각종 시위 그리고 신조가 같은 사람들의 모임 등이다. 이 모든 것이 소망, 희망, 요구, 활동을 담아내

는 기본 틀이 되어 변화의 의지가 있는 사람들을 사각지대에서 끌어낸
다. 이들은 정치가들의 정치에만 주목하는 미디어 민주주의로 인해 이
런 사각지대에 갇히게 된 것이다. 1960년대부터 문화 혁명적인 참여
활동 속에서 직업정치와 낡은 당파정치에 대한 대안이 형성되었다. 원
외야당 2.0은 공동체의 부활을 추구한다. 원외야당 2.0은 조직이 아니
라 태도이다. 이러한 운동은 카를 마르크스보다는 요셉 보이스(Joseph
Beuys)*와 그의 구호인 "혁명은 바로 우리다(La Rivoluzione siamo
Noi)"253)에서 영감을 받았다. 여러분이 낭비의 문화를 떨쳐버리는 데
기여하고자 한다면, 함께 나설 때이다.

---

* 1921~1986. 독일 출신으로 전위적인 조형작품과 퍼포먼스를 통해 예술 개념을
  정치 영역으로 확대한 행동주의 예술가.

누가 우리인가? 자신의 이야기를 하다

이야기 없이는 아무것도 진행되지 않는다.
아마도 우린 '허리띠를 졸라매는' 일과는 관계가 없는 이야기를
아직 찾지 못한 것 같다. 에너지를 생태학적으로 다루는 이야기,
새롭게 출발하는 분위기를 일깨우면서도
포기를 선언하지 않는 이야기가 있어야 한다.

디터 임보덴Dieter Imboden[254]

2009년 4월에 열린 다임러사의 주주총회는 여느 때와는 분위기가 달랐다. 무엇보다도 주주총회의 현실감이 사라졌다. 연극창작 그룹인 '리미니 프로토콜(Rimini Protokoll)'이 주식을 사서 관객 약 200명에게 입장할 수 있도록 해주는 퍼포먼스를 펼침으로써 주주총회를 일거에 연극 작품으로 바꿔버린 것이다.[255] 이사회 의장인 만프레트 비숍 (Manfred Bischoff)이 개회사를 하면서 관객들에게 "이건 연극도 연기도 아닙니다!"라고 외치는 순간부터 다임러사는 사태를 장악하는 주도권을 상실했다. 모든 상황이 그저 극장에서 연출되는 것처럼 보였고, 더욱이 — 이렇게 해서 입증되었다 — 주주총회마저 그렇게 보였다. 바로 이곳에서 전복된 낯설게 하기 효과를 통해 연기가 되살아난 것이다. 즉, 연출된 현실이 아니라 현실에 의한 연출이 눈앞에 펼쳐진 것이다.

사실상 관찰자의 시각에 살짝만 변화를 주거나, 이런 경우처럼 준거

틀을 바꾸면 현실은 다르게 보인다. 이는 현실을 이해하는 모든 성공적인 시도의 기본 원리로 통할 수 있다. 기존의 관찰 방식을 고수하면 자신의 시각은 자신도 그 일부인 상황에 의해 결정된다. 장면을 스스로 개관할 수 있는 메타 관점을 택하면 다른 모습이 보이고 안내도와는 상관없이 사고할 수 있는 공간이 열리게 되는 것이다. 리미니 프로토콜은 놀이 규칙을 눈에 두드러지도록 엄수함으로써 이 규칙을 바꿔놓았다.

이 책은 '우리는 행동해야 한다. 조금 더 지체하면 너무 늦는다!'라는 충격적인 인식으로 시작했다. 여기서 '우리'라는 말은 애매한 표현이다. 이 때문에 항상 '아무것도 할 수 있는 게 없다. 아무런 소용이 없다!'라는 체념과 무관심으로 이어지고 '당신들이 행동해야 한다!'라는 구호로 바뀐다. 여기서 '당신들'은 전문가, 엔지니어, 정치가, 기업가, 관리 등을 의미하는데, 이런 사람들이 도움이 되지 않으면 결국에는 신이나 '생태독재(Öko-Diktatur)'에 호소하게 된다.

따라서 '변화'가 필요한 때에 '포기'를 생각하게 하는 잘못된 상황강제(Sachzwang)의 늪에서 벗어나지 못하게 되는 것이다. 이를 테면 석탄이냐 핵발전이냐라는 양자택일을 놓고 고민하는 것을 예로 들 수 있다. 이 둘 다 잘못된 대안인데도 말이다. 준거 틀을 바꾸는 것이야말로 기후변화에서 문화변화로 나아가는 길이다. 미래의 자유로운 생존에 방향을 맞춘 준거 틀 안에서만이 지금 무엇을 생각하고 행할지가 가늠되고, 그렇게 해서 우리의 민주적이고 자유로운 사회가 지속적으로 발전해 나갈 수 있도록 실천의 방향을 바꿀 수 있다. 따라서 우리는 중요도를 시스템 **내부**의 조건에 따라 정할 수 있는 기준이 필요한 것이 아니라, 시스템 그 자체를 자신의 고유한 규범적 가치(지속가능성, 세대 간 형평성 등)에 따라 검토할 수 있는 기준이 필요하다. 이러한 문제는 순전히 현재의 입장에서만 해결할 수 있는 것이 아니다. 모든 대상과 행동은 자신의 가치를 미래 세계의 전제에서 도출한다.[256]

이러한 의미에서 현재는 문화적인 존재이자 사회적인 존재인 인간이 공동으로 만들어 나가는 미래의 한 기능에 불과하다. 관건은 우리가 생존 문제를 해결하려 할 때 성공적인 협력을 위한 준거 틀을 어디에서 찾을 것인가이다. 우리는 제1장에서 메타위기를 더 절실하게 생각하고 우리의 기능 시스템의 유한성을 염두에 두어야 한다는 점에 대해 설명했다. 제2장에서는 앎에서 행동으로 나아가는 길은 멀 뿐만 아니라 때로 전혀 존재하지 않는다는 점을 밝혔다. 제3장과 제4장에서는 위기 극복의 고전적인 도구인 시장, 국가, 기술은 너무도 미약하며 서구 민주주의는 안팎으로 압박을 받고 있음이 드러났다. 제5장은 긴급한 거대한 전환은 전 지구적 차원의 협력을 요구한다는 점, 또한 협력은 소집단 단위에서 효율적으로 이루어질 수 있고 여기서부터 출발해 경계를 넘어서는 연대가 이루어질 수 있다는 점을 설명했다. '우리-감정'은 바로 이러한 연대에서 생긴다.

개인주의의 풍조가 만연한 사회, 즉 각자가 자기 행복의 개척자라고 믿는 사회에서는, 나-정체성이 동시에 우리-정체성이 될 가능성이 어느 정도인지, 다시 말해 소속된 '우리-집단'의 행동 기준과 해석의 틀 그리고 규범이 자신의 지각, 해석, 결정에 얼마나 중요한 역할을 하는지가 만성적으로 과소평가된다. 현대인들 역시 이따금 자신이 생각하는 것보다 개인주의화의 정도가 심하지 않다. 자신의 선호도와 선택지 면에서 개인주의적인 성향을 띤다고 믿는 것은 자기 오해의 산물이다. 좋은 행동과 나쁜 행동, 수치심, 성공, 자부심 같은 척도는 자신 스스로 만들지 않는다. 이는 자신이 속한 '우리-집단'에서 형성되고 유지된다.

희망하는 미래 사회의 모습을 정의할 수 있게 하는 정체성 감정도 집단적인 학습 경험에서 생겨난다. 독일에서는 이러한 정체성 감정을 갖기가 매우 어려웠다. 왜냐하면 민주 사회와 자유주의 사회로 성공적으로 변모한 데 대한 자부심과 나치즘과 유대인 대학살이라는 치욕스런 과거가 병존하고 있기 때문이다. 하지만 모든 면에서 놀라운 독일의 성공사는 미래 발전에 필요한 '우리-감정'을 위한 토대를 이룬다. 치욕스런 과거와 긍정적인 성공사, 이 둘은 '우리-집단'이 지각과 행동에 의미를 부여하는 바로 그 사회적 단위, 다시 말해 어떤 해석과 결단이 의미가 있는지에 대한 기준을 형성하는 사회적 단위임을 밝혀준다.

이 책에서 서술된 많은 예들이 말해주고 있듯이, 인간의 행동은 물질적이고 이성적인 성찰에 좌우될 뿐만 아니라 문화적인 해석 방식, 가치, 사회적 금기 등과 같은 사회적이고 상징적인 공간 안에서 펼쳐진다. 어느 한 문화적인 준거 틀에서 의미 있게 나타나는 것은 다른 준거틀에서는 완전히 상식을 벗어나는 것으로 간주될 수도 있다. 준거 틀이 어떤 사회에서는 타자를 제거하도록 요구하는 반면에, 다른 사회에서는 평등을 선호하며 또 다른 사회에서는 경쟁과 성장에 의미를 부여하기도 한다. 바로 이러한 사회에서 우리는 살고 있다. 성공, 지위, 소유가 정체성의 주요 요소를 이룬다면, 성공이 이루어지지 않고 지위와 소유가 소멸될 때 정체성은 위험에 처한다. 모든 것이 주어진 여건에 따라 좌우되고, 이 때문에 모든 것은 침착함과 주의 깊은 동시대적 협력 없이 현재에 중시되는 관점에 얽매이게 된다. 미래를 지향하는 '우리-정체성'이 없다면 오래 전부터 불거진 문제와 위기를 다루는 ─ 그 해결은 차치하고라도 ─ 새로운 문화적인 프로젝트는 추진될 수 없다.

이 때문에 필수적인 문화 변화가 가능하려면, 독자적인 '우리-집단'의 정체성이 있어야 하는데, 이는 다시 말해 우리가 다음과 같이 말할 수 있을 때이다. 즉, '우리'는 어느 누구도 도로 없는 곳마저 달릴 수 있는 기동차량을 몰고 시내를 질주하는 어리석은 일은 하지 않고, '우리'는 일년에 네 번씩이나 비행기를 타고 여행하는 일은 없으며, '우리'에게는 훌륭한 대중교통 시스템과 온실가스 배출을 적게 하는 친환경 학교가 있다. 이러한 정체성 요소들의 근원은 소유가 아닌 행동에 있으며, 따라서 누구나 쉽게 실천할 수 있고 그만큼 민주주의적이다.

현대 시민사회가 이러한 '우리-정체성'을 키워 나가지 못할 이유는 전혀 없다. 물론 우리가 알고 있는 세계가 아직 이러한 정체성을 마련하지 못한 것은 분명하다. 우리는 우리에 관한 새로운 이야기를 찾아야 한다. 여러분은 이제 이 책을 덮고 새로운 이야기를 시작할 수 있다. 이 책의 서두에 소개한 R. E. M. 노래의 후렴구를 읊조리면서 말이다. "그건 우리가 알던 세계의 종말이야. (이제 난 괜찮아.)"

주(註)

1) 미국의 대통령이던 빌 클린턴(Bill Clinton)은 1993년 "우리가 알던 복지국가의 종말" 더 나아가 'Welfare(소비적 복지)'에서 'Workfare(생산적 복지)'로의 전환을 선언하면서 "우리가 알던 ……"이라는 표현을 사용했다. 이 표현은 특히 록 그룹 R.E.M이 1987년 발표한 앨범 〈Document〉에 수록된 노래 「It's the End of the World as We Know It」를 통해 널리 알려졌다. 이 노래는 2001년 9·11 테러 이후 방송 송출을 자제해야 할 노래 166곡 중 하나로 선정되었다. 정치경제학자 엘마 알트파터(Elmar Altvater)도 그의 저서 *Das Ende des Kapitalismus, wie wir ihn kennen. Eine radikale Kapitalismuskritik* (Münster, 2009)에서 이 표현을 사용했다.

2) Jared Diamond, *Kollaps* (Frankfurt am Main, 2005).

3) http://www.footprintnetwork.org/en/index.php/GFN/page/earth_overshoot_day/ 참조. 이러한 방식으로 지구 전체의 이용 가능 생태자원을 계산하는 작업, 즉 '생태적 발자국'에 대한 수치화 프로젝트는 특히 지구생태발자국네트워크(Global Footprint Network)가 주도하고 있다. 이에 대해서는 Wuppertal-Institut für Klima, Umwelt und Energie (Hg.), *Fair Future—Ein Report des Wuppertal Instituts. Begrenzte Ressourcen und globale Gerechtigkeit.* 2. Aufl. (München, 2005), 36면 참조. 우리는 이를 상대적 과잉 발전의 증거라고 해석한다.

4) 우리 두 저자는 에센 대학 부설 문화과학연구소(KWI)에서 '기후문화(KlimaKultur)' 연구 프로젝트를 공동 수행하고 있다(이에 대해서는 www.kulturwissenschaften. de/Klimakultur 참조). 우리의 연구에 대한 비판적 지지와 동료애적 격려를 보내준 동료 루트거 하이드브링크(Ludger Heidbrink)와 '기후문화 연구팀'에 감사를 전한다. 특히 독일 연방정부 산하 지구환경변화 학술자문위원회(WBGU)의 지원과 자료 제공에 감사를 전한다.

5) Göran Therborn, "Culture as a world system", *ProtoSociology* 20/2004, 46~69면.

6) Günther Dux, *Die Zeit in der Geschichte. Ihre Entwicklungslogik vom Mythos zur Weltzeit* (Frankfurt am Main, 1989); Norbert Elias, *Über die Zeit* (Frankfurt am Main, 1984) 또한 Hartmut Rosa, *Beschleunigung. Die Veränderung der Zeitstrukturen in der Moderne* (Frankfurt am Main, 2005) 참조.

7) 슬락테리스(Slakteris)의 2008년 12월 9일 자 Bloomberg TV 인터뷰(*die tageszei-*

tung, 2009년 3월 12일 자에서 재인용).

8) 곤혹스러운 상황에서 빠져나온 한 은행원은 과거 자신의 행동에 대해 "미친 것은 내가 아니라 세상이다. 내 고용주가 미쳤다"라고 말했다(Florian Blumer, "Kaputt verkauft", *die tageszeitung*, 2009년 5월 4일 자에서 인용). 당시 요제프 아커만 (Josef Ackermann)은 도이체방크의 이사장으로 재신임받았고 25퍼센트의 투자 수익률 목표를 달성하겠다고 천명했다.

9) 독일연방환경부(BMU) 발간자료: *Die dritte industrielle Revolution — Aufbruch in ein ökologisches Jahrhundert. Dimensionen und Herausforderungen des industriellen und gesellschaftlichen Wandels* (Berlin, 2008).

10) Albrecht Koschorke, "Spiel mit Zukunft", *Süddeutsche Zeitung*, 2008년 10월 30일 자. 또한 Christian Schwägerl, "Faule Kredite", *Der Spiegel*, 2008년 10월 20일 자, 176면.

11) 기후변화에 관한 정부 간 패널(IPCC) 발간 자료. *Klimaänderung 2007* (Berlin, 2008) 참조. 기후변화에 관한 최신 자료는 World watch Institute (Hg.), *Zur Lage der Welt 2009. Ein Planet vor der Überhitzung*, (Münster, 2009) 참조.

12) 티핑포인트에 도달하는 과정을 나타내는 세계지도는 포츠담 소재 기후변화연구 소 홈페이지 www.pik-potsdam.de/infothek/kipp-prozesse와 독일 연방환경청 발간자료 »Kipp-Punkte im Klimasystem« von Harald Rossa (Berlin, 2008) 참조.

13) Patrick Eickemeier, »Sieben Kernaussagen zum Klimawandel« Aussage 4 (http://www.pik-potsdam.de/infothek/siebenkernaussagen-zum-klimawandel 에 수록).

14) 아스펜데일 소재 CISRO-연구소에 따르면, 오스트레일리아는 수백 년 전부터 계 속 메말라가고 있다고 한다. 2008년에는 35℃ 이상인 날이 32일이나 되었다. Kevin J. Hennessy, "Climate Change", in Peter W. Newton (Hg.), *Transitions. Pathway Towards Sustainable Urban Development in Australia* (Victoria: Collingwood, 2008), 23~33면 참조.

15) Yadvinder Malhi/Oliver Phillips (Hg.), *Tropical Forests and Global Atmospheric Change* (Oxford, 2005). *Frankfurter Allgemeine Zeitung*, 2009년 3월 11일 자에 서 재인용.

16) 이런 식으로 논란을 제기하는 사례에 대해서는 Bjørn Lomborg, *Cool it! Warum wir trotz Klimawandels einen kühlen Kopf bewahren sollten* (München, 2008) 참조. 이에 반하는 견해는 Dirk Maxeiner, *Hurra, wir retten die Welt! Wie*

Politik und Medien mit der Klimaforschung umspringen (Berlin, 2007).

17) LeMonde Diplomatique (Hg.), *Atlas der Globalisierung spezial: Klima* (Berlin, 2008), 13면 참조.

18) Brent Bannon u.a., "American's Evaluations of Policies to Reduce Greenhouse Gas Emissions", *New Scientist Magazine*, 6/2007. http://woods.stanford.edu/docs/surveys/GW_New_Scientist_Poll_Technical_Report.pdf. 참조.

19) Andrew C. Revkin, "No Skepticism on the Energy Gap", *International Herald Tribune*, 2009년 3월 11일 자 기사 참조. 이에 반하는 주장에 대해서는 슈테판 람스토르프(Stefan Rahmstorf)의 연구조사 참조. http://www.klima-lounge.de.

20) Jürgen Friedrichs, "Gesellschaftliche Krisen. Eine soziologische Analyse", in Helga Scholton (Hg.), *Die Wahrnehmung von Krisenphänomenen. Fallbeispiele von der Antike bis zur Neuzeit* (Köln u.a., 2007), 13~16면. 여기서는 14면 인용.

21) 이러한 비합리성을 낳은 원인으로는 자연과 사회의 날카로운 근세적 구분, 전문화로 인해 점점 더 세분화된 분과 학문들(생태학, 체계연구, 그리고 기술이 미친 결과 평가들)의 구분이 결코 적다고는 할 수 없었다. 이 간격의 극복을 위한 시도들은 Bruno Latour, *Das Parlament der Dinge* (Frankfurt am Main, 2001) 참조. 행위자-네트워크-이론은 리스크 연관관계들과 위험 연관관계들의 물리-물질적 요인들과 사회적·공학적 요소들을 결합한다.

22) 이에 대한 연구로는 Germanwatch (Hg.), *Meeresspiegelanstieg in Bangladesch und den Niederlanden* (Berlin/Bonn, 2004) 참조.

23) IPCC가 발표한 자료집 *Klimaänderung* (Berlin, 2008)의 12면 도표 SPM 2 참조.

24) 미국 NASA 기후연구소는 이미 2001년에 폭풍으로 인한 뉴욕 지역의 침수 위협을 강하게 예측하면서, 이를 막기 위해 뉴욕 일원에 침수 방지막을 설치해야 한다고 주장했다(*Frankfurter Allgemeine Zeitung*, 2007년 7월 31일 자, 35면).

25) 독일연방정부 지구환경변화 학술자문위원회(WBGU) 발간 보고서 *Welt im Wandel—Sicherheitsrisiko Klimawandel* (Berlin/Heidelberg, 2007); Harald Welzer, *Klimakriege. Wofür im 21. Jahrhundert getötet wird* (Frankfurt am Main, 2008) 참조. [하랄트 벨처의 책은 국내에 『기후전쟁』(영림카디널, 2010)로 번역 출간되었다_옮긴이.]

26) Eva Berié u.a. (Red), *Der Fischer-Weltalmanach 2008* (Frankfurt am Main, 2007), 22면.

27) Wolfgang Sachs, "Öl ins Feuer—Ressourcenkonflikte als Treibstoff für globalen

Unfrieden", in Österreichisches Studienzentrum für Frieden und Konfliktlösung (Hg.), *Von kalten Energiestrategien zu heißen Rohstoffkriegen? Schachspiel der Weltmächte zwischen Präventivkrieg und zukunftsfähiger Rohstoffpolitik im Zeitalter des globalen Treibhauses* (Münster, 2008), 31~43면. 인용문은 37면.

28) 이에 반대되는 견해로는 부퍼탈 기후·환경·에너지 연구소(Wuppertal-Institut für Klima, Umwelt und Energie)가 분트(BUND), 세계를 위한 빵(Brot für die Welt), 기독교 개발도상국 지원단(der Evangelische Entwicklungsdienst)의 위탁으로 수행한 광범위한 연구서 *Zukunftsfähiges Deutschland* (Berlin, 2009) 참조.

29) "Energieagentur warnt vor Engpass: Die nächste Ölkrise kommt", *Süddeutsche Zeitung*, 2009년 2월 27일 자.

30) Sachs, "Öl ins Feur" (주 27), 39면.

31) Karin Kneissl, "China, die USA und Europa im Kampf um die Rohstoffe Afrikas", in Österreichisches Studienzentrum für Frieden und Konfliktlösung, *Energiestrategien* (주 27), 171~191면. 인용문은 185면.

32) Marcus Theurer, "Im Gespräch mit Dambisa Moyo: »Wir Afrikaner sind keine Kinder«", *Frankfurter Allgemeine Sonntagszeitung*, 2009년 4월 12일 자, 34면 참조.

33) WBGU 특별보고서, *Die Zukunft der Meere—zu warm, zu hoch, zu sauer* (Berlin, 2006).

34) http://www.greenpeace-magazin.de/index.php?id=3927 참조.

35) 이 연구는 *Science*, 323호(2009년), 521면에 게재됨. 여기서는 "Klimawandel soll Waldsterben angelöst haben", *Spiegel Online*, 2009년 1월 23일 자 인용.

36) Berié u.a., *Fischer-Weltalmanach 2009* (Frankfurt am Main, 2008), 722면.

37) 같은 책, 731면.

38) Harald Schumann/Christiane Grefe, *Der globale Countdown. Gerechtigkeit oder Selbstzerstörung—Die Zukunft der Globalisierung* (Köln, 2008), 213면.

39) Berié u.a., *Fischer-Weltalmanach 2009* (주 36), 728면.

40) 이에 대해서는 David B. Lobell/Marshall B. Burke, "Why are Agricultural Impacts of Climate Change so Uncertain? The Importance of Temperature Relative to Precipitation, *Environ. Res. Lett.* 3/2008, 034007(8pp) doi:10.1088/1748-9326/3/3/034007. 이 연구물은 *Spiegel-Online* 2008년 2월 1일 자에 재인용됨.

41) Silvia Liebrich, "Das Milliarden-Trauerspiel", *Süddeutsche Zeitung*, 2009년 3월 26일 자, 17면.

42) WBGU (Hg.), *Welt im Wandel. Zukunftfähige Bioenergie und nachhaltige Landnutzung* (Berlin, 2008).

43) 같은 책; Welzer, *Klimakriege* (주 25) 참조.

44) Marianne Wellershoff, "58 neue Einwohner pro Stunde", *Kultur Spiegel*, 2008년 3월 31일 자. 해당 인용은 Ricky Burdett/Deyan Sudijc, *The Endless City* (Berlin, 2007).

45) Rainer Münz/Albert Reiterer, *Wie schnell wächst die Zahl der Menschen?: Weltbevölkerung und Migration* (Frankfurt am Main, 2007); Rainer Münz, *Migration, Labor Markets and Integration of Migrants: An Overview for Europe*, HW W Policy Paper, 3-6 (Hamburg, 2007), 102면.

46) 이 용어는 현상학자 알프레트 쉬츠(Alfred Schütz)가 말한 것으로, 인간들이 특정한 근본 가정, 확실성 그리고 자명성으로 특징지어지는 사회적 세계에서 생활한다는 점을 가리킨다. 이런 근본 가정이나 확실성, 자명성이 인간에게 의식되고 있지는 않지만, 인간의 지각과 해석과 태도를 규정한다. Alfred Schütz, *Der sinnhafte Aufbau der sozialen Welt. Eine Einleitung in die verstehende Soziologie* (Frankfurt am main, 1993) 참조.

47) 한자에서 기회(Chance)라는 단어와 위기(Krise)라는 단어는 그 핵심적인 기표인 기(機)가 공통이다. 이 기라는 기표는 '선회 지점, 중대한(혹은 도약하는) 지점'과 같은 것을 뜻한다. 이런 관계 속에서 '기회'의 '회(會)'가 뜻하는 '결합하다, 만나다'가 형성된다. 따라서 '기회'는 '하나의 중대한 지점에서 만남'이라는 뜻이다. '위기'에서 '위(危)'는 '위협, 위협적인'을 뜻하는데, 따라서 위기는 '위협적인, 중대한 지점'을 뜻한다. 카멘 마이너트(Carmen Meinert)의 도움에 감사를 전한다.

48) Thomas Homer-Dixon, *The Upside of Down. Catastrophe, Creativity and the Renewal of Civilization* (Washington, 2006), 22면 이하. 또한 Ulrich Beck, *Weltrisikogesellschaft. Auf der Suche nach der verlorenen Sicherheit* (Frankfurt am Main, 2008), 362면.

49) Georg Diez, "Die neue Trümmergeneration", *Süddeutsche Zeitung Magazin*, 15/2009.

50) "Jeden Tag 29 000 tote Kinder", *Spiegel Online*, 2009년 9월 18일 자.

51) Lukas H. Meyer/Dominic Roser, *Intergenerationelle Gerechtigkeit—Die*

Bedeutung von zukünftigen Klimaschäden für die heutige Klimapolitik, Bundesamt für Umwelt(BAFU) (Bern, 2007). 국가 그룹별 감축 요구량의 정확한 배당 비율에 대해서는 WBGU (Hg.), *Politikpapier Kopenhagen 2009*, Berlin 9/2009 참조.

52) 같은 책, 13면.

53) 같은 책, 4면.

54) Norbert Elias, *Studien über die Deutschen. Machtkämpfe und Habitusentwicklung im 19. und 20. Jahrhundert* (Frankfurt am Main, 1989), 269면.

55) 당시 통계에 따르면, 나치당 지도부의 평균 연령은 34세, 정부 요인들의 평균 연령은 44세였다. Götz Aly, *Hitlers Volksstaat. Raub, Rassenkrieg und nationaler Sozialismus* (Frankfurt am Main, 2005), 12면 이하.

56) 준거 틀의 변화는 일종의 바탕 교체(shifting baselines)를 의미한다. 바탕 교체는 환경에 대한 지각들이 사회적·물리적 환경과 함께 변화되어, 결국 지각하는 개인 인격체가 모든 것이 마치 불변인 상태로 머문다고 믿는 현상을 가리키는 용어다. 이에 대해서는 Welzer, *Klimagriege* (주 25), 211면 이하『기후전쟁』(영림카디널, 2010) 제7장】 참조.

57) 대학생들의 동기 부여를 위한 아이디어 공모전인 'D-세대(Generation-D)'가 개최되었다. 이에 대해서는 www.gemeinsamanpacken.de 및 2010년 유럽 문화도시 루르 프로젝트의 일환으로 개최된 Global Young Faculty에 관한 홈페이지 www.stiftung-mercator.org/cms/front_content.php?idcat=131 참조.

58) Tilman Santarius, *Klimawandel und globale Gerechtigkeit, Aus Politik und Zeitgeschichte*, 24/2007, 18~24면. 여기서는 18면 참조.

59) Mike Davis, "Wer baut die Arche? Das Gebot utopischen Denkens im Zeitalter der Katastrophen", *Blätter für deutsche und internationale Politik*, 2/2009, 41~59면. 인용문은 51면 참조.

60) 같은 글, 52면.

61) Santarius, *Klimawandel* (주 58), 19면.

62) Marc Sageman[*Understanding Terror Networks* (Philadelphia, 2004)]에 따르면, 나중에 지하드 전사가 된 사람들의 84퍼센트가 이슬람 국가들 내에서 테러리스트가 되기로 작정한 것이 아니고, 서구 국가에서 대학생으로 혹은 서구로 이민한 가정의 제2 세대로서 참여했다고 한다. 그들은 사회적 아웃사이더가 아니고, 대개는 그리 유별나지 않은 종교적 배경을 지닌 가정 출신으로서 사회적으로 잘 통

286

합되고 교육도 받은 사람들이다. 그들은 특별한 심리적 특징들을 노출하지 않으며, 또 눈에 띌 만한 차별이나 차등을 당하지 않은 사람들이다. 그럼에도 지하드 테러리스트들의 진술이나 고백에 따르면, 어떤 '감정적으로 느낀' 불공정이 폭력을 사용한 가장 강력한 동기를 제공했다고 한다. 그들이 속한다고 느낀 구성원들이 당하는 억압과 차별에 대한 대리적 반응이다. 다른 말로 하면, 서구적 생활 감정들과 표준들에 대한 경험이 비로소 나중에 서구를 파괴시키려고 하는 그런 폭력 행위자가 되도록 했다. 이민 제1 세대가 해당 사회에 대개 충직한 반면(그들이 희망했던 사회적 상승과 생활수준 향상을 가능하게 한 것이 이 사회라고 생각했기 때문에), 제2 세대 구성원들은 이러한 표준들을 이미 선천적으로 주어진 것으로 간주하고 다수 주류사회에 의한 민감한 차별을 그럴수록 더 강하게 경험했다.

63) Fred Pearce, *Das Wetter von morgen. Wenn das Klima zur Bedrohung wird* (München 2007), 309면 이하.

64) Tilman Santarius, *Klimawandel* (주 58).

65) Nicholas Stern, *Stern Review on the Economics of Climate Change* (Cambridge u.a., 2007).

66) Berié u.a., *Fischer Weltalmanach 2009* (주 36), 24면.

67) "알고 있는 것을 행동으로 옮기지 않기 때문이다"라는 이 멋진 제목은 카셀대학에서 '행태와 기후변화'라는 주제로 심포지움을 개최한 안드레아스 에른스트 (Andreas Ernst)에게 빚진 것이다. [이 심포지움의 결과물은 국내에 번역되었다. 하랄트 벨처, 한스-게오르크 죄프너, 다나 기제케, 『기후 문화. 기후변화와 사회적 현실』, 모명숙 옮김 (성균관대학교출판부, 2013) _ 옮긴이.]

68) Umweltbundesamt (Hg.), *Klimaschutz in Deutschland: 40%-Senkung der CO2-Emissionen bis 2020 gegenüber 1990* (Dessau, 2007).

69) "지역에서 생산된 사과—기후 살인자"라는 ≪슈피겔(Der Spiegel)≫지의 2009년 1월 26일 자, 103면 참조. 또한 Elmar Schlich (Hg.), *Äpfel aus deutschen Landen. Endenergieumsätze bei Produktion und Distribution* (Göttingen, 2008) 참조.

70) Theodor W. Adorno, *Minima Moralia. Reflexionen aus dem beschädigten Leben*, Gesammelte Schriften, Bd. 4 (Frankfurt am Main, 1980), 19면. 또한 Hilal Sezgin, "Nervige Einsichten", *die tageszeitung*, 2008년 1월 16일 자도 참조.

71) Erving Goffman, "Rollendistanz", in Heinz Steinert (Hg.), *Symbolische Interaktion* (Stuttgart, 1973), 260~279면.

72) Christopher Browning, *Ganz normale Männer* (Reinbeck, 1995); Harald Welzer, *Täter. Wie aus ganz normalen Menschen Massenmörder werden* (Frankfurt am Main, 2005); James Waller, *Becoming Evil. How Ordinary People Commit Genocide* (Oxford, 2002).

73) Leon Festinger/Henry W. Riecken/Stanley Schachter, *When Prophecy Fails* (Minneapolis, 1956).

74) Elliot Aronson, *Sozialpsychologie. Menschliches Verhalten und gesell-schaftlicher Einfluß* (München, 1994), 39면.

75) 2009년 세계경제 위기로 배출량 증가폭이 둔화되고 심지어 일시적으로 감소했을 수 있다. 이에 대해서는 Volker Mrasek, "CO2-Ausstoß wächst trotz Krise", *Spiegel Online*, 2009년 3월 20일 자 기사 및 The Global Carbon Project의 자료. http://www.globalcarbonproject.org/carbontrends/index.htm 참조.

76) Jared Diamond, *Kollaps* (주 2), 536면.

77) 위와 같음.

78) 위와 같음.

79) John M. Darley/C. Daniel Batson, "From Jerusalem to Jericho: A Study of Situational and Dispositional Variables in Helping Behavior", in *Journal of Personality and Social Psychology*, 27/1973, 100~108면.

80) Barbara Tuchman, *Die Torheit der Regierenden. Von Troja bis Vietnam* (Frankfurt am Main, 2001), 16면. [이 책은 국내에 『독선과 아집의 역사 1, 2』 (자작나무, 1997)로 번역되었다 _ 옮긴이.]

81) Diamond, *Kollaps* (주 2), 288면 이하.

82) 같은 책, 308면.

83) 같은 책, 310면.

84) 위와 같음.

85) Carsten Germis/Georg Meck, "Gespräch mit Peer Steinbrück: »Ich kann die Eliten nur warnen«", *Frankfurter Allgemeine Sonntagszeitung* 2009년 4월 12일 자, 31면.

86) Andrea Sáenz-Aronjo u.a., "Rapidly Shifting Environmental Baselines Among Fishers of the Gulf of California", in *Proceedings of the Royal Society*, 272/2005, 1957~1962면.

87) Thomas L. Friedman, *Was zu tun ist* (Frankfurt am Main, 2009).

88) Karl E. Weick/Kathleen M. Sutcliffe, *Das Unerwartete managen. Wie Unternehmen aus Extremsituationen lernen* (Stuttgart, 2003), 53면.

89) 이에 대해서는 프리데만 슈렝크(Friedemann Schrenk)에게 감사를 전한다.

90) 얀 필립 렘츠마(Jan Philipp Reemtsma)는 사회과학에서 나타나는 인위적으로 난해하게 만든 질문들을 지적한 바 있다. 이는 학자들이 수세대에 걸쳐 연구했으나, 그 해답의 흔적조차 찾지 못한 질문들이다. 왜냐하면 애당초 해답이 없기 때문이다. 이러한 질문의 예를 들면, 왜 인간들이 살인을 하는가, 왜 인간들이 숨을 쉬는지 혹은 영양분을 섭취하는지 등이다. Jan Philipp Reemtsma, *Vertrauen und Gewalt* (Hamburg, 2008).

91) Edgar Allan Poe, *Die schwarze Katze/Der entwendete Brief* (Ditzingen, 1986).

92) Günther Anders, *Die Antiquiertheit des Menschen* (München, 2002), 278면.

93) Talcott Parsons, *Sociological Theory and Modern Society* (New York, 1967), 3~34면.

94) Dirk Baecker, "Die große Moderation des Klimawandels", *die tageszeitung*, 2007년 2월 17일 자, 21면.

95) 위와 같음.

96) Friedrich Engels, "Die Lage der arbeitenden Klasse in England, Vorwort zur deutschen Ausgabe von 1892", in Karl Marx/Friedrich Engels, *Werke* (MEW), Bd. 2 (Berlin, 1990), 647면.

97) Christian Schwägerl, "Faule Kredite", *Der Spiegel*, 2008년 10월 20일 자, 176면.

98) 1912년 구상된 이른바 '피구세'는 산업생산에서 빚어진 부산물인 외부효과들의 산업 내부화를 통해 시장의 실패를 수정하는 것이다[피구세는 환경오염물질 배출과 같은 부정적 외부효과를 해당 주체에게 세금을 매겨 해결하자는 방안이며 유류세도 이에 해당한다_옮긴이]. 이에 대해서는 Arthur Cecil Pigou, *Wealth and Welfare* (London, 1912) 참조.

99) McKinsey & Company, *Pathways to a Low Carbon Economy*, Vision 2 of the Global Greenhouse Gas Abatement Cost Curve, 2009. 이와 유사한 수치는 국제에너지기구(IEA)와 세계경제포럼(WEF)도 제시한 바 있다.

100) United Nations Environmental Programme(UNEP), *A Global Green New Deal. Report prepared for the Economics and Trade Branch, Division of Technology, Industry and Economics* (Genf, 2009).

101) 환경세는 OECD 국가들에서 최소 3.5퍼센트(미국), 최대 9.7퍼센트(덴마크) 사이

에서 징수된다. 이마저도 1996년 이래 계속 감소 추세다. 이에 대해서는 *The Economist*, 2008년 10월 29일 자 참조. http://www.economist.com/markets/rankings/displayStory.cfm?source=hptextfeature&story_id=12499352.

102) 이에 대해 조언해준 레나테 두카트(Renate Duckat), 모티츠 하르트만(Mortitz Hartmann), 프란치쿠스 폰 뵈젤라거(Franzikus von Boeselager)에게 감사를 전한다.

103) 오트마르 에텐호퍼(Ottmar Edenhofer)와 니콜라스 스턴이 제시한 시나리오의 증거에 대해서는 London School of Economics의 홈페이지 http://www.lse.ac.uk 에 등재된 자료 *Toward A Global Green Recovery*, 2009년 4월, 32면 참조.

104) 재보험사들은 보험사들이 넘겨받은 리스크들을 커버한다. 대형 손실과 재난이 '여러 사람들의 어깨 위로 재분배된다.' 2008년 가장 큰 보험 사건은 허리케인 이케(Ike)와 구스타프(Gustav), 2월과 5월 북미와 유럽에서 발생한 폭풍, 중국에서의 눈폭풍과 2월과 4월 미국에서의 홍수 등이었다. *The Economist*, 2009년 3월 21일 자 기사 참조.

105) 뮌헨재보험의 보도자료(2009년 12월 29일 자) 참조.

106) 위와 같음.

107) 라이너 항크(Rainer Hank)는 자신의 초기 출판물과 관련한 반성적 작업들을 발표하고 있다. Rainer Hank, *Der amerikanische Virus, Wie verhindern wir den nächsten Crash?* (München, 2009). 아울러 ≪파이낸셜 타임즈(Financial Times)≫지의 유사한 시리즈물과 ≪프랑크푸르터 알게마이네 차이퉁(Frankfurter Allgemeine Zeitung)≫지의 경제면과 문예면, 국제경제 매거진 등에서 주류 경제과학과 경영학의 침묵과 도그마를 비판하고 있다. 이와 관련해서는 Birger Priddat, "28 Fragen zur Finanzkrise", *Brandeins*, 1/2009, 96면 이하 참조.

108) 이에 대해서는 최신 경제사회학의 논문들을 참조. 가령 Joseph Rogers Hollingsworth/Robert Boyer, *Contemporary Capitalism: The Embeddedness of Institutions* (Cambridge, 1997); Mark Granovetter, *The Sociology of Economic Life* (Boulder, 2001); Neil Fligstein, *The Architecture of Markets: An Economic Sociology of Twenty-First-Century Capitalist Societies* (Oxford, 2001); Harrison White, *Markets from Networks* (Princeton 2002). 이런 동향을 잘 요약한 책으로는 Andrea Maurer, *Handbuch der Wirtschaftssoziologie* (Wiesbaden, 2008) 참조.

109) 이는 베르너 좀바르트(Werner Sombart)에서 마르크 그라노베터(Mark Granovetter)

에 이르기는 경제사와 인류학에 해당한다. 최근에는 특히 법학과 경제학 자체에서 발전된 단초인 행동주의적 법과 경제[Cass R. Sunstein (Hg.), *Behavirol Law and Economics* (Cambridge, 2000) 참조]에도 적용된다. 또한 대중과학적인 도서로는 Nassim Nicholas Taleb, *The Black Swan* (New York, 2007); Cass R. Sunstein/Richard H. Thaler, *Nudge* (New Haven, 2008)도 참조. 또한 게임이론과 신-제도학파에서도 수정을 위한 자극들이 제시되었다.

110) 독일 대학들의 엘리트 경쟁에서 '비즈니스 스쿨'을 물리쳤던 극소수의 독립 경제학 연구도 이런 경향을 보이고 있다.

111) Carl Christian von Weizsäcker, "Rationale Klimapolitik", *Frankfurter Allgemeine Zeitung*, 2009년 1월 2일 자.

112) Hans-Werner Sinn, *Das grüne Paradoxon: Warum man das Angebot bei der Klimapolitik nicht vergessen darf*, Ifo Working Paper No. 54, Januar 2008, 44면.

113) Reinhard Jellen, "Der Emissionshandel ist eine sehr gute Methode, mit der man demokratische Regelungen unterlaufen kann", *Telepolis*, 2008년 1월 21일 자 엘마 알트파터(Elmar Altvater)와의 인터뷰 기사.

114) 하나의 예외는 히말라야 불교국 부탄이다. 부탄은 퇴임한 국왕의 명령으로 국민행복지수(GNH)를 측정했다[이에 대해서는 다쇼 카르마 우라(Dasho Karma Ura)의 보고서 http://www.bhutanstudies.org.bt/admin/pubFiles/12.GNH4.pdf와 *Die Zeit*, 2008년 3월 19일 자, 27면 참조]. 국내총생산(BIP; GDP)에 대한 대안 또는 보완으로는 제임스 토빈(James Tobin)의 지속가능한 경제복지지수(ISEW), 국가복지지수(NWI) 등도 있다. 이에 대한 본격 연구는 Hans Diefenbacher, u.a., *Indikatoren nachhaltiger Entwicklung in Deutschland. Ein alternatives Indikatorensystem zur nationalen Nachhaltigkeitsstrategie—Fortschreibung 2008* 참조. 조셉 스티글리츠(Joseph Stiglitz)도 프랑스 사르코지 대통령이 구상한 글로벌 지수를 작성한 바 있다(*Die Zeit*, 2009년 3월 26일 자, 26면 참조).

115) Angus Maddison, *The World Economy. A Millennial Perspective* (Cheltenham, 2002).

116) Abhijit Vinayak Banerjee, *Big Answers to Big Questions: The Presumption of Growth Policy*, Paper for the Brookings conference on "What Works in Development", 2008.

117) 로마 클럽 보고서 「성장의 한계」(1972)는 정치생태학의 초석이었다. 정치생태학은 1970년대 프랑스 사회철학자 앙드레 고르(André Gorz)와 가톨릭 신학자 이반

일리치(Ivan Illich)가 주도하여 환경운동으로 발전했다.

118) 브레머하펜에서 열린 기상이변회의(Extremwetter-Kongress in Bremerhaven)가 추산한 수치에 대해서는 www.extremwetterkongress.de 참조.

119) Karl Marx, "Krise in Europa", in Karl Marx/Friedrich Engels, *Werke(MEW)*, Bd. 12 (Berlin, 1984), 80면.

120) 국제에너지기구(IEA) 보고서 *Energy to 2050. Scenarios for a sustainable Future* (Paris, 2003). 응용체제분석국제연구소(Internationales Institut für Angewendte Systemanalyse: IIASA)의 에너지 공급의 장기적인 전망에 관한 논문도 참조.

121) 독일 키일 세계경제연구소(IfW-Kiel) 보도자료(2009년 4월 1일 자). http://www.ifw.kiel.de/presse/pressemitteilungen/2009/pm1-04-09에 등재되어 있으며, 구체 숫자에 대해서는 논란의 여지가 있다.

122) *Korea Economic Daily*, 2009년 2월 26일 자 기사.

123) UNEP 보고서 *Global Green New Deal* (주 100).

124) HSBC Bank, *A Climate for Recovery—The Colour of Stimulus Goes Green*, 2009년 2월 25일 자 공시자료. 이와 관련해서는 특히 "Allocating the stimulus", 41면 참조(http://globaldashboard.org/wp-content/uploads/2009/HSBC_Green_New _Deal.pdf에서 내려 받을 수 있다).

125) 위와 같음.

126) 당시 지그마르 가브리엘(Sigmar Gabriel) 독일 환경부 장관은 언론 인터뷰에서 기자의 비판적 질문에 대해 "우린 당신들이 원하는 그런 일을 할 생각이 없습니다"라고 신경질적인 반응을 보였다(*die tageszeitung* 인터뷰 2009년 3월 13일 자, 5면 참조).

127) Trevor Houser u.a., *A Green Global Recovery? Assessing US Economic Stimulus and the Prospects for International Coordination*, World Resources Institute(WRI)/Peterson Institute for International Economics(PIIE), Policy Brief Number PBO 9-3, Februar 2009.

128) REW Power, *Aktuelle Fragestellungen und Materialien CO2-Speicherung* (Essen, 2007).

129) 영국 철학자 존 그레이(John Gray)도 "하이테크-고속도로 위에 녹색(Grüne auf die Hightech-Autobahn)"이라는 제목의 기사(*Frankfurter Allgemeine Zeitung*, 2008년 2월 8일 자)에서 이런 방식을 변호하고 있다.

130) Drucksache 16/11751(2009년 1월 28일 자).

131) 이에 대해서는 다음 연구 문헌 참조. 독일연방환경부 자료집, *RECCS—Strukturell-, ökonomisch-ökologischer Vergleich regeneraktiver Energietechnologien(RE) mit Carbon Capture and Storage(CCS)* (Wuppertal 2007); Christiane Ploetz, *Sequestrierung von CO2-Technologien, Potenziale, Kosten und Umweltauswirkungen*, Externe Expertise für das WBGU-Hauptgutachten 2003 »Welt im Wandel: Energiewende zur Nachhaltigkeit« (Berlin/Heidelberg, 2003) 참조. 최근 자료로는 http://www.economist.com/displaystory.cfm?story_id=13226661 참조.

132) 2009년 3월 현재 기준임. 이에 대해서는 Christian Tenbrock, "Moratorium mit Mehrwert", *Die Zeit*, 12/2009 참조.

133) "…… 지구공학의 위험성에 대해 알면 알수록, 새로 개발된 기술들의 시험과 활용을 제어하는 규범을 만드는 데 도움이 될 것이다. 과학자들은 이런 규범을 만드는 데 영향력을 행사할 수 있었다. 실제 핵물리학자들은 핵실험 조건들을 구성하고 냉전 중 그 핵심 역할을 하는 정부들에 영향을 미쳤다"(David G. Victor u.a., "The Geoengineering Option. A Last Resort Against Global Warming?", *Foreign Affairs*, March/April 2009).

134) http://www.heise.de/newsticker/Geo-Engineering-im-Aufwind/meldung/120735 에서 인용.

135) 예를 들면 오타와 소재 글로벌 사회운동단체인 ETC Group도 여기에 해당한다. 이에 관해서는 2009년 코펜하겐 기후회의에 대한 이 단체의 입장 참조 (http://www.etcgroup.org/en/materials/publications.html?pub_id=728).

136) Stefan Cramer/Barbara Unmüßig, "Afrika im Klimawandel", *GIGA Focus* 2/2008 및 *Afrika—Up in Smoke 2. The Second Report on Afrika and Global Warming from the Working Group on Climate Change and Development* (London, 2008).

137) Anthony Giddens, *The Politics of Climate Change: National responses to the challenge of global warming*, in: www.policy-network.net/uploaded-Files/Publications/Publications/The_politics_of_climate_change_Anthony_Giddens (2).pdf 참조.

138) Anthony Giddens, *The Politics of Climate Change* (Oxford, 2009).

139) Ludger Heidbrink, "»Dritte Industrielle Revolution«? Umsteuern durch Umdenken", in BMU, *Die dritte industrielle Revolution* (주 9), 38면.

140) Michael Renner u.a., *Green Jobs. Working for People and the Environment*, World-Watch-Report 177 (Washington, 2008).

141) Edenhofer/Stern, *Towards* (주 103), 32면.

142) "Faktor X—Die dritte industrielle Revolution", www.faktor-x.info 참조.

143) 이것은 재료 및 에너지 효율성에 대한 과학적 연구도 제안한다. 가령 '부퍼탈 기후·환경·에너지 연구소'의 자원순화정책에 대한 연구프로그램(Peter Hennicke 등) 참조.

144) Martin Jänicke/Klaus Jacob, "Eine Dritte Industrielle Revolution? Wege aus der Krise ressourcenintensiven Wachstums", in BMU, *Die dritte industrielle Revolution* (Berlin, 2008), 10~31면. 여기서는 28면 인용.

145) 같은 글, 29면.

146) 위와 같음.

147) Uwe Schimank, *Kapitalistische Gesellschaft—differenzierungstheoretisch konzipiert*, Ms. 2008.

148) Friedrich-Ebert-Stiftung (Hg.), *Persönliche Lebensumstäde, Einstellungen zu Reformen, Potenziale der Demokratieentfremdung und Wahlverhalten*, o.O. 2008. 이보다 더 적합한 조사 결과는 오스카 니더마이어(Oskar Niedermayer)가 기획한 여론조사기관 포르자(Forsa)의 2008년 여름 보고서 참조. 아울러 Katharina Schuler, "Fast alles nur Demokraten", *Die Zeit*, 2008년 9월 25일 자 참조. 또한 Bertelsmann Stiftung (Hg.), *Demokratie und Integration in Deutschland* (Gütersloch, 2009) 참조.

149) Wilhelm Heitmeyer (Hg.), *Deutsche Zustände*, Folge 6 (Frankfurt am Main, 2007).

150) Heinz Bude, *Die Ausgeschlossenen. Das Ende vom Traum einer gerechten Gesellschaft* (München, 2008).

151) 유럽연합 홈페이지에 실린 Eurobarometer Special Surveys(http://ec.europa.eu/public_opinion/archives/eb_special_en.htm) 참조.

152) 이에 대해서는 Gallup International의 보고서 *Voice of People. Trends in Democracy* 참조. http://extranet.gallup-international.com/uploads/vop/VOP2007%20DEMOCRACY.DOC에서 내려 받을 수 있다.

153) 주 148과 같음.

154) Patrick Rössler, *Agenda-Setting. Theoretische Annahmen und empirische*

Evidenzen einer Medienwirkungshypothese (Opladen, 1997).

155) Paul Pierson, *Politics in Time—History, Institutions and Social Analysis* (Princeton, 2004).

156) Helmut Willke, *Systemisches Wissensmanagement* (Stuttgart, 1998), 48면.

157) Helmuth Wiesenthal, "Konventionelles und unkonventionelles Organisations-lernen", *Zeitschrift für Soziologie*, 2/1995, 137~155면.

158) George Tsebelis, *Veto Players. How Political Institutions Work* (Princeton, 2002).

159) Helmut Weidner, *Klimaschutzpolitik: Warum ist Deutschland ein Vorreiter im internationalen Vergleich? Zur Rolle von Handlungskapazitäten und Pfadabhängigkeit* [Berlin, 2008 (WZB SP IV 2008-303)]; Hermann E. Ott, *Internationale Klimapolitik 2020. Herausforderung für die deutsche (Umwelt-) Außenpolitik* (Bonn, 2008).

160) Fritz W. Scharpf u.a., *Politikverpflechtung: Theorie und Empirie des kooper-ativen Föderalismus der Bundesrepublik* (Berlin/Düsseldorf/Mannheim, 1976).

161) Colin Crouch, *Postdemokratie* (Frankfurt am Main, 2008).

162) 같은 책, 31면.

163) 동중부 유럽 민주주의의 정치적 파국과 도덕적 파산 상태를, 헝가리 작가 페터 이스터하지(Péter Esterházy)와 페터 나다스(Péter Nádas)는 자기 나라의 사례를 가지고 묘사한 바 있다[*Frankfurter Allgemeine Zeitung*, 2009년 4월 16일 자, 29면에 게재된 기고문 「한 나라가 사라지고 있다(Ein Staat verschwindet)」]. *Süddeutsche Zeitung*, 2009년 5월 4일 자에 게재된 리하르트 슈바르츠(Richard Swartz)의 기사도 이와 유사하다. 이들 나라에 적용된 영국의 웨스트민스터식 민주주의의 몰락은 정치 위기가 고전적인 민주주의로 번지고 있음을 암시한다.

164) 크라우치의 기고문, *die tageszeitung*, 2009년 2월 14일 자 참조.

165) Everett M. Rogers, *Diffusion of Innovations* (New York, 2003). 여기서 변화 관리자라는 용어는 기업 경영과 경영 컨설팅에서 사용되는 것보다 더 넓은 의미로 사용되었다.

166) *The Economist*, 2008년 10월 29일 자 특집 「민주주의 지표(Democracy Index)」 참조.

167) *Süddeutsche Zeitung*, 2009년 4월 9/10일 자, 4면 참조.

168) *The Economist*, 2008년 10월 29일 자.

169) 같은 글, 1면.

170) 같은 글, 3면.

171) T. Friedman, *Was zu tun ist* (Frankfurt am Main, 2009), 483면 이하.

172) 이하 부분은 Thobias Debiel/Harald Welzer, *Falling Societies/Falling Theories. Ein internationales Kolleg zu Theorien unerwarteter Gesellschafts-entwicklungen*, Projektantrag (Duisburg/Essen, 2009)을 참조함. 이 부분에 인용된 지표와 자료에 대해서는 크리스티안 괴벨(Christian Göbel)의 도움에 감사를 전한다.

173) Francis Fukuyama, *Das Ende der Geschichte: Wo stehen wir?* (München, 1992).

174) Yi-Tung Chang, *Die Weltgesellschaft in der Perspektive der Zivilizations-theorie* (Berlin, 2005), 40면.

175) Yongnian Zheng, *Globalization and State Transformation in China* (Cambridge, 2004).

176) Juan Linz/Alfred Stepan (Hg.), *The Breakdown of Democratic Regimes* (Baltimore/London, 1978).

177) Wolfgang Merkel, *Systemtransformation* (Opladen, 2008).

178) Juan Linz, *Totalitäre und autoritäre Regime* (Berlin, 2000).

179) Gunter Schubert, *Village Elections in the PRC. A Trojan Horse of Democracy?*, Project Discussion Paper No. 19, Institute of East Asian Studies, Gerhard-Mercator-University Duisburg, 2002.

180) Gordon Chang, *The Coming Collapse of China* (New York, 2001).

181) Heike Holbig, *Ideological Reform and Political Legitimacy in China: Challenges in the Post-Jiang Era*, GIGA Working Paper 18 (Hamburg, 2006).

182) Daniel Lynch, *After the Propaganda State. Media, Politics, and »Thought Work« in Reformed China* (Stanford, 1999).

183) Evan S. Medeiros/Taylor M. fravel, "China's New Diplomacy", *Foreign Affairs*, 6/82, 22~35면.

184) David Zweig/Jianhai Bi, "China's Global Hunt for Energy", *Foreign Affairs*, 5/84, 2005, 25~38면.

185) Robert Kagan, "The End of the End of History: Why the Twenty-first Century Will Look Like the Nineteenth", *The New Republic*, 2008년 4월 23일 자.

186) Jae Ho Chung, "Reappraising Central-Local Relations in Deng's China. Decentralization, Dilemmas of Control, and Diluted Efforts of Reform", in Chien-min Chao/Bruce Dickenson (Hg.), *Remaking the Chinese State: Strategies, Society, and Security* (London, 2001), 47~75면.

187) Howell, Jude, "New Directions in Civil Society: Organising around Marginalised Interests", in Jude Howell (Hg.), *Governance in China* (Lanham, 2003), 143~171면.

188) Christian Göbel/Thomas Heberer (Hg.), *TaskForce: Zivilgesellschaftliche Entwicklungen in China*, Duisburg Working Paper on East Asian Studies No. 64 (Duisburg, 2004).

189) Dali L. Yang, *Remaking the Chinese Leviathan. Market Transition and the Politics of Governance in China* (Standford, 2004); Joseph Fewsmith, "Elite Politics", in Merle Goldman/Roderick MacFaquhar (Hg.), *The Paradox of China's Post-Mao Reforms* (Cambridge, 1999), 47~75면.

190) Christian Göbel, *Central-local Relations and the Rural Tax and Fee Reform in China: A Policy Analysis*, 미출간 박사논문 (Duisburg, 2008).

191) Christian Schmidkonz/Markus Taube/Caterina Wasmer u.a., *Industrienahe Forschungs- und Technologiepolitik der chinesischen Regierung*(독일연방경제기술부 용역연구물), 독일 경제연구소 ifo Forschungsberichte 37 (München, 2007).

192) Debiel/Welzer, *Failling Theories* (주 172) 참조.

193) Martin Jänicke, "Democracy as a Condition for Environmental Policy Success", in William M. Lafferty/James Meadowcroft (Hg.), *Democracy and the Environment* (Cheltenham, 1996), 71~85면. 인용문은 71면.

194) Martin Halla u.a., *Satisfaction with Democracy and Collective Action Problems: The Case of the Environment*, IZA Discussion Paper 3613, December 2008.

195) Daniel C. Esty u.a., *Environmental Performance Index* (New Haven, 2008).

196) United Nations World Commission on Environmental and Development(WCED), *Our Common Future*, o.O. 1987. 이에 대해서는 www.un-documents.net/wced-ocf.htm 참조.

197) OECD 국가들과 미국을 포함한 산업국가들이다. 오스트레일리아, 벨기에, 불가리아, 덴마크, 독일, 에스토니아, 핀란드, 프랑스, 영국, 아일랜드, 아이슬란드, 이

탈리아, 일본, 캐나다, 크로아티아, 라트비아, 리히텐슈타인, 리투아니아, 룩셈부르크, 모나코, 뉴질랜드, 노르웨이, 오스트리아, 폴란드, 포르투갈, 루마니아, 러시아, 스웨덴, 스위스, 슬로바키아, 슬로베니아, 스페인, 체코 공화국, 터키, 우크라이나, 헝가리, 미국, 벨라루스 등 38개국이다(한국은 제외되어 있다 _ 옮긴이).

198) Scott Barrett, *Why Cooperate. The Incentive to Supply Global Public Goods* (Oxford, 2007), 20면.

199) Harald Winkler, "Measurable, Reportable and Verifiable: the Keys Tomitigation in the Copenhagen Deal", *Climate Policy*, 8/2008, 534~547면 참조.

200) Stefan Rahmstorf, "Wie viel CO2 ist zu viel?", in *Blog Klima-Lounge*, 2009년 4월 29일 자.

201) Bruno S. Frey/Alois Stutzer, "Prozessnutzen in der Demokratie", in Manfred Rehbinder/Martin Usteri (Hg.), *Glück als Ziel der Rechtspolitik*, Schriften zur Rechtspsychologie, Bd. 6 (Bern, 2002), 193~209면. 파스칼(Pascal)은 자발적인 내적 동기의 유용성을 이미 1670년 『팡세』에서 도박의 예를 통해 설명한 바 있다.

202) Modellprojekt »Lokale Demokratie«. München Infratest Sozialforschung. http://www.tns-infratest-sozialforschung.com/downloads/modellprojekt.pdf. 참조.

203) Antonio Gramsci, *Gefängnishefte*, Bd. 1, H. 1, § 63 (Hamburg, 1991), 136면.

204) Adrian Kreye, "Glotzende Weltmacht", *Süddeutsche Zeitung*, 2009년 2월 26일 자, 1면; Bruno S. Frey/Christine Benesch/Alois Stutzer, "Does watching TV make us happy?", *Journal of Economic Psychology*, 28/2007, 283~313면.

205) Bruno Frey, "Commuting and Life Satisfaction in Germany", *Informationen zur Raumentwicklung*, 2/3, 2007, 1~11면.

206) Norbert Elias, *Über den Prozess der Zivilization*, 2 Bde. (Basel, 1939). '사회적 아비투스'는 거대 집단의 태도나 습관을 말한다.

207) Norbert Elias, *Die höfische Gesellschaft: Untersuchungen zur Soziologie des Königtums und der höfischen Aristokratie* (Neuwied/Berlin, 1969), 317면.

208) John Holloway/Edward Palmer, *Blauer Montag: Über Zeit und Arbeitsdisziplin* (Hamburg, 2007).

209) '기후변화를 막는 영웅'이라는 표현은 에센(Essen) 시 교통당국의 캠페인이다. "도시에서 앞으로 자동차 운행량의 5퍼센트가 버스나 전철로 옮겨가고, 또 5킬로미터보다 짧은 거리를 주행하는 자동차의 30퍼센트가 자전거로 옮겨가면, 연간 300만 톤의 이산화탄소 배출량을 줄일 것입니다."

210) Uwe R. Fritsche/Ulike Eberle, *Treibhausgasemissionen durch Erzeugung und Verarbeitung von Lebensmitteln* (Darmstadt/Hamburg, 2007).

211) Phil Edwards/Ian Roberts, "Population Adiposity and Climate Change", *International Journal of Epidemiology*, doi:10.1093/ije/dyp172.

212) 이에 대해서는 Augustin Berque, "Am Busen der Natur", *Le Monde Diplomatique*, 2/2008, 17면 참조. 건축가들과 엔지니어들이 새로운 건축 문화를 위해 '세상을 위한 이성'이라는 운동을 2009년 3월 제안했으며, 건축 잡지 *archplus, Architektur im Wandel*, Nr. 148/2007도 이런 내용을 다루었다.

213) UN-CSD 1995년도 발간자료. Nadine Pratt, "Ich kaufe, also bin ich gut? Nachhaltiger Konsum—eine Kontextbestimmung", *Transit* 36/2008, 116면 이하. 인용문은 116면.

214) Jörn Lamla/Sighard Neckel (Hg.), *Politisierter Konsum—Konsumierte Politik* (Wiesbaden, 2006).

215) 이에 대한 사례는 www.ecoshopper.de에 나와 있다.

216) 이에 대한 상세한 문헌들은 Nadine Pratt, "Ich kaufe" (주 213)에 나온다.

217) Johanna Romberg/Thomas Ramge, "Kluger Konsum. Was wirklich zählt", *GEO* 12/2008, 160면 이하.

218) Oliver Geden, "Strategischer Konsum statt nachhaltiger Politik? Ohnmacht und Selbstüberschätzung des ›klimabewussten‹ Verbrauchers", *Transit* 26/2008, 132면 이하. 인용은 139면.

219) "투표할 수 있는 능력만이 시민의 자격을 이룬다. 그러나 투표할 수 있는 능력은 국민 중에서 시민의 자립성을 전제한다. 시민은 공동체의 부분이 되고자 할 뿐만 아니라 구성원이 되고자 한다. 다시 말해 시민은 자신의 의사에 따르면서도 타인들과 공동으로 행위하는 공동체의 부분이 되고자 하는 것이다"(Immanuel Kant, "Metaphysik der Sitten", in *Gesammelte Schriften*, hg. v. d. Königlich Preußischen Akademie der Wissenschaften (Akademie Ausgebe), Bd. VI (Berlin, 1900ff.), §46.

220) Klaus Günther, *Der strafrechtliche Schuldbegriff als Gegenstand einer Politik der Erinnerung in der Demokratie*, in Gary Smith/Avishai Margalit (Hg.), *Amnestie oder Die Politik der Erinnerung in der Demokratie* (Frankfurt am Main, 1997), 48~89면.

221) Albert Lenz/Wolfgang Stark (Hg.), *Empowerment. Neue Perspektiven für psy-*

chosoziale Praxis und Organisation (Tübingen, 2002).

222) Robert D. Putnam, *Bowling Alone: The Collapse and Revival of American Community* (New York, 2000).

223) 유럽환경청(European Environment Agency) 이사회 의장을 역임한 해양생물학자 재클린 맥글레이드(Jacqueline McGlade)는 4개의 'e', 즉 enable(능력), encourage(용기), exemplify(모범), engage(참여)에 대해 말하며, '요람에서 무덤까지'라는 복지국가의 패러다임을 지속가능성과 예방 패러다임인 '요람에서 요람까지'로 전환할 것을 촉구한다.

224) Aaron Antonovsky, *Health, Stress, and Coping. New Perspektives on Mental and Physical Well-Being* (San Francisco, 1979). 극복과 예방은 재난 연구에서는 다르게 설명된다. Carsten Felgentreff/Thomas Glade (Hg.), *Naturrisiken und Sozialkatastrophen* (Heidelberg, 2007), 440면 참조.

225) Weick/Sutcliffe, *Das Unerwartete* (주 88), 29면.

226) 같은 책, 86면.

227) Greg Bankoff, "Fire and Quake in the Construction of Old Manila", *The Medieval History Journal* 10, 1/2, 2007, 424면.

228) Greg Bankoff, "Dangers to Going it Alone: Social Capital and the Origins of Community Resilience in the Philippines", *Continuity and Change*, 22/2, 2007, 327~355면.

229) Christina Bollin, "Staatliche Verantwortung und Bürgerbeteiligung—Voraussetzungen für effektive Katastrophenvorsorge", in Felgentreff/Glade, 앞의 책(주 224), 253면 이하. 또한 Ria Hidajat, "Community Based Disaster Risk Management—Erfahrungen lokaler Katastrophenvorsorge in Indonesien", in Felgentreff/Glade, 같은 책, 367~380면 참조.

230) Brad Allenby/Jonathan Fink, "Toward Inherently Secure and Resilient Societies", *Science*, 309/2005, 1034~1036면.

231) Greg Bankoff, *Mapping Vulnerability: Disasters, Development and People* (London, 2004).

232) Harald Welzer (Hg.), *Der Krieg der Erinnerung. Holocaust, Kollaboration und Widerstand im europäischen Gedächtnis* (Frankfurt am Main, 2007).

233) Robin Dunbar, "The Social Brain Hypothesis", *Evolutionary Anthropology*, 6/1998, 178~190면.

234) Peter Sloterdijk, *Du mußt dein Leben ändern* (Frankfurt am Main, 2009) 참조. 이 책에서 페터 슬로터다이크는 '삶의 연습'과 '자기 개선'이 바탕을 이루는 글로벌 공동 면역주의(Ko-Immunismus)를 주장한다. [페터 슬로터다이크는 현재의 위기는 단기적인 진단과 처방으로는 극복할 수 없고, 우리 모두의 생존에 필수적인 글로벌 공동 면역주의가 필요하다고 역설한다. 페터 슬로터다이크에 따르면, '삶을 바꾸는' 것은 낭비와 소모에 기반한 현재의 자본주의 경제 대신, 자본주의적인 이윤 추구 문화를 위해 내던져 버렸던 고대의 연습문화(Übungskultur)를 되살리는 일에서 출발한다. 글로벌 공동 면역주의는 스스로 극복을 시도하는 '삶의 연습'을 통해 '자기 개선'을 이루는 과정이 삶의 전 영역으로 확장될 때 가능하다. 이를 위해서는 세계에 대한 '냉소적인' 태도와 '순진한' 태도를 극복하는 삶의 전환이 필요하다. _ 옮긴이 주]

235) www.adz-netzwerk.de

236) www.forum-fuer-verantwortung.de

237) Annett Jensen, "Genossen, zur Sonne", *die tageszeitung*, 2008년 8월 6일 자 참조.

238) Eckhardt Priller/Annette Zimmer, *Gemeinnützige Organisationen im gesellschaftlichen Wandel. Ergebnisse der Dritte-Sektor-Forschung* (Wiesbaden, 2004).

239) *die tageszeitung*, 2009년 2월 14일 자 참조.

240) ≪디 타게스차이퉁(die tageszeitung)≫지는 2008년 11월 11일 자 기사에서 방사성 폐기물 수송을 저지하려는 시위 군중을 '새로운 저항세대'라 부르며 환영했다. 이와는 반대로 보수당인 기민당(CDU)은 항의 시위를 '반원전운동의 마지막 몸부림'이라고 비판했다.

241) 함부르크 소재 법무법인 하이델(Heidel)에 따르면, 현재 19개의 화력발전소가 승인 절차를 밟는 중이고, 5개의 석탄 화력발전소가 건설 계획 중이다. 건설 예정지는 수로 주변이나 해안 인근 지역인데, 해외에서 수입되는 석탄을 운반하기에 편하기 때문이다. 국내 매장량이 고갈되면 남아프리카, 인도, 오스트레일리아, 인도네시아 등지에서 석탄을 수입할 예정이다(*die tageszeitung*, 2008년 9월 14일 자 참조).

242) 생태연구소(Öko-Institut)에 따르면 갈탄에서 시간당 1킬로와트의 전력을 생산할 때는 1,153그램의 이산화탄소가 배출되지만, 현대식 천연가스 발전소에서 동일한 전력량을 생산할 때는 148그램의 이산화탄소가 배출될 뿐이다(*die tageszeitung*, 2008년 9월 14일 자 참조).

243) 2009년 4월 2일에 개최된 G20 정상회의에 대한 항의시위에서 이런 테마들이 거론되었다. 아탁(attac)이 만들어 배포한 2009년 3월 28일 자 — 발행일자는 2010

년 5월 1일 자로 표기되었다 — ≪디 차이트(Die Zeit)≫지의 '해적판' 참조. 이 기사는 사회적 테마와 생태학적 테마를 매끄럽게 결부시켰다.

244) 2009년 초반에 곳곳에서는 불안을 떨치느라 애썼다. 독일 노조총연맹(DGB)의 미하엘 좀머(Michael Sommer) 위원장이 이러한 사회 불안에 대해 경고한 바 있고, 독일 연방대통령 선거 입후보자였던 게지네 슈반(Gesine Schwan)은 우려를 표명했으며, 좌파당은 이런 불안을 부추겼다. 앙겔라 메르켈 총리만이 이러한 불안에 대해 신중한 태도를 견지하고 있는 사람들에게 찬사를 보냈다.

245) "Ich bin es, dein Anfürer", *Süddeutsche Zeitung*, 2009년 2월 18일 자에서 인용.

246) Marieluise Beck의 인터뷰, *Süddeutsche Zeitung*, 2008년 3월 6일 자.

247) Arnulf Baring, *Frankfurter Allgemeine Zeitung*, 2002년 11월 19일 자.

248) Michael Walzer, "Deliberation, and What Else?", in Stephen Macedo (Hg.), *Deliberative Politics* (New York/Oxford, 1999), 58~69면 그리고 Christian Semler, "Den Zorn kultivieren", *die tageszeitung*, 2009년 5월 9/10일 자 참조.

249) "Warum ist es noch so still?", *Frankfurter Allgemeine Sonntagszeitung*, 2009년 3월 29일 자, 21면.

250) 이와 관련해서는 Ralf Dahrendorf u. a., *Klimawandel und Grundeinkommen. Die nicht zufällige Gleichzeitigkeit beider Themen und ein sozialökologisches Experiment* (München, 2008) 참조.

251) 헤르베르트 마르쿠제(Herbert Marcuse)가 모리스 블랑쇼(Maurice Blanchot)에게서 따온 개념이다. Herbert Marcuse, *Der eindimensionale Mensch* (Frankfurt am Main, 1967), 83면.

252) 이에 대해서는 Paul Collier, *Die unterste Milliarde. Warum die ärmsten Länder scheitern und was man dagegen tun kann* (München, 2008) 참조.

253) 정치성을 보여주었던 1966년에서 1972년까지의 요셉 보이스를 말한다. 이에 대해서는 Johannes Stüttgen, *Der ganze Riemen* (Köln, 2008)과 Eugen Blume/Catherine Nichols (Hg.), *Beuys. Die Revolution sind wir* (Göttingen, 2008) 참조. 또한 요셉 보이스의 '사회적 조각'의 개념도 참조.

254) 디터 임보덴은 취리히 공과대학의 환경물리학 교수이자 스위스 국립펀드의 국가 연구위원회 위원장이다. 인용문의 출처는 춤토벨사(Zumtobel AG)의 2005/2006년도 사업보고서이다.

255) *Süddeutsche Zeitung*, 2009년 4월 8/9일 자, 13면.

256) Cormack McCarthy, *Die Straße* (Reinbek, 2008).

참고문헌

Adorno, Theodor W. *Minima Moralia. Reflexionen aus dem beschädigten Leben*, Gesammelte Schriften, Bd. 4. Frankfurt am Main 1980.

Allenby, Brad/Fink, Jonathan. "Toward Inherently Secure and Resilient Societies", *Science*, 309/2005, S. 1034~1036.

Altvater, Elmar. *Das Ende des Kapitalismus, wie wir ihn kennen. Eine radikale Kapitalismuskritik*. Münster 2009.

Aly, Götz. *Hitlers Volksstaat. Raub, Rassenkrieg und nationaler Sozialismus*. Frankfurt am Main 2005.

Anders, Günther. *Die Antiquiertheit des Menschen*. München 2002.

Antonovsky, Aaron. *Health, Stress, and Coping. New Perspectives on Mental and Physical Well-Being*. San Francisco 1979.

Aronson, Elliot. *Sozialpsychologie. Menschliches Verhalten und gesellschaftlicher Einfluß*. München 1994.

Banerjee, Abhijit V. *Big Answers to Big Questions: The Presumption of Growth Policy*, Paper for the Brookings conference on »What Works in Development«, 2008.

Bankoff, Greg. *Mapping Vulnerability: Disasters, Development and People*. London 2004.

_____. "Fire and Quake in the Construction of Old Manila", *The Medieval History Journal* 10, 1/2, 2007, S. 411~427.

_____. "Dangers of Going it Alone: Social Capital and the Origins of Community Resilience in the Philippines", *Continuity and Change*, 22/2, 2007, S. 327~355.

Bannon, Brent u. a. "Americans' Evaluations of Policies to Reduce Greenhouse Gas Emissions", *New Scientist Magazine*, 6/2007.

Barrett, Scott. *Why Cooperate. The Incentive to Supply Global Public Goods.* Oxford 2007.

Beck, Ulrich. *Weltrisikogesellschaft. Auf der Suche nach der verlorenen Sicherheit.* Frankfurt am Main 2008.

Berié, Eva u. a. (Red.). *Der Fischer-Weltalmanach 2008.* Frankfurt am Main 2007.

_____ (Red.). *Der Fischer-Weltalmanach 2009.* Frankfurt am Main 2008.

Bertelsmann Stiftung (Hg.). *Demokratie und Integration in Deutschland.* Gütersloh 2009.

Blume, Eugen/Nichols, Catherine (Hg.). *Beuys. Die Revolution sind wir.* Göttingen 2008.

Bollin, Christina. "Staatliche Verantwortung und Bürgerbeteiligung—Voraussetzungen für effektive Katastrophenvorsorge", in Felgentreff, Carsten/Glade, Thomas (Hg.). *Naturrisiken und Sozialkatastrophen.* Heidelberg 2007, S. 253 ff.

Browning, Christopher. *Ganz normale Männer.* Reinbek 1995.

Bude, Heinz. *Die Ausgeschlossenen. Das Ende vom Traum einer gerechten Gesellschaft.* München 2008.

Bundesministerium für Umwelt, Naturschutz und Reaktorsicherheit (BMU) (Hg.). *RECCS—Strukturell-ökonomisch-ökologischer Vergleich regenerativer Energietechnologien (RE) mit Carbon Capture and Storage (CCS).* Wuppertal 2007.

_____ (Hg.). *Die dritte industrielle Revolution—Aufbruch in ein ökologisches Jahrhundert. Dimensionen und Herausforderungen des industriellen und gesellschaftlichen Wandels.* Berlin 2008.

Burdett, Ricky/Sudijc, Deyan. *The Endless City.* Berlin 2007.

Chang, Gordon. *The Coming Collapse of China.* New York 2001.

Chang, Yi-Tung. *Die Weltgesellschaft in der Perspektive der Zivilisationstheorie.* Berlin 2005.

304

Chung, Jae Ho. "Reappraising Central-Local Relations in Deng's China. Decentralization, Dilemmas of Control, and Diluted Efforts of Reform", in Chao, Chien-min/Dickson, Bruce (Hg.). *Remaking the Chinese State: Strategies, Society, and Security.* London 2001, S. 47~75.

Collier, Paul. *Die unterste Milliarde. Warum die ärmsten Länder scheitern und was man dagegen tun kann.* München 2008.

Cramer, Stefan/Unmüßig, Barbara. *Africa—Up in Smoke 2. The Second Report on Africa and Global Warming from the Working Group on Climate Change and Development.* London 2008.

Crouch, Colin. *Postdemokratie.* Frankfurt am Main 2008.

Dahrendorf, Ralf u. a. *Klimawandel und Grundeinkommen. Die nicht zufällige Gleichzeitigkeit beider Themen und ein sozialökologisches Experiment.* München 2008.

Darley, John M./Batson, C. Daniel. "From Jerusalem to Jericho: A Study of Situational and Dispositional Variables in Helping Behavior", *Journal of Personality and Social Psychology*, 27/1973, S. 100~108.

Davis, Mike. "Wer baut die Arche? Das Gebot utopischen Denkens im Zeitalter der Katastrophen", *Blätter für deutsche und internationale Politik*, 2./2009, S. 41~59.

Diamond, Jared. *Kollaps.* Frankfurt am Main 2005.

Diefenbacher, Hans. *Indikatoren nachhaltiger Entwicklung in Deutschland. Ein alternatives Indikatorensystem zur nationalen Nachhaltigkeitsstrategie.* Heidelberg 2008.

Dunbar, Robin. "The Social Brain Hypothesis", *Evolutionary Anthropology*, 6/1998, S. 178~190.

Dux, Günter. *Die Zeit in der Geschichte. Ihre Entwicklungslogik vom Mythos zur Weltzeit.* Frankfurt am Main 1989.

Edenhofer, Ottmar/Stern, Nicholas. *Towards a Global Green Recovery.* April 2009.

Edwards, Phil/Roberts, Ian. "Population Adiposity and Climate Change", *International Journal of Epidemiology, doi:10.1093/ije/dyp172.*

Elias, Norbert. *Über den Prozess der Zivilisation,* 2 Bde., Basel 1939.

_____. *Die höfische Gesellschaft: Untersuchungen zur Soziologie des Königtums und der höfischen Aristokratie.* Neuwied/Berlin 1969.

_____. *Über die Zeit.* Frankfurt am Main 1984.

_____. *Studien über die Deutschen. Machtkämpfe und Habitusentwicklung im 19. und 20. Jahrhundert.* Frankfurt am Main 1989.

Engels, Friedrich. "Die Lage der arbeitenden Klasse in England", Vorwort zur deutschen Ausgabe von 1892, in Karl Marx und Friedrich Engels. *Werke (MEW),* Bd. 2. Berlin 1990.

Esty, Daniel C. u. a. *Environmental Performance Index.* New Haven 2008.

Felgentreff, Carsten/Glade, Thomas (Hg.). *Naturrisiken und Sozialkatastrophen.* Heidelberg 2007.

Festinger, Leon/Riecken, Henry W./Schachter, Stanley. *When Prophecy Fails.* Minneapolis 1956.

Fewsmith, Joseph. "Elite Politics", in Goldman, Merle/MacFarquhar, Roderick (Hg.). *The Paradox of China's Post-Mao Reforms.* Cambridge 1999, S. 47~75.

Fligstein, Neil. *The Architecture of Markets: An Economic Sociology of Twenty-First-Century Capitalist Societies.* Oxford 2001.

Frey, Bruno S./Stutzer, Alois. "Prozessnutzen in der Demokratie", in Rehbinder, Manfred/Usteri, Martin (Hg.). *Glück als Ziel der Rechtspolitik,* Schriften zur Rechtspsychologie, Bd. 6. Bern 2002, S. 193~209.

Frey, Bruno. "Commuting and Life Satisfaction in Germany", *Informationen zur Raumentwicklung,* 2/3, 2007, S. 1~11.

Frey, Bruno S./Benesch, Christine/Stutzer, Alois. "Does watching TV make us happy?", *Journal of Economic Psychology,* 28/2007, S. 283~313.

Friedman, Thomas L. *Was zu tun ist: Eine Agenda für das 21. Jahrhundert.*

Frankfurt am Main 2009.

Friedrich-Ebert-Stiftung (Hg.). *Persönliche Lebensumstände, Einstellungen zu Reformen, Potenziale der Demokratieentfremdung und Wahlverhalten.* o. O. 2008.

Friedrichs, Jürgen. "Gesellschaftliche Krisen. Eine soziologische Analyse", in Scholten, Helga (Hg.). *Die Wahrnehmung von Krisenphänomenen. Fallbeispiele von der Antike bis zur Neuzeit.* Köln u. a. 2007, S. 13~26.

Fritsche, Uwe R./Eberle, Ulrike. *Treibhausgasemissionen durch Erzeugung und Verarbeitung von Lebensmitteln.* Darmstadt/Hamburg 2007.

Fukuyama, Francis. *Das Ende der Geschichte: wo stehen wir?.* München 1992.

Germanwatch (Hg.). *Meeresspiegelanstieg in Bangladesh und den Niederlanden.* Berlin/Bonn 2004.

Giddens, Anthony. *The Politics of Climate Change.* Oxford 2009.

Göbel, Christian/Heberer, Thomas (Hg.). *TaskForce: Zivilgesellschaftliche Entwicklungen in China*, Duisburg Working Paper on East Asian Studies No. 64. Duisburg 2004.

Göbel, Christian. *Central-local Relations and the Rural Tax and Fee Reform in China: A Policy Analysis*, unpublished dissertation, Duisburg 2008.

Göbel, Christian/Lembach, Daniel. *Regime Responsiveness and Authorita rian Consolidation.* Duisburg 2009.

Goffman, Erving. "Rollendistanz", in Steinert, Heinz (Hg.). *Symbolische Interaktion.* Stuttgart 1973, S. 260~279.

Gramsci, Antonio. *Gefängnishefte*, Bd. 1, H. 1, § 63. Hamburg 1991.

Granovetter, Mark. *The Sociology of Economic Life.* Boulder 2001.

Günther, Klaus. "Der strafrechtliche Schuldbegriff als Gegenstand einer Politik der Erinnerung in der Demokratie", in Smith, Gary/Margalit, Avishai (Hg.). *Amnestie oder Die Politik der Erinnerung in der Demokratie.* Frankfurt am Main 1997, S. 48~89.

Halla, Martin u. a. *Satisfaction with Democracy and Collective Action Problems:*

The Case of the Environment, IZA Discussion Paper 3613, Dezember 2008.

Hank, Rainer. *Der amerikanische Virus, Wie verhindern wir den nächsten Crash?*. München 2009.

Heidbrink, Ludger. "»Dritte industrielle Revolution?« Umsteuern durch Umdenken", in Bundesministerium für Umwelt, Naturschutz und Reaktorsicherheit (BMU) (Hg.). *Die dritte industrielle Revolution — Aufbruch in ein ökologisches Jahrhundert*. Berlin 2008, S. 35~38.

Heitmeyer, Wilhelm (Hg.). *Deutsche Zustände*, Folge 6. Frankfurt am Main 2007.

Hennessy, Kevin J. "Climate Change", in Newton, Peter W. (Hg.). Transitions. Pathways Towards Sustainable Urban Development in Australia. Victoria: Collingwood, 2008, S. 23~33.

Hidajat, Ria. "Community Based Disaster Risk Management — Erfahrungen lokaler Katastrophenvorsorge in Indonesien", in Felgentreff, Carsten/Glade, Thomas (Hg.). *Naturrisiken und Sozialkatastrophen*. Heidelberg 2007, S. 367~380.

Holbig, Heike. *Ideological Reform and Political Legitimacy in China: Challenges in the Post-Jiang Era*, GIGA Working Paper 18. Hamburg 2006.

Hollingsworth, Joseph Rogers/Boyer, Robert. *Contemporary Capitalism: The Embeddedness of Institutions*. Cambridge 1997.

Holloway, John/Palmer, Edward. *Blauer Montag: Über Zeit und Arbeitsdisziplin*. Hamburg 2007.

Homer-Dixon, Thomas. *The Upside of Down. Catastrophe, Creativity, and the Renewal of Civilization*. Washington 2006.

Houser, Trevor u. a. *A Green Global Recovery? Assessing US Economic Stimulus and the Prospects for International Coordination*, World Resources Institute (WRI)/Peterson Institute for International Economics (PIIE), Policy Brief Number PB09-3. Februar 2009.

Howell, Jude. "New Directions in Civil Society: Organising around Marginalised

Interests", in Howell, Jude (Hg.), *Governance in China*. Lanham 2003, S. 143~171.

HSBC Bank plc. *A Climate for Recovery—The Colour of Stimulus Goes Green.* o. O., 25. 2. 2009.

International Energy Agency. *Energy to 2050. Scenarios for a Sustainable Future.* Paris 2003.

Jänicke, Martin. "Democracy as a Condition for Environmental Policy Success", in Lafferty, William M./Meadowcroft, James (Hg.). *Democracy and the Environment.* Cheltenham 1996, S. 71~85.

Jänicke, Martin/Jacob, Klaus. "Eine Dritte Industrielle Revolution? Wege aus der Krise ressourcenintensiven Wachstums", in Bundesministerium für Umwelt, Naturschutz und Reaktorsicherheit (BMU) (Hg.). *Die dritte industrielle Revolution—Aufbruch in ein ökologisches Jahrhundert. Dimensionen und Herausforderungen des industriellen und gesellschaftlichen Wandels.* Berlin 2008, S. 10~31.

Kant, Immanuel. "Metaphysik der Sitten", in *Gesammelte Schriften*, hg. v. d. Königlich Preußischen Akademie der Wissenschaften (Akademie Ausgabe), Bd. VI. Berlin 1900ff .

Kneissl, Karin. "China, die USA und Europa im Kampf um die Rohstoffe Afrikas", in Österreichisches Studienzentrum für Frieden und Konfliktlösung (Hg.). *Von kalten Energiestrategien zu heißen Rohstoffkriegen? Schachspiel der Weltmächte zwischen Präventivkrieg und zukunftsfähiger Rohstoff-politik im Zeitalter des globalen Treibhauses.* Münster 2008, S. 177~191.

Lamla, Jörn/Neckel, Sighard (Hg.). *Politisierter Konsum—Konsumierte Politik.* Wiesbaden 2006.

Latour, Bruno. *Das Parlament der Dinge.* Frankfurt am Main 2001.

LeMonde Diplomatique (Hg.). *Atlas der Globalisierung spezial: Klima.* Berlin 2008.

Lenz, Albert/Stark, Wolfgang (Hg.). *Empowerment. Neue Perspektiven für psy-*

chosoziale Praxis und Organisation. Tübingen 2002.

Linz, Juan/Stepan, Alfred (Hg.). *The Breakdown of Democratic Regimes*. Baltimore/London 1978.

Linz, Juan. *Totalitäre und autoritäre Regime*. Berlin 2000.

Lobell, David B. u. a. "Why are Agricultural Impacts of Climate Change so Uncertain? The Importance of Temperature Relative to Precipitation", *Environ*, Res. Lett. 3/2008.

Lomborg, Bjørn. *Cool it! Warum wir trotz Klimawandels einen kühlen Kopf bewahren sollten*. München 2008.

Lynch, Daniel. *After the Propaganda State. Media, Politics, and »Th ought Work« in Reformed China*. Stanford 1999.

Maddison, Angus. *The World Economy. A Millennial Perspective*. Cheltenham 2002.

Malhi, Yadvinder/Phillips, Oliver (Hg.). *Tropical Forests and Global Atmospheric Change*. Oxford 2005.

Marcuse, Herbert. *Der eindimensionale Mensch*. Frankfurt am Main 1967.

Maurer, Andrea. *Handbuch der Wirtschaftssoziologie*. Wiesbaden 2008.

Marx, Karl. *Krise in Europa*, in Marx, Karl/Engels, Friedrich. *Werke (MEW)*, Bd. 12. Berlin 1984.

Maxeiner, Dirk. *Hurra, wir retten die Welt! Wie Politik und Medien mit der Klimaforschung umspringen*. Berlin 2007.

McCarthy, Cormack. *Die Straße*. Reinbek 2008.

McKinsey & Company. *Pathways to a Low Carbon Economy*, Version 2 of the Global Greenhouse Gas Abatement Cost Curve. o. O. 2009.

Meadows, Dennis u. a. *Die Grenzen des Wachstums. Bericht des Club of Rome zur Lage der Menschheit*. Stuttgart 1972.

Medeiros, Evan S./Fravel, Taylor M. "China's New Diplomacy", *Foreign Affairs*, 6/82, S. 22~35.

Merkel, Wolfgang. *Systemtransformation*. Opladen 2008.

Meyer, Lukas H./Roser, Dominic. *Intergenerationelle Gerechtigkeit—Die Bedeutung von zukünftigen Klimaschäden für die heutige Klimapolitik*, Bundesamt für Umwelt BAFU, Bern 2007.

Münz, Rainer. *Migration, Labor Markets and Integration of Migrants: An Overview for Europe*, HWWi Policy Paper, 3–6. Hamburg 2007.

Münz, Rainer/Reiterer, Albert. *Wie schnell wächst die Zahl der Menschen?: Weltbevölkerung und weltweite Migration*. Frankfurt am Main 2007.

Ott, Hermann E. *Internationale Klimapolitik 2020. Herausforderung für die deutsche (Umwelt-) Außenpolitik*. Bonn 2008.

Parsons, Talcott. *Sociological Theory and Modern Society*. New York 1967.

Pearce, Fred. *Das Wetter von morgen. Wenn das Klima zur Bedrohung wird*. München 2007.

Pierson, Paul. *Politics in Time—History, Institutions and Social Analysis*. Princeton 2004.

Pigou, Arthur Cecil. *Wealth and Welfare*. London 1912.

Ploetz, Christiane. *Sequestrierung von CO2-Technologien, Potenziale, Kosten und Umweltauswirkungen*, Externe Expertise für das WBGU-Hauptgutachten 2003 »Welt im Wandel: Energiewende zur Nachhaltigkeit«. Berlin/Heidelberg 2003.

Poe, Edgar Allan. *Die schwarze Katze / Der entwendete Brief*. Ditzingen 1986.

Putnam, Robert D. *Bowling Alone: The Collapse and Revival of American Community*. New York 2000.

Reemtsma, Jan Philipp. *Vertrauen und Gewalt*. Hamburg 2008.

Renner, Michael u. a. Green Jobs. *Working for People and the Environment*, World-Watch-Report 177. Washington 2008.

Rogers, Everett M. *Diffusion of Innovations*. New York 2003.

Rosa, Hartmut. *Beschleunigung. Die Veränderung der Zeitstrukturen in der Moderne*. Frankfurt am Main 2005.

Rössler, Patrick. *Agenda-Setting. Theoretische Annahmen und empirische*

Evidenzen einer Medienwirkungshypothese. Opladen 1997.

RWE Power. *Aktuelle Fragestellungen und Materialien CO2-Speicherung.* Essen 2007.

Sachs, Wolfgang. "Öl ins Feuer—Ressourcenkonflikte als Treibstoff für globalen Unfrieden", in Österreichisches Studienzentrum für Frieden und Konfliktlösung (Hg.). *Von kalten Energiestrategien zu heißen Rohstoffkriegen? Schachspiel der Weltmächte zwischen Präventivkrieg und zukunftsfähiger Rohstoffpolitik im Zeitalter des globalen Treibhauses.* Münster 2008, S. 31~43.

Sáenz-Aronjo, Andrea u. a. "Rapidly Shifting Environmental Baselines Among Fishers of the Gulf of California", *Proceedings of the Royal Society*, 272/2005, S. 1957~1962.

Sageman, Marc. *Understanding Terror Networks.* Philadelphia 2004.

Santarius, Tilman. "Klimawandel und globale Gerechtigkeit", *Aus Politik und Zeitgeschichte*, 24/2007, S. 18~24.

Scharpf, Fritz W. u. a. *Politikverflechtung: Theorie und Empirie des kooperativen Föderalismus der Bundesrepublik.* Berlin/Düsseldorf/Mannheim 1976.

Schlich, Elmar (Hg.). *Äpfel aus deutschen Landen. Endenergieumsätze bei Produktion und Distribution.* Göttingen 2008.

Schmidkonz, Christian/Taube, Markus/Wasmer, Caterina u. a. *Industrienahe Forschungs- und Technologiepolitik der chinesischen Regierung*, Studie im Auftrag des Bundesministeriums für Wirtschaft und Technologie, ifo Forschungsberichte 37, ifo Institut für Wirtschaftsforschung. München 2007.

Schubert, Gunter. *Village Elections in the PRC. A Trojan Horse of Democracy?*, Project Discussion Paper No. 19, Institute of East Asian Studies. Gerhard-Mercator-University Duisburg 2002.

Schumann, Harald/Grefe, Christiane. *Der globale Countdown. Gerechtigkeit oder Selbstzerstörung—Die Zukunft der Globalisierung.* Köln 2008.

Schütz, Alfred. *Der sinnhafte Aufbau der sozialen Welt. Eine Einleitung in die verstehende Soziologie.* Frankfurt am Main 1993.

Sinn, Hans-Werner. *Das grüne Paradoxon: Warum man das Angebot bei der Klimapolitik nicht vergessen darf,* ifo Forschungsberichte 54, ifo Institut für Wirtschaftsforschung. München, Januar 2008.

Sloterdijk, Peter. *Du mußt dein Leben ändern.* Frankfurt am Main 2009.

Stern, Nicholas. *Stern Review on the Economics of Climate Change.* Cambridge u. a. 2007.

Stüttgen, Johannes. *Der ganze Riemen.* Köln 2008.

Sunstein, Cass R. (Hg.). *Behavioral Law and Economics.* Cambridge 2000.

Tsebelis, George. *Veto Players. How Political Institutions Work.* Princeton 2002.

Therborn, Göran. "Culture as a World System", *ProtoSociology,* 20/2004, S. 46~69.

Tuchman, Barbara. *Die Torheit der Regierenden. Von Troja bis Vietnam.* Frankfurt am Main 2001.

Umweltbundesamt (Hg.). *Klimaschutz in Deutschland: 40%-Senkung der CO2-Emissionen bis 2020 gegenüber 1990.* Dessau 2007.

_____ (Hg.). *Kipp-Punkte im Klimasystem. Welche Gefahren drohen?.* Dessau 2008.

United Nations Environment Programme (UNEP). *A Global Green New Deal. Report prepared for the Economics and Trade Branch, Division of Technology, Industry and Economics.* Genf 2009.

United Nations World Commission on Environment and Development (WCED). *Our Common Future.* o. O. 1987.

Waller, James. *Becoming Evil. How Ordinary People Commit Genocide.* Oxford 2002.

Walzer, Michael. "Deliberation, and What Else?", in Stephen Macedo (Hg.). *Deliberative Politics.* New York/Oxford 1999, S. 58~69.

_____. *Täter. Wie aus ganz normalen Menschen Massenmörder werden.*

Frankfurt am Main 2005.

_____ (Hg.). *Der Krieg der Erinnerung. Holocaust, Kollaboration und Widerstand im europäischen Gedächtnis.* Frankfurt am Main 2007.

_____. *Klimakriege. Wofür im 21. Jahrhundert getötet wird.* Frankfurt am Main 2008.

Weick, Karl E./Sutcliffe, Kathleen M. *Das Unerwartete managen. Wie Unternehmen aus Extremsituationen lernen.* Stuttgart 2003.

Weidner, Helmut. *Klimaschutzpolitik: Warum ist Deutschland ein Vorreiter im internationalen Vergleich?.* Berlin 2008.

White, Harrison. *Markets from Networks.* Princeton 2002.

Wiesenthal, Helmuth. "Konventionelles und unkonventionelles Organisationslernen", *Zeitschrift für Soziologie*, 2/1995, S. 137~155.

Willke, Helmut. *Systemisches Wissensmanagement.* Stuttgart 1998.

Winkler, Harald. "Measurable, Reportable and Verifiable: the Keys Tomitigation in the Copenhagen Deal", *Climate Policy*, 8/2008, S. 534~547.

Wissenschaftlicher Beirat der Bundesregierung Globale Umweltveränderungen (WBGU) (Hg.). *Die Zukunft der Meere—zu warm, zu hoch, zu sauer.* Berlin 2006.

_____ (Hg.). Welt im Wandel—Sicherheitsrisiko Klimawandel. Berlin/Heidelberg 2007.

_____ (Hg.). *Welt im Wandel. Zukunftsfähige Bioenergie und nachhaltige Landnutzung.* Berlin 2008.

Worldwatch Institute (Hg.). *Zur Lage der Welt 2009. Ein Planet vor der Überhitzung.* Münster 2009.

Wuppertal Institut für Klima, Umwelt, Energie (Hg.). *Fair Future—Ein Report des Wuppertal Instituts. Begrenzte Ressourcen und globale Gerechtigkeit.* München 2005.

_____ (Hg.). *Zukunftsfähiges Deutschland in einer globalisierten Welt.* Frankfurt am Main 2008.

Yang, Dali L. *Remaking the Chinese Leviathan. Market Transition and the Politics of Governance in China*. Stanford 2004.

Zheng, Yongnian. *Globalization and State Transformation in China*. Cambridge 2004.

Zweig, David/Bi, Jianhai. "China's Global Hunt for Energy", *Foreign Affairs*, 5/84, 2005, S. 25~38.

Zwischenstaatlicher Ausschuss für Klima änderungen (Hg.). *Klimaänderung 2007*, Syntheseberichte. Berlin 2008.

옮긴이의 말

이 책은 독일에서 출간된 *Das Ende der Welt, wie wir sie kannten: Klima, Zukunft und die Chancen der Demokratie*(『우리가 알던 세계의 종말: 기후, 미래 그리고 민주주의를 위한 기회』, 피셔 출판사)를 우리말로 옮긴 것이다.

저자인 클라우스 레게비는 독일 에센대학교 정치학과 교수이자 문화과학연구소의 소장으로 활동하고 있고, 하랄트 벨처는 에센대학교 문화과학연구소 부설 학제간 기억연구센터의 소장으로서 독일의 대표적인 사회심리학자로 통한다. 이 두 저자는 환경, 민주주의, 세계화 등의 주제를 중심으로 활발한 연구 및 저술 활동을 하고 있는데, 독일의 시사 주간지 ≪슈피겔(Spiegel)≫은 하랄트 벨처를 "생산적인 통섭 정신"을 구현하고 있는 학자로 높이 평가한 바 있다.

"우리가 알던 세계의 종말"이라는 제목은 이 책이 세계 몰락 시나리오를 펼치는 것 같은 인상을 준다. 하지만 저자들이 한국어판 서문에서 강조하고 있듯이, 이 책의 주된 관심사는 "기후변화가 큰 위험뿐만 아니라 더 나은 삶을 영위할 기회도 된다는 점을 확신시키고자" 하는 것이다. 이런 의미에서 저자들은 "기후, 미래 그리고 민주주의를 위한 기회"라는 부제를 붙였다.

기후변화 문제는 우리에게도 당면 과제로 부상했다. 한국은 2009년에 개최된 코펜하겐 유엔 기후정상회의에서 온실가스 배출량을 2020년까지 30퍼센트 감축하려는 야심찬 목표를 공표해 국제사회의 찬사를 받았다. 이 책에서도 이 점을 높이 평가하고 있다. 하지만 이후 감축 계획은 제대로 실행에 옮겨지지 않았고, 올해 12월에 개최될 파리 유엔 기후정상회의를 앞두고 우여곡절 끝에 2030년 우리나라 온실가스 감축 목표를 배출전망치(BAU) 대비 37퍼센트 감축하기로 결정했다. 이 결정으로 그동안 온실가스 감축 협상에서 선진국과 개발도상국의 다리 역할을 담당하며 기후변화 대응에 선도적인 역할을 하는 국가라는 명성은 유지할 수 있게 되었다.

하지만 기후변화로 인한 홍수와 가뭄을 막는다고 벌인 4대강 사업에서도 드러났듯이, 온실가스 감축목표 설정에서도 소통 없는 밀어붙이기식 정책 결정이 여전히 반복되고 있다. 이번 감축목표 설정과 관련해서도 공청회가 겨우 한 번 열렸고 사회적 합의도 도출되지 않았다.

이와 관련해 이 책의 메시지는 우리에게 많은 시사점을 던져준다. 이 책은 기후변화라는 "중대한 위협" 앞에서 개인과 사회 그리고 전 세계가 변화해 기존의 낡은 세계와 작별하고 더 나은 세계를 만드는 데 동참하는 구체적인 방안들을 제시한다. 이러한 방안들이 우리에게도 공감을 얻을 수 있는 것은 현재의 독일 현실과 우리의 현실이 크게 다르지 않고 저자들도 이런 측면을 감안하고 있기 때문이다. 저자들은 "성적이 좋아도 출세 가능성은 더 적다"고 젊은 세대의 현주소를 지적한다. 과거에 볼 수 있었던 "집단적인 미래 기획"은 더 이상 존재하지 않고 "비판적 대안까지 제시하는 이론적이거나 종교적인 성격의 의미 자원은 더 이상 찾을 수 없다"며 다음과 같은 현실 진단을 한다:

기후변화와 환경위기가 미래 기획을 암울하게 만들지만, 그렇다고 해서 이에 맞설 수 있는 기획을 가능하게 해줄 사회 모델도 존재하지 않는다. 미래는 이중적으로 제약되어 있다. 즉, 젊은 세대는 부모 세대와 조부모 세대들이 가졌던 미래 기획을 위한 사회적 조건이나 환경적 조건을 찾을 수 없다. 드러내놓고 말하진 않지만 가혹하게 실행되고 있는 모토는 다음과 같다. "우리 아이들은 우리보다 살기가 힘들 것이다!"(75~76면)

저자들은 이런 상황에서 '더 많은 민주주의', 다시 말해 새로운 참여 문화의 필요성을 제기한다. 이 책에서 언급되는 24개 OECD 국가들에서 민주주의에 대한 만족도는 환경의 질에 비례해서 상승한다는 연구 결과도 이와 같은 맥락이다. 이러한 '더 많은 민주주의'의 구체적 사례들은 환경운동이나 소비자운동 그리고 각종 NGO 단체 활동 등과 같이 개인이나 소집단의 이니셔티브에서 출발한다. 독일 국민의 3분의 2가 적십자사나 자원소방대 그리고 각종 청소년 조직이나 자선기구 등 자신의 직업이나 사적인 이해관계와는 무관하게 자발적으로 이런 시민운동에 참여하고 있다는 것은 '더 많은 민주주의'와 관련해 우리가 되새겨 봐야 할 점이다.

특히 저자들이 소개하는 독일 쇠나우 주민들이 벌인 '전기 반란'과 슈타우딩어 학교 학생들과 교직원들이 벌인 학교 건물 개축 사업은 환경운동의 인상적인 사례로 기억할 만하다. 쇠나우 주민들은 풍력 에너지와 태양열 에너지 그리고 바이오매스 에너지를 생산하는 운동을 추진했고 독일 전역에서 모금 활동을 벌여 쇠나우 전기회사를 설립했다. 쇠나우 전기회사는 특정인이 소유하는 기업이 아니라 1,000명 이상의 사람들이 지분을 나눠 소유하는 협동적인 기업이며, 지금은 10만 명이 넘는 가구에 전기를 공급하고 있다. 이 회사는 수익금을 지속가능한 에너지 공급 시설을 확충하는 데 사용해 열병합 및 바이오가스 발전소 건립을 지원하고 있다. 슈타우딩어 학교 학생들과 교직원들은 절약 캠페인을 벌여 상급생들은 저학년 학생들을 이끌었다. 가정에서도 절약 캠페인이 이어져 학부모들은 전기기구들을 대기 모드에 두는 일조차 없어졌다. 또한 학부모가 자동차로 학교까지 태워주는 일을 거부하는 학생들이 늘어나기도 했다.

저자들은 이런 풀뿌리 운동이 정치 무대로 옮겨진 사례로 미국의 온라인 청원 사이트인 무브온을 언급한다. 오바마 대통령은 선거운동에서 인터넷과 웹 2.0을 활용한 무브온 네트워크를 활성화시켰고 전국적으로 타운 홀미팅을 개최했다. 이러한 새로운 참여민주주의는 환경 문제에 대해 관심을 보일 뿐만 아니라 기후 개선에도 효과적인 도움을 줄 수 있는 플랫폼으로 기능할 수 있다. 요셉 보이스는 "혁명은 바로 우리다"라고 외친 바 있다.

　이 책에서 소개하는 많은 사례들이 '더 많은 민주주의'를 위해 우리가 "함께 나설" 자극을 제공했으면 하는 맘 간절하다.

　끝으로 어려운 출판 여건에서도 이 소중한 책을 정성껏 편집하고 출판해주신 한울 출판사 임직원들에게 진심으로 감사드린다.

2015년 7월

윤종석, 정인회

찾아보기

- 인명과 사항 찾아보기의 기울여 표기된 숫자는 각주 번호를 가리킨다. 쪽수 숫자 옆에 '이하'가 붙어 있는 경우, 대체로 3쪽에 걸친 범위를 뜻한다. 예) 가뭄 33 이하: 33~35쪽의 내용을 두루 참조할 것.
- 사항의 하위 항목 용어들은 독일어 원서 색인 체제에 따라 줄표(-)로 구분되어 있다. 상위 항목과 결합되는 복합 개념의 일부임을 참조하여 본문 내용과 문맥을 확인할 필요가 있다.
- 함께 참조할 사항들은 ※, 대체하여 찾아갈 사항들은 →로 표기했다.

지은이

하랄트 벨처(Harald Welzer)

괴테 인스티투트(독일문화원)가 '학문의 얼굴들(faces of science)'의 한 사람으로 선정한 독일의 대표적인 소장 사회심리학자이다. 현재 독일 에센대학교 문화과학연구소(KWI) 부설 학제간 기억연구센터(Center for Interdisciplinary Memory Research) 소장을 맡고 있듯이, 그의 연구 영역은 비단 사회심리학이라는 분과학문에 그치지 않고 있다. 독일 언론 ≪슈피겔≫이 '생산적인 통섭 정신(produktiver Quergeist)'이라 일컬을 만큼, 그는 분과학문을 넘나드는 방법론과 주제로 탁월한 성과들을 발표했다. 주요 저서로는 『사회적 기억』, 『소통적 기억』, 『나치즘과 홀로코스트』, 『어떻게 정상인이 학살자로 되는가』 등이 있다.

클라우스 레게비(Claus Leggewie)

독일 에센대학교 정치학과 교수이자 문화과학연구소의 소장이다. 미국 뉴욕대학교, 프랑스 파리 낭트대학교, 오스트리아 빈대학교 등에서 객원교수를 지냈다. 주요 저서로는 『89세대』, 『슈나이더에서 슈베르테로』, 『미국의 세계』, 『21세기의 정치』, 『세계화와 그 적들』 등이 있다.

옮긴이

윤종석

서울대학교에서 독문학과 미학, 독일 베를린 자유대학교에서 정치학과 미디어학을 전공했다. 주독일 한국대사관 문화홍보관과 해외홍보원 외신과장, 문화체육관광부 홍보자료제작과장 등을 역임했고 현재 독일 문화원장으로 재직 중이다. 옮긴 책으로는 『디지털 시대의 글쓰기』, 『구텐베르크—은하계의 끝에서』, 『위험사회와 새로운 자본주의』, 『흔들리는 세계의 축: 포스트 아메리칸 월드』, 『세계를 만드는 커뮤니케이션』, 『기후전쟁』, 『글로벌 트렌드 2030』 등이 있다.

정인회

서울대학교에서 독문학을 전공하고 동 대학원에서 석사학위를 받았다. 독일 베를린 자유대학교에서 박사과정을 수료했으며 현재 번역과 연구 활동을 하고 있다. ≪창작과비평≫, ≪역사와 경계≫, ≪실천문학≫ 등의 잡지에 논문을 발표했으며, 옮긴 책으로는 『선택의 조건』, 『워밍업 경제학』, 『예술은 무엇을 원하는가』, 『누구나 수학』, 『누구나 물리』, 『누구나 화학』 등이 있다.

한울아카데미 1806

우리가 알던 세계의 종말

기후, 미래 그리고 민주주의를 위한 기회

지은이 | 클라우스 레게비·하랄트 벨처
옮긴이 | 윤종석·정인회
펴낸이 | 김종수
펴낸곳 | 도서출판 한울
편집책임 | 이교혜

초판 1쇄 인쇄 | 2015년 8월 10일
초판 1쇄 발행 | 2015년 8월 24일

주소 | 10881 경기도 파주시 광인사길 153 한울시소빌딩 3층
전화 | 031-955-0655
팩스 | 031-955-0656
홈페이지 | www.hanulbooks.co.kr
등록번호 | 제406-2003-000051호

Printed in Korea.
ISBN 978-89-460-5806-4 93300

* 책값은 겉표지에 있습니다.